Экспансия западных держав в Китае во второй половине XIX в.

—проблема и ее разработка в российской науке

西方国家在中国的扩张（1860-1900年）

——基于苏联史学及中苏史学对比的研究

展妍男　著

中国社会科学出版社

图书在版编目(CIP)数据

西方国家在中国的扩张：1860－1900年：基于苏联史学及中苏史学对比的研究／展妍男著．—北京：中国社会科学出版社，2019.8

ISBN 978－7－5203－4964－2

Ⅰ.①西… Ⅱ.①展… Ⅲ.①侵华—近代史—研究—西方国家—1860－1900②中国历史—近代史—史学—对比研究—中国、苏联
Ⅳ.①K256.07

中国版本图书馆CIP数据核字(2019)第190853号

出 版 人 赵剑英
责任编辑 郭 枭
特约编辑 王玉静
责任校对 王巧雨
责任印制 王 超

出 版 中国社会科学出版社
社 址 北京鼓楼西大街甲158号
邮 编 100720
网 址 http://www.csspw.cn
发 行 部 010－84083685
门 市 部 010－84029450
经 销 新华书店及其他书店

印 刷 北京明恒达印务有限公司
装 订 廊坊市广阳区广增装订厂
版 次 2019年8月第1版
印 次 2019年8月第1次印刷

开 本 710×1000 1/16
印 张 17.5
插 页 2
字 数 270千字
定 价 85.00元

Оглавление

Введение

Актуальность темы исследования. В XIX в. Китай являлся замкнутой страной, самообеспеченное натуральное хозяйство занимало господствующее место в стране, а западные державы (Англия, Франция и США) уже долгое время пытались "открыть" рынок Китая для свободы своей торговли. Наконец, в 1839 г. англичане нашли предлог для вооруженной интервенции. Таким поводом стало сожжение в Гуанчжоу партии опиума, принадлежавшего английским купцам. Так началась Первая опиумная война (1839-1842 гг.), завершившаяся подписанием в 1842 г. Нанкинского договора, по которому пять портов Китая-Гуанчжоу, Амой, Фучжоу, Нинбо и Шанхай-были открыты для иностранной торговли. В 1843 г. Англия добилась от цинского правительства права экстерриториальности и создания своих поселений в открытых портах. Через год к этим неравноправным договорам присоединились Франция и США, а затем и другие европейские государства. Так состоялось насильственное "открытие" Китая западными странами.

Ослабление цинской власти после Первой опиумной войны стало поворотным моментом в истории Китая. В 1850-1864 гг. в империи Цин шло крестьянское восстание, а именно тайпинское восстание, которое было подавлено цинской армией при поддержке англичан и французов.

В то же время, чтобы расширить экспансию в Китае, в 1856 г. Англия и Франция развязали новую войну против Китая. Военные действия закончились подписанием в 1860 г. Пекинских договоров: для внешней торговли был открыт ряд новых портов, иностранные государства получали право иметь в Пекине свои представительства, а иностранным торговцам и миссионерам разрешалось свободно передвигаться по Китаю и покупать землю. Были узаконены вывоз китайских рабочих за границу и торговля опиумом.

В результате "опиумных войн" и подавления тайпинского восстания западные державы укрепили и расширили свои позиции в Китае. Внешняя торговля Китая стала все больше и больше приобретать черты колониальной торговли: Китай превращался в рынок сбыта промышленных товаров и в источник сырья.

Хотя торговля являлась важнейшей формой экономических связей капиталистических держав с Китаем, однако с началом перехода капитализма в западных странах в империализм появляются новые формы экономического проникновения в Китай, а именно вывоз капитала.

В Китае появцлосьцюсб иностранное капиталистическое судоходство. Иностранные фирмы в этот период делали первые попытки строительства в Китае железных дорог. Железные дороги являлись для иностранного капитала удобным средством для проникновения вглубь в Китай. Иностранный капитал также начал в Китае строить промышленные предприятия. Наконец, в этот же период в Китае открывались отделения иностранных банков. Экономическое проникновение иностранных держав закреплялось политическим закабалением Китая.

Англия в 1876 г. навязала Китаю новый неравноправный договор, так называемую Чифускую конвенцию. Эта конвенция открывала для английских купцов ряд речных и морских портов. По этой же конвенции Англия потребовала у Китая привилегии в провинции Юньнань и в Тибете. Франция стремилась не отстать от Англии.

Франция уже давно стремилась к захвату Вьетнама, находившегося в номинальной зависимости от Китая. Однако здесь Франция натолкнулась на серьезное сопротивление вьетнамских и китайских войск. В 1884 г. вспыхнула война между Францией и Цинской империей. Несмотря на очевидное поражение французов, император династии Цин предложил Франции переговоры. Тяньцзинский франко-китайский договор (1885 г.)

стал еще одним неравноправным для Китая договором. По этому договору Вьетнам по существу становился французской колонией, а Китай выплачивал Франции контрибуцию и предоставлял Франции ряд торговых привилегий в пограничных с Вьетнамом провинциях Юньнань и Гуанси. Англия, воспользовавшись слабостью Китая, захватила в 1886 г. Бирму (Мьянму), а позже еще одно вассальное от Китая княжество-Сикким, превратив их в свои колониальные владения.

Таким образом к 1880-м гг. капиталистические державы укрепились на рубежах Китая и постепенно подбирались к его основной территории. В этих условиях цинский двор перешел к политике "самоусиления", цель которой состояла в том, чтобы, используя технические достижения западных держав, возродить военное могущество династии и дать отпор притязаниям колониальных держав. Была создана сеть военных заводов, арсеналов и инженерных школ, появилась армия по западному образцу.

Однако, политика "самоусиления" не принесла результатов, что выявилось в ходе японо-китайской войны, вспыхнувшей в 1894 г. За короткий срок японские войска в Корее разгромили цинскую армию. В 1895 г. был подписан мирный договор-Симоносекский договор, который был одним из наиболее кабальных договоров в политической истории Китая. Китай был вынужден уступить Японии остров Тайвань и выплатить большую контрибуцию.

Японо-китайская война и Симоносекский мир обострили противоречия держав на Дальнем Востоке. Война происходила в период перерастания капитализма в империалистическую стадию, когда все труднее становились найти не захваченную еще каким-либо государством территорию. Так что условия Симоносекского мира вызвали сразу же реакцию у иностранных держав. К китайским берегам стягивались военно-морские ряда держав: Германии, Англии, США, Франции и царской России. Империалистические государства перешли к разделу Китая на "сферы влияния". Англия объявила зоной своих преимущественных интересов бассейн реки Янцзы и побережье Гуандуна, Франция-

Юго-Западный Китай, Германия-полуостров Шаньдун, Япония-Южную Маньчжурию и Фуцзянь, Россия-Маньчжурию. В 1898 г. Англия получила в долгосрочную аренду большую часть территории современного Гонконга (Сянгана), Германия-порт Циндао, Россия-Порт-Артур на Ляодунском полуострове, Франция-участок побережья Гуандуна. В сентябре 1899 г. правительство США обратилось к другим державам с нотой, в которой предлагалось соблюдать равенство возможностей в торговле с Китаем, что получило название доктрины "открытых дверей и равных возможностей" (доткрины Хэйя).

Экспансия иностранных держав вызвала возмущение широких слоев китайского народа. В 1900 г. в Шаньдуне и Хэбэе вспыхнуло боксерское восстание, направленное против колонизаторов. Ядро восставших составили члены тайного общества "Ихэтуань". Вскоре экспедиционный корпус восьми западных держав занял Пекин, а цинский двор пошел на новые уступки. В сентябре 1901 г. в Пекине был подписан протокол, закрепивший полуколониальное положение Китая.

Проблема экспансии и ее разработка в российской науке еще не становились предметом специального изучения. Последное исследование, посвященное экспансии западных держав в Китае и советской историографии, представлено изданной в 1970 г. монографией В. Н. Никифорова《Советские историки о проблемах Китая》①. В седьмой главе этой монографии историк проанализировал не только проблему экспансии, как таковую, но и проблемы советской историографии об экспансии западных держав в Китае в двух аспектах, а именно в изучении русско-китайских отношений и международных отношений в Китае. Другой известный историк-американист А. А. Мурадян обратил внимание на труды советских историков о политике США на Дальнем Востоке②. Число трудов, изданных в последние 20 лет, посвященных

① Никифоров В. Н. Советские историки о проблемах Китая. М., 1970.

② Мурадян А. А. Некоторые вопросы политики США на Дальнем Востоке в XIX в. в советской исторической литературе. // Американский ежегодник. М., 1973. С. 311-312.

самой экспансии, также невелико. В то время как в современной китайской историографии имеются серьезные труды, посвященные как самой экспансии, так и труды по историографии экспаснии.

Между тем, я полагаю, что тема экспансии далеко не исчерпала себя.

Во-первых, экспансия западных держав в Китае в 1860-1900-е гг. сыграла важную роль в развитии Китая в современную эпоху. Именно этот период являлся поворотным временем, когда у Китая установились постоянные контакты с внешним миром. Именно в 1860-1900-е гг. западные страны проводили наиболее активную экспансионистскую политику в Китае, в результате которой Китай фактически превратился в полуколониальную страну, зависимую от западных держав. С другой стороны, в ходе экспансии западные страны также принесли технические достижения, которые способствовали развитию национальной промышл-енности в самом Китае, что в результате оказало влияние на модерни-зацию Китая.

Во-вторых, вторая половина XIX в. ознаменовалась усилением колониальной экспансии, вызванной новыми потребностями развития капиталистического общества. Наряду со "старыми" промышленными странами, такими, как Англия и Франция, появились новые, Германия и США, вступившие с ними в конкуренцию. Промышленные кризисы также стали одной из причин углубления степени эксплуатации отсталых от капиталистического мира стран. Все это привело к резкому обострению борьбы за раздел мира. Так как к концу XIX в. практически весь мир оказался поделенным между капиталистическими государствами, с этого времени борьба за раздел мира сменяется борьбой за передел колоний и сфер влияния. Эти процессы усилились после окончания Первой мировой войны, когда развернулась острая борьба за передел сфер влияния в Китае между западными державами. Отметим, что с 1920-х гг. советские историки, которые специализировались на изучении внешней политики западных держав, уже обратили внимание и на экспансию капиталистических держав.

В-третьих, в ходе экспансии в Китае переплелись непосредственно противоречия между капиталистическими державами, их интересы в Китае в значительной степени влияли на их отношения как в Европе, так и во всем мире.

Таким образом, как в советской/российской историографии, так и в китайской историографии сложилась определенная традиция изучения экспансии западных держав в Китае во второй половине XIX в. Историками двух стран было уделено серьезное внимание влиянию экспансии западных держав в Китае на развитие международных отношений на Дальнем Востоке и истории Китая. В этой связи исследование проблемы экспансии и ее разработка в российской науке, а также сравнительный анализ советской и китайской историографии, на наш взгляд, являются актуальным и в научно-историческом плане.

Хронологические рамки исследования охватывают вторую половину XIX в., именно в это время Китай фактически превратился в полуколонию западных держав и именно этот период - вторая половина XIX в. - стал предметом пристального внимания советских/российских историков. В 1950 - первой половине 1980-х гг. появилось значительное количество трудов, посвященных экспансии. Тема была весьма популярна в советской историографии. Необходимо отметить, что еще с 1920-х гг. советские историки начали обращать внимание на экспансию западных держав в Китае в 1860-1900 гг. Поэтому автор настоящей диссертации исследовал и труды периода 1920-2000-х гг., выделил четыре этапа для отдельного изучения, чтобы обобщить особенности исследований историков и указать общее и особенное между разными этапами.

Целью исследования является изучение проблемы экспансии западных держав в Китае во второй половине XIX в. и ее разработка в российской науке, систематизация основных концепций и взглядов советских/российских и китайских историков 1950-2000-х гг. об экспансии западных держав в Китае во второй половине XIX в., показ основных особенностей в изучении данной темы каждого периода, проведение сравнительного анализа между трудами советских/российских и китайских историков.

Для реализации этой цели были поставлены следующие задачи:

— проанализировать проблему экспансии западных держав в Китае в 1860-1900-х гг. и степень ее разработки в трудах советских/российских ученых рассматриваемого периода;

— систематизировать труды советских и российских историков 1950-2000-х гг. об экспансии западных держав в Китае во второй полов-ине XIX в.;

— обобщить особенности экспансии, которые были выделены советскими/российскими и китайскими учеными;

— провести сравнительный анализ между трудами советских/российских и китайских историков 1950-2000-х гг., выяснить общее и особенное во взглядах историков обеих стран на проблему экспансии;

— определить степень изученности данной проблемы и выявить основные направления дальнейших исследований.

Объектом исследования является экспансия западных держав в Китае в 1860-1900-х гг. и разработка проблемы в советской и китайской историографии во всей ее полноте: от внешней политики западных стран в Китае до экспансии этих стран в Китае во второй половине XIX в. в области экономики и культуры.

Методологической базой исследования послужили такие основополагающие общенаучные методы, как историзм и научная объективность, анализ и синтез, индукция и дедукция, сравнение и аналогия. В качестве методов собственно исторического исследования выступают историко-сравнительный и хронологический.

Научная новизна. Несмотря на то, что советские/российские историки в той или иной степени посвятили проблеме экспансии западных держав в Китае во второй половине XIX в., они попытались обобщить советскую/российскую историографию об экспансии западных держав, в том числе их экспансионистские действия во многих странах, однако, проблема экспансии западных держав именно в Китае и разработка этой проблемы еще не стали предметом специального изучения. В работе над диссертацией учтены последние достижения российской и китайской историографии по теме экспансии западных держав в Китае.

Труды, использованные в настоящей диссертации, охватывают период с 1920-х гг. до 2000-х г. Автор обратился не только к трудам, непосредственно посвященным экспансии западных держав в Китае во второй половине XIX в., но и к трудам обобщающего характера, в которых экспансия западных держав в Китае является лишь одной из тем, либо тема экспансии затрагивается в них косвенно. Авторы данных трудов были как учеными, занимавшими историей международных отношений, так и специалистами в области внешней политики западных держав, а также историками-китаеведами.

Впервые в российской исторической науке предпринимается попытка исследования проблемы экспансии, основываясь на сравнительном анализе советской/российской и китайской историографии по вопросу экспансии западных держав в Китае в 1860-1900 гг.

Историография. Исследований, посвященных проблеме экспансии и анализу трудов советских и российских историков об экспансии западных держав в Китае в 1860-1900 гг., немного. Серьезный вклад в изучение проблемы экспансии и ее разработки в советской историографии внесли историки-китаеведы и историки-американисты. Среди них можно назвать А. А. Губера①, В. Н. Никифорова②, А. А. Мурадяна③,

---

① Губер А. А. 25 лет изучения истории стран Востока в СССР. // Исторический журнал. М., 1942. №. 10. С. 91-97.

② Никифоров В. Н. Советские историки о проблемах Китая. М., 1970.

③ Мурадян А. А. Некоторые вопросы политики США на Дальнем Востоке в XIX в. в советской исторической литературе. // Американский ежегодник. М., 1973. С. 311-321.

В. В. Носкова[①] и И. Н. Кравченко[②]. Они в основном исследовали советскую историографию 1940-1960-х гг., посвященную различным проблемам в истории Китая во второй половине XIX в. и внешней политике США рассматриваемого периода.

В 1960-е гг. была опубликована фактически первая статья 《Советская историография Китая в первые послевоенные годы (1946-1949)》[③], посвященная советской историографии об экспансии западных держав в Китае. Автором этой статьи является В. Н. Никифоров. Он отметил в статье, что для советской историографии 1946-1949 гг. характерно прежде всего резкое преобладание международной тематики. Историк считал труды В. Я. Аварина, А. С. Ерусалимского, Г. В. Ефимова и Б. А. Романова важными для изучения истории экспансии западных держав в Китае в контексте как собственно истории западных стран и Китая, так и истории международных отношений.

Например, в изучении международных отношений он обратил внимание на труд В. Я. Аварина 《Борьба за Тихий Океан (японо-американские противоречия)》[④]. По мнению В. Н. Никифорова, хотя книга 《Борьба ...》 в целом была посвящена истории Японии, США, Англии и других капиталистических стран в борьбе за Тихий океан, однако отчасти ученый специально остановился на проблеме Китая[⑤].

О германской экспансии в Китае В. Н. Никифоров выделил

---

① Носков В. В. Советская историография экспансии США и европейских держав в Океании в XIX в. // Современная историография экспансионизма США XIX-начало XX в. Сборник статей. М., 1985. С. 55-101.

② Кравченко И. Н. Экспансионизм США на рубеже XIX-XX вв. (Современная историография). М., 1986.

③ Никифоров В. Н. Советская историография Китая в первые послевоенные годы (1946-1949). // КСИНА. М., 1964. №. 85. С. 154-168.

④ Аварин В. Я. Борьба за Тихий океан (Японо-американские противоречия). М., 1947.

⑤ Никифоров В. Н. Советская историография Китая в первые послевоенные годы (1946-1949). // КСИНА. М., 1964. №. 85. С. 160.

внимание монографии А. С. Ерусалимского①. По мнению историка, А. С. Ерусалимский вскрыл причины, движущие силы и всю механику захвата Германией Цзяочжоу, показал отношение разных групп германской общественности к этому захвату②.

Дальше В. Н. Никифоров проанализировал труд историка Б. А. Романова③. Он полагал, что Б. А. Романов, как один из основоположников советской историографии международных отношений, в своем исследовании 1947 г.④ продолжил начатое за 20 лет до того изучение политики царизма на Дальнем Востоке и на этот раз подробнее проанализировал позицию японской стороны, хотя наибольшую ценность в его книге по-прежнему представляли материалы, касающиеся России⑤.

На основании исследования статей А. Л. Нарочницкого⑥ и других авторов В. Н. Никифоров сделал вывод, что только английская политика поощрения Японии (в которой Англия и США видели противовес России на Дальнем Востоке) обеспечила Японии возможность безнаказанного вторжения в Китай.

В результате В. Н. Никифоров пришел к выводам: в 1946-1949 гг. изучение истории международных отношений в указанные годы поднялось на новую ступень. Были созданы серьезные монографии, относящиеся к Китаю прямо или косвенно. Изучение внутренней истории Китая несколько отстало, не было издано ни одного специального

---

① Ерусалимский А. С. Внешняя политика и дипломатия германского империализма в конце XIX в. М., 1951.

② Никифоров В. Н. Советская историография Китая в первые послевоенные годы (1946-1949). // КСИНА. М., 1964. №. 85. С. 167.

③ Романов Б. А. Россия в Манчжурии (1892-1906). Л., 1928.

④ Романов Б. А. Очерки дипломатической истории русско-японской войны, 1895-1907. М. -Л., 1947.

⑤ Никифоров В. Н. Советская историография Китая в первые послевоенные годы (1946-1949). // КСИНА. М., 1964. №. 85. С. 162.

⑥ Нарочницкий А. Л. Экспансия США на Дальнем Востоке в 1886-1894 гг. // Ученые записки московского пединститута. Т. 25. Кафедра истории нового времени. Вып. 2. М., 1953. С. 3-108.

исторического исследования, хотя разработка исторических вопросов и велась в форме статей. В изучении внутренней истории Китая новейшего периода и в деле подготовки высококвалифицированных научных кадров положение, создавшееся в результате войны, к 1949 г. еще не было выправлено.

В дальнейшем в монографии В. Н. Никифорова 《Советские историки о проблемах Китая》[①] историк более конкретно обратил внимание на работы, связанные с проблемами Китая. В. Н. Никифоров исследовал русско-китайские отношения эпохи империализма, основываясь на трудах А. Л. Попова[②] и Б. А. Романова[③]. Он отметил, что нельзя было разоблачать международный империализм в Китае, не вскрыв одновременно сущность политики царизма в китайском вопросе.

В. Н. Никифоров отметил, что работами Б. А. Романова, А. Л. Попова советская наука выполнила долг по разоблачению политики царизма в Китае. Был определен момент, когда эта политика приобрела агрессивный, враждебный Китаю характер: последние годы XIX - первые годы XX в. Было показано, почему так случилось именно в тот период: Россия становилась тогда империалистической страной.

В. Н. Никифоров также сделал краткий обзор изучения в 1918-1934 гг. отношений Китая с другими странами. По его мнению, главное внимание уделялось периоду империализма. Историк остано-вился на трудах Э. Д. Гримма[④], А. Я. Канторовича[⑤], В. Я. Аварина[⑥] и др.

---

① Никифоров В. Н. Советские историки о проблемах Китая. М., 1970.

② Попов А. Д. Очерки истории Китая. М., 1925.; Попов А. Д. Дальневосточная политика царизма в 1894-1901 годах. // Историк Марксист. М., 1935. №. 11.

③ Романов Б. А. Россия в Манчжурии (1892-1906). Л., 1928.

④ Гримм Э. Д. Сборник договоров и других документов по истории международных отношений на Дальнем Востоке (1842-1925). М., 1927.

⑤ Канторович А. Я. Америка в борьбе за Китай. М., 1935.

⑥ Аварин В. Я. Борьба за Тихий Океан (Японо-американские противоречия). М., 1947.; Аварин В. Я. Борьба за Тихий Океан. Агрессия США и Англии, их противоречия и освободительная борьба народов. М., 1952.

В. Н. Никифоров отметил, что две книги А. Я. Канторовича[①]-《Иностранный капитал и железные дороги Китая》и《Америка в борьбе за Китай》-явились вкладом в китаеведческую науку. Наибольших успехов А. Я. Канторович достиг в изучении политики американского империализма в Китае. В настоящей диссертации автор также обращает внимание на вышеуказанные монографии А. Я. Канторовича и делает подробный анализ этих трудов.

Таким образом, В. Н. Никифоров подробно проследил труды советских историков 1940-х гг., из которых можно сделать вывод, что историки 1940-х гг. в той или иной степени затронули тему экспансии западных держав в Китае в конце XIX в. На наш взгляд, анализ, проведенный В. Н. Никифоровым в трудах, является необходимой предпосылкой для дальнейшего изучения советской историографии проблем экспансии западных держав в Китае.

Советские историки обратили особое внимание на экспансию США на Дальнем Востоке, в том числе в Китае. Например, А. А. Мурадян[②] отметил, что еще в 1920-1930-е гг. советские историки уделили внимание политике США на Дальнем Востоке. В их работах описывалась военно-политическая и экономическая экспансия американской буржуазии на Дальнем Востоке, колониальные захваты США в Тихом Океане в конце XIX в., были сделаны плодотворные попытки объяснить мотивы ряда важных внешнеполитических акций американ-ского государства. По мнению А. А. Мурадяна, советские историки справедливо указали на экономические интересы американской буржуазии как на одну из главных причин экспансионистской политики США на Дальнем Востоке и в Тихоокеанском бассейне.

А. А. Мурадян также указал на то, что советские ученые дали верную оценку сущности доктрины "открытых дверей". Они отвергли

---

① Канторович А. Я. Иностранный капитал и железные дороги Китая. М., 1926.; Канторович А. Я. Америка в борьбе за Китай. М., 1935.

② Мурадян А. А. Некоторые вопросы политики США на Дальнем Востоке в XIX в. в советской исторической литературе. // Американский ежегодник. М., 1973. С. 311-312.

официальное объяснение этой доктрины, якобы проникнутой "сочувствием" к Китаю со стороны США. Советские ученые писали, что не интересы Китая и китайцев, а интересы иностранцев защищала эта политика[①].

А. А. Мурадян сделал акцент на монографии А. Я. Канторовича[②] предвоенного времени. Как отметил историк, труд А. Я. Канторовича-первое в советской историографии последовательное изложение фактов экономической и военно-политической экспансии американского государства и американской буржуазии в Китае и других странах Тихоокеанского бассейна.

Для послевоенной советской историографии было характерно особое внимание к политике США конца XIX в. (испано-американская война, колониальные захваты в Тихом Океане, провозглашение доктрины "открытых дверей" в отношении Китая и др.). Здесь необходимо выделить следующих исследователей: В. Я. Аварин, Р. М. Бродский, С. Б. Горелик, Г. В. Ефимов, Л. А. Березный, А. А. Мурадян и др[③].

Таким образом, можно констатировать, что советские ученые, привлекая новые источники и расширяя источниковедческую базу своих исследований, проделали значительную работу по изучению истории, историографии и идеологии внешней политики США на Дальнем Востоке в прошлом столетии. Советские историки немало сделали, чтобы проанализирвать ключевые проблемы дальневосточной политики буржу-

---

① Мурадян А. А. Некоторые вопросы политики США на Дальнем Востоке в XIX в. в советской исторической литературе. // Американский ежегодник. М., 1973. С. 311-312.

② Канторович А. Я. Америка в борьбе за Китай. М., 1935.

③ Аварин В. Я. Борьба за Тихий океан. Агрессия США и Англии, их противоречия и освободительная борьба народов. М., 1952.; Бродский Р. М. Американская экспансия в Северо-восточном Китая 1898-1905. Львов. 1965.; Горелик С. Б. Политика США в Маньчжурии в 1898-1903 гг. и доктрина "открытых дверей". М., 1960.; Ефимов Г. В. Внешняя политика Китая 1894-1899. М., 1958.; Березный Л. А. Начало колониальной экспансии в Китае и современная американская историография. М., 1972.; Мурадян А. А. Американские миссионеры в странах Дальнего Востока, юго-восточной Азии и Океании в XIX в. М., 1971.

азии с внешней политикой ее государства, разоблачить антинаучные построения буржуазных авторов, пытающихся приписать отечественной политике "особый", "антиколониальный", "антиимп-ериалистический" характер.

Необходимо вместе с тем отметить, что не все вопросы дальневосточной политики США освещены в советской историографии с равной полнотой и глубиной. Многие важные проблемы еще ждут своих исследователей. Еще мало монографических исследований по истории американской внешней политики на Дальнем Востоке, особенно в Китае в первой половине XIX в. Нуждаются в специальном рассмотрении такие вопросы, как политика США в отношении Китая в 1840-1860-е гг. Заслуживают более пристального внимания вопросы идеологической экспансии США в Тихоокеанском бассейне и прежде всего деятельность американских миссионеров. Пока еще нет специальных исследований по идеологии американского экспансионизма. Видимо, своевременной является постановка вопроса о создании крупного обобщающего труда по истории внешней политики США на Дальнем Востоке в XIX в.

Источниковая база диссертации состоит из трудов советских и китайских историков, прямо или косвенно посвященных экспансии западных держав в Китае во второй половине XIX в.

Автор диссертации, в первую очередь, обращал внимание на труды обобщающего характера, такие, как《Сборник договоров и других документов по истории международных отношений на Дальнем Востоке (1842-1925)》Э. Д. Гримма,《Международные отношения до первой мировой империалистической войны (1871-1918 гг.)》Г. А. Деборина,《Международные отношения на Дальнем Востоке 1870-1945 гг.》(1951 г.) под редакцией Е. М. Жукова,《Международные отношения на Дальнем Востоке 1840-1949 гг.》(1956 г.) под редакцией Е. М. Жукова,《Международные отношения на Дальнем Востоке》(1973 г.) под редакцией Е. М. Жукова,《Колониальная политика капиталистических держав на Дальнем Востоке 1860-1895 гг.》 А. Л. Нарочницкого, 《История дипломатии》 и др[①], а также статьи о международных отношениях на Дальнем Востоке, например, 《Международные отношения на Дальнем Востоке (1894-1904 гг.)》 А. А. Губера[②].

Большой вклад в изучение внешней политики и дипломатии западных держав в отношении Китая внесли такие монографические работы, как 《Америка в борьбе за Китай》 А. Я. Канторовича, 《Внешняя политика и дипломатия германского империализма в конце XIX в.》 А. С. Ерусалимского, 《Борьба за раздел Китая и американская доктрина "открытых дверей" 1895-1900》 А. А. Фурсенко, 《Иностранная экспансия в Тибете в 1888-1919》 В. П. Леонтьева, 《Колониальная политика Франции в Китае и Индокитае 1844-1862》 Ю. П. Дементьева, 《Политика США в Маньчжурии в 1898-1903 гг. и доктрина "открытых дверей"》 С. Б. Горелика, 《Американская экспансия в Северо-восточном Китая 1898-1905》 Р. М. Бродского, 《Британский империализм в Китае (1896-1901)》 Л. Л. Зариной и С. Г. Лившица, 《Политика Франции в Китае в конце XIX в.》 В. П. Корякова, 《Колониальная экспансия Великобритании в последней трети

① Гримм Э. Д. Сборник договоров и других документов по истории международных отношений на Дальнем Востоке (1842-1925). М., 1927; Деборин Г. А. Международные отношения до первой мировой империалис-тической войны (1871-1914 гг.). М., 1941; Международные отношения на Дальнем Востоке 1870-1945. Под ред. Жукова Е. М. М., 1951; Международные отношения на Дальнем Востоке 1840-1949. Под ред. Жукова Е. М. М., 1956; Международные отношения на Дальнем Востоке. Под ред. Жукова Е. М. М., 1973; История дипломатии. Т. II. Под ред. Громыко А. А. М., 1963.

② Губер А. А. Международные отношения на Дальнем Востоке (1894-1904 гг.) // Учебные записки тихо-океанского института. Т. I. С. 3-50.

XIX в.》 И. Д. Парфенова и т. д.①

Работы советских и российских китаеведов, которые занимались собственно историей Китая, особенно во второй половине XIX в., также привлекли внимание автора данной диссертации: 《Очерки по новой и новейшей истории Китая》 и 《Внешняя политика Китая 1894-1899》 Г. В. Ефимова, 《Внешняя политика Китая в 1856-1860 гг.: отношения с Англией и Францией》 С. И. Зарецкой, 《История Китая. Эпоха Цин XVII-начало XX в.》 О. Е. Непомнина и др.②

Автор настоящей диссертации также останавливается на работах, посвященных экспансии западных держав в Китае отдельно со стороны экономики и культуры. Например, в советской историографии были опубликованы такие серьезные монографии, как 《Иностранный капитал и железные дороги Китая》 А. Я. Канторовича, 《Американские миссионеры в странах Дальнего Востока, юго-восточной Азии и Океании в XIX в.》 А. А. Мурадяна, 《Нефтяные войны (конец XIX-начало XX в.)》 А. А. Фурсенко③.

Необходимо отметить, что советские историки, занимаясь внешней политикой России в XIX в., также уделили внимание отношениям

---

① Канторович А. Я. Америка в борьбе за Китай. М., 1935; Ерусалимский А. С. Внешняя политика и дипломатия германского империализма в конце XIX в. М., 1951; Фурсенко А. А. Борьба за раздел Китая и американская доктрина “открытых дверей” 1895-1900. М., 1956; Леонтьев В. П. Иностранная экспансия в Тибете в 1888-1919. М., 1956; Дементьев Ю. П. Колониальная политика Франции в Китае и Индокитае 1844-1862. М., 1958; Горелик С. Б. Политика США в Маньчжурии в 1898-1903 гг. и доктрина “открытых дверей”. М., 1960; Бродский Р. М. Американская экспансия в Северо-восточном Китая 1898-1905. Львов. 1965; Зарина Л. Л., С. Г. Лившиц. Британский империализм в Китае 1896-1901. М., 1970; Коряков В. П. Политика Франции в Китае в конце XIX в. М., 1985; Парфенов И. Д. Колониальная экспансия Велико-британии в последней трети XIX в. М., 1991.

② Ефимов Г. В. Очерки по новой и новейшей истории Китая. М., 1951; Ефимов Г. В. Внешняя политика Китая 1894-1899. М., 1958; Зарецкая С. И. Внешняя политика Китая в 1856-1860 гг.: отношения с Англией и Францией. М., 1976; Непомнин О. Е. История Китая. Эпоха Цин XVII-начало XX в. Ч. II. М., 2005.

③ Канторович А. Я. Иностранный капитал и железные дороги Китая. М., 1926; Мурадян А. А. Американские миссионеры в странах Дальнего Востока, юго-восточной Азии и Океании в XIX в. М., 1971; Фурсенко А. А. Нефтяные войны (конец XIX-начало XX в.). М., 1985.

царского правительства к Китаю, а также взаимосвязи России с другими державами в отношении Китая. На наш взгляд, необходимо обращаться к исследованиям таких историков, как Б. А. Романов, В. Я. Аварин и др①.

Исследуя внешнюю политику России в XIX в., вышеуказанные ученые и другие историки также сделали акцент на отношениях между западными державами, которые являлись важными для исследования экспансии западных держав в Китае②.

Необходимо отметить, что в настоящее время в трудах, посвященных истории дипломатии отдельных западных держав имеются разделы, посвященные экспансии западных держав в Китае во второй половине XIX в. Такими трудами являются《История США》в 4-х томах,《Дипломатическая история США》И. Н. Кравченко,《История внешней политики и дипломатии США 1867-1919》под редакцией Г. П. Куропятника,《Германская империя 1871-1914》А. Г. Матвеевой и др.③ В этих трудах экспансия исследуется как целостное явление, поэтому исследования историков стали более концептуальными.

Автор настоящей работы уделяет внимание китайской историографии, посвященной проблемам экспансии западных держав в Китае

---

① Романов Б. А. Россия в Манчжурии (1892-1906). Л., 1928; Аварин В. Я. Империализм и Манчжурия. Т. I. Этапы империалистической борьбы за Манчжурию. М., 1934.

② Аварин В. Я. Борьба за Тихий Океан (Японо-американские противоречия). М., 1947; Аварин В. Я. Борьба за Тихий Океан. Агрессия США и Англии, их противоречия и освободительная борьба народов. М., 1952; Нарочницкий А. Л. Соединенные Штаты Америки и Японская агрессия в Корее и Китае 1894-1895 гг. // Известия Академии Наук СССР. Серия истории и философии. М., 1950. Т. VII. №. 3. С. 222-238; Нарочницкий А. Л. Британский империализм и японо-китайская война 1894-1895 гг. // Учебные записки МГПИ, кафедра истории нового времени. М., 1951. Вып. I. Т. 14. С. 89-180; Слезкин Л. Ю. Испано-американская война 1898 г. М., 1956.

③ История США в 4-х томах. Севостьянов Г. Н. (гл. ред.). Т. II. 1877-1918. Куропятник Г. П. (отв. ред.). М., 1985; Кравченко И. Н. Дипломатическая история США 1877-1919. М., 2002; История внешней политики и дипломатии США 1867-1918. Под ред. Куропятника Г. П. М., 1997; Матвеева А. Г. Германская империя 1871-1914. М., 2002.

в 1860-1900 гг. В период 1920-1940 гг. эти проблемы в основном волновали не ученых, а революционеров и политиков①. Однако, в 1950-е - 1960-е гг. в китайской историографии появились серьезные исследования об экспансии западных держав в Китае в 1860-1900 гг.② Китайские историки в этот период сделали акцент на агрессивности колонизаторов. Затем в 1970-1980-х гг. в китайской историографии появились новые тенденции в исследовании проблемы экспансии. Китайские ученые начали изучать тему экспансии, ее влияние на культуру и экономику Китая③. Хотя в этот период агрессивная деятельность западных держав в Китае все еще привлекала немало внимания китайских историков, но роль экономических факторов в ходе экспансии, развитие национальной промышленности также начали привлекать внимание ученых. После того, как в Китае в 1978 г. была провозглашена политика《открытости и реформы》, тему экспансии западных держав в Китае постепенно заменили отношения Китая с иностранными государствами в современной китайской историографии④.

Таким образом, труды советских и российских историков, вместе с работами китайских ученых, составляют основную источниковую базу настоящей диссертации.

---

① 刘彦:《中国近时外交史》, 商务印书馆 1921 年版。(Лю Янь. История дипломатии Китая нового времени. Шанхай, 1921.)

② 范文澜:《中国近代史》(上), 人民出版社 1955 年版。(Фань Вэньлань. Новая история Китая. Т. I. Пекин, 1955.) 胡绳:《帝国主义与中国政治》, 人民出版社 1952 年版。(Ху Шэн. Империализм и политика Китая. Пекин, 1952.) 丁名楠、余绳武、张振鹍:《帝国主义侵华史》(第 1 卷), 科学出版社 1958 年版。Дин Миннань, Юй Шэнъу, Чжан Чжэнькунь. История агрессии империалистических держав в Китае. Т. I. Пекин, 1958.

③ 汪敬虞:《十九世纪西方资本主义对中国的经济侵略》, 人民出版社 1984 年版。(Ван Цзинъюй. Экономическая экспансия западного капитализма в Китае в XIX в. Пекин, 1984.) 顾长声:《传教士与近代中国》, 上海人民出版社 1981 年版。(Гу Чаншэн. Миссионеры и Китай в новое время. Шанхай, 1981.)

④ 唐培吉:《中国近现代对外关系史》, 高等教育出版社 1994 年版。(Тан Пэйцзи. История отношений Китая с иностранными государствами в новое время. Пекин, 1994.)

Глава I. Экспансия западных держав в Китае в 1860-1900-х гг. и разработка проблемы советскими историками в 1920-1940-х гг.

I. 1 Экспансия западных держав в Китае в 1860-1900-х гг. и понимание проблемы советской исторической наукой 1920-1940-х гг.

Говоря о теме экспансии западных держав в Китае во второй половине XIX в., необходимо отметить, что в 1920-1940-е гг. советские ученые уже много сделали в этом направлении. По нашему мнению, историки в основном изучали экспансию западных держав в Китае во второй половине XIX в. по следующим направлениям, а именно:

1) Экспансия западных держав в Китае в контексте международных отношений;

2) Внешняя политика западноевропейских стран и США на Дальнем Востоке, в частности, в Китае;

3) Внутреннее положение Китая в процессе экспансии;

4) Экспансия в исследованиях советских ученых, посвященных внешней политике царизма в Китае.

Жанры исследований по теме также являлись разными: они были тесно связаны с изданием документов о международных отношениях, таких, как сборника Э. Д. Гримма, -с одной стороны, и с монографиями и статьями А. Л. Попова, А. Я. Канторовича, В. Я. Аварина, А. А. Губера, Г. В. Ефимова, А. С. Ерусалимского, Б. А. Романова и Г. А. Деборина, -с другой. Из трудов можно назвать 《Сборник договоров и других документов по истории международных отношений на Дальнем Востоке (1842-1925)》 Э. Д. Гримма①, 《Иностранный капитал и железные дороги Китая》②, 《Америка в борьбе за Китай》 А. Я. Канторовича③, 《Империализм в Маньчжурии》 В. Я. Аварина④, 《Россия в Маньчжурии (1892-1906)》 Б. А. Романова⑤, 《Международные отношения до Первой Мировой империалистической войны (1871-1914 гг.)》 Г. А. Деборина⑥ и 《Боксерское восстание》 А. Л. Попова и др. Труды, написанные учеными и изданные в 1920-1940 гг., стали фундаментом для дальнейших исследований.

I) Экспансия западных держав в Китае во второй половине XIX в. в контексте международных отношений.

Свержение власти царского правительства и Октябрьская революция дали возможность советским историкам подробно и объективно разобрать прежде секретные архивы царских учреждений. Важно отметить, что изучение темы экспансии западных держав в Китае, прежде всего, связано с исследованием истории международных отношений на Дальнем Востоке, которое началось с издания документов.

Не следует забывать, что в этой области большую работу провел Э. Д. Гримм, составитель сборника документов по истории междунар-

---

① Гримм Э. Д. Сборник договоров и других документов по истории международных отношений на Дальнем Востоке (1842-1925). М., 1927.

② Канторович А. Я. Иностранный капитал и железные дороги Китая. М., 1926.

③ Канторович А. Я. Америка в борьбе за Китай. М., 1935.

④ Аварин В. Я. Империализм в Маньчжурии. Т. I. М. -Л., 1934.

⑤ Романов Б. А. Россия в Маньчжурии (1892-1906). Очерки по истории внешней политики самодержавия в эпоху империализма. Л., 1928.

⑥ Деборин Г. А. Международные отношения до Первой Мировой империалистической войны (1871-1914 гг.). М., 1941.

одных отношений на Дальнем Востоке, который был опубликован в 1927 г.[1]. В сборник были включены тексты неравноправных договоров между Китаем и западными державами во второй половине XIX в. Комментариев к публикуемым текстам договоров Э. Д. Гримм не давал, их заменила вступительная статья 《Обзор истории международных отношений на Дальнем Востоке》[2]. В ней автор сделал акцент на развитии международных отношений на Дальнем Востоке с начала XIX в. до 1920-х гг.

Можно отметить, что Э. Д. Гримм выделил ведущие события, определяющие развитие международных отношений на Дальнем Востоке, это японо-китайская война (1894-1895 гг.) и русско-японская война (1904-1905 гг.). На основе этих войн Э. Д. Гримм разделил историю международных отношений на Дальнем Востоке с начала XIX в. до середины 1920-х гг. на три части:

— от начала XIX в. до японо-китайской войны (1894-1895 гг.);

— от японо-китайской войны (1894-1895 гг.) до Портсмутского мира (1905 г.);

— от Портсмутского мира до середины 1920-х гг.

Говоря об экспансии отдельных западных держав в Китае во второй половине XIX в., заметим, что историк Э. Д. Гримм в первую очередь уделял внимание экспансии Англии в Китае. Опираясь на документы между цинским правительством и западными державами, Э. Д. Гримм изложил историю международных отношений на Дальнем Востоке в XIX в., делая акцент на внешней политике Англии в Китае. Он пришел к выводу, что период 1860-1895-х гг. является временем максимального преобладания Англии в Китае[3]. Показывая сложные отношения между

① Гримм Э. Д. Сборник договоров и других документов по истории международных отношений на Дальнем Востоке (1842-1925). М., 1927.

② Там же. С. 22-44.

③ Там же. С. 26.

западными державами (Англией, Францией и др.) как до японо-китайской войны (1894-1895 гг.), так и после неё, автор отметил, что после японо-китайской войны (1894-1895 гг.) влияние Англии в Китае испытало тяжелый удар, хотя экономическое могущество оставалось, но политические условия ее преобладания в Китае изменились до неузнаваемости①, ибо в борьбу за Китай включились другие державы. Точка зрения Э. Д. Гримма, которая не устарела и в настоящее время, получила развитие в трудах советских ученых. Последующие историки, как Л. Л. Зарина и С. Г. Лившиц②, развивали эту тематику.

Труд 《Сборник договоров и других документов по истории международных отношений на Дальнем Востоке (1842-1925)》 предназначался историком для учебных целей и был издан московским институтом востоковедения, где Э. Д. Гримм преподавал историю международных отношений на Дальнем Востоке. Сам Э. Д. Гримм полагал, что сборник может быть использован не только студентами. С нашей точкой зрения, значение сборника выходит за чисто учебные рамки, ибо он был самой первой попыткой издания документов по истории международных отношений на Дальнем Востоке, вышедших в свет в СССР и в определенной степени сборник послужил фундаментом для работы советских историков после Второй мировой войны, т. е. он имеет также и серьезное научное значение.

Традиция, заложенная Э. Д. Гриммом, была продолжена в 1930-е гг. капитальной публикацией документов по истории международных отношений 《Международные отношения в эпоху империализма》③. Однако, из-за начавшейся Второй мировой войны издание не было завершено. Вместе с тем, применительно к теме экспансии, это начин-

---

① Гримм Э. Д. Сборник договоров и других документов по истории международных отношений на Дальнем Востоке (1842-1925). М., 1927. С. 33.

② См.: Зарина Л. Л., Лившиц С. Г. Британский империализм в Китае (1896-1901 гг.). М., 1970.

③ Международные отношения в эпоху империализма. Документы из архивов царского и временного правительств. М., 1930-е гг.

ание было продолжало в многотомном издании 《Внешней политики России XIX и начала XX в.》[①].

Из исследований 1930-х гг. одно из важнейших, на наш взгляд, принадлежит А. Я. Канторовичу. Его монография 《Китай в империалистическом окружении》[②] является серьезным исследованием по истории экспансии западных держав в Китае со стороны международных отношений. В ней уделяется внимание следующим вопросам: роли иностранного капитала, инвестированного в тяжелую индустрию Китая; экономическому развитию самого Китая; условиям труда в этой стране; экономике китайской деревни; таможенной проблеме; финансам и другим вопросам.

Затем в 1940-е гг. Г. А. Деборин опубликовал монографию 《Международные отношения до Первой Мировой империалистической войны (1871-1914 гг.)》[③]. Основное внимание было уделено отношениям между империалистическими державами в борьбе за Китай и их действиям в ходе экспансии. Историк показал сам процесс превращения Китая в полуколонию европейских держав в виде заключения неравноправных договоров с отдельными империалистическими странами после японо-китайской войны (1894-1895 гг.).

Следует отметить, хотя этот труд представляет собой очень ценный эксперимент в исследовании международных отношений, в частности экспансии западных держав в Китае, однако, очевидно, что Г. А. Деборин делал акцент на исторических фактах, а круг источников для исследования был не указан в монографии. Работа Г. А. Деборина в значительной степени носила публицистический характер.

Историк А. А. Губер в 1940-е гг. также обратил внимание на историю международных отношений на Дальнем Востоке в 1894-1904-х

---

① Внешняя политика России XIX и начала XX в. Серия IV: 1856-1878; Серия V: 1878-1895; Серия VI: 1895-1917. М., 1960-е гг.

② Канторович А. Я. Китай в империалистическом окружении. М., 1934.

③ Деборин Г. А. Международные отношения до Первой Мировой империалистической войны (1871-1914 гг.). М., 1941.

гг. и сделал акцент на экспансии западных держав в Китае этого периода[①]. Опираясь на историю японо-китайской войны (1894-1895 гг.), историк проанализировал последствия этой войны, такие, как раздел Китая на "сферы влияния", вооруженная интервенция империалистических держав в Китае во время движения против иностранцев в этой стране.

Следует отметить, что концепция А. А. Губера о роли японо-китайской войны (1894-1895 гг.) в ходе экспансии западных держав в Китае в конце XIX в. совпадала с мнением Э. Д. Гримма в этом вопросе. Как А. А. Губер отметил, эта война положила "... в то же время начало открытым попыткам раздела Китая"[②].

Коллективный труд 《История дипломатии》[③] также имел международный характер со стороны дипломатических отношений между империалистическими державами. В седьмой главе второго тома содержится несколько эпизодов о теме экспансии, а именно: японо-китайской войне (1894-1895 гг.), территориальном захвате Германии в Кияо-Чяо (Цзяочжоу). Надо отметить, что акцент в этом исследовании не был сделан на экспансии западных держав в Китае, историки изложили эту историю попутно, что вполне закономерно для фундаментальных трудов общего характера.

II) Внешняя политика отдельных западных держав в Китае в ходе экспансии

Советские историки уже в 1930-е гг. обратили особое внимание на экспансию отдельных западных держав в Китае во второй половине XIX в. Это не было случайностью, потому что Россия до 1917 г. вела активную политику на Дальнем Востоке, а ее конкурентами как раз и

---

① Губер А. А. Международные отношения на Дальнем Востоке (1894-1904). // Ученые записки тихоокеанского института. М. -Л., 1947. Т. I. С. 3-50.

② Там же. С. 2.

③ История дипломатии. Дипломатия в новое время (1872-1919 гг.). Под ред. академика Потёмкина В. П. Т. II. М. -Л., 1945.

выступали как западные державы, так и Япония.

Наибольших успехов в изучении внешней политики США, ее китайского направления, достиг А. Я. Канторович. Например, появилась его монография 《Америка в борьбе за Китай》①, изданная в 1935 г. Она стала в 1930-е гг. определяющим трудом по экспансии США в Китае в XIX и начале XX в. В монографии автор показал особенности экономических и политических отношений США с Китаем. По его мнению, торговля с Востоком, прежде всего с Китаем, играла значительную роль для первоначального накопления капитала США.

Говоря об экспансии США в Китае во второй половине XIX в., А. Я. Канторович считал, что после гражданской войны (1861-1865 гг.) и до японо-китайской войны (1894-1895 гг.) торговля США с Китаем претерпевала застой②, равно как и политические отношения между двумя странами. По мнению историка, "... политические взаимоотношения характеризуются, начиная с 1870 г., той же чертой понижения американской активности по сравнению с 1850-ми годами"③.

Следует отметить, А. Я. Канторович отдельно проанализировал вопрос об иммиграции китайцев в США. Говоря об иммиграции, ученый считал, что "в этом еще раз сказался тогдашний примат внутреннего рынка и связанных с ним вопросов над проблемой внешней экспансии американского капитала"④. На наш взгляд, с такой точкой зрения историка надо согласиться.

Далее историк А. Я. Канторович дал свой анализ развития и взаимоотношений США и Китая на заре эпохи империализма. Чтобы читатель полностью понял международную обстановку того времени, автор сначала дал характеристику экспансии других западных империалистических держав (Англии, Германии) на Дальнем Востоке, он также проанализировал внутреннее экономическое развитие самих США,

① Канторович А. Я. Америка в борьбе за Китай. М., 1935.

② Там же. С. 45.

③ Там же. С. 49.

④ Там же. С. 51.

обратив внимание на проблему промышленного вывоза, как на одну из важнейших причин, стимулировавших внешнюю экспансию США в эпоху империализма.

По поводу испано-американской войны, А. Я. Канторович, как исследователь, отметил, что эта война имела крупнейшее историческое значение в плане борьбы США за Китай. В результате этой войны США заявили о себе как о реальном игроке на международной арене, который стремился наверстать упущенное (в сравнении с европейскими державами). По его мнению, обладание Филиппинами (что было одним из результатов этой войны) стало необходимой предпосылкой всего последующего курса американской политики в Китае①.

А. Я. Канторович пришел к выводу, что в период территориальной экспансии европейских держав, США, в отличие от этих держав, ограничивались освоением своего собственного континента и не приобрели опорных пунктов в Азии. Последние три с половиной десятилетия они (т. е. США) были почти целиком поглощены развитием собственного внутреннего рынка, при относительно малом внимании к внешней экспансии. В результате США оказались опоздавшими к разделу колониального мира. Это обстоятельство, в числе других, предопределило своеобразие политических установок этой страны на Дальнем Востоке, в частности, в Китае②.

А. Я. Канторович отдельно остановился на доктрине "открытых дверей" (1899 г.) и ее значении в американской внешней политике. Он первым из советских историков обратился к изучению этой доктрины. Историк акцентировал внимание на ряде особенностей, связанных с происхождением доктрины "открытых дверей"③:

— доктрина "открытых дверей" являлась специфическим

① Канторович А. Я. Америка в борьбе за Китай. М., 1935. С. 94.

② Там же. С. 77.

③ Там же. С. 112-114.

орудием не американской политики вообще, а американской политики в определенных условиях, в частности, на Дальнем Востоке;

— совсем неверно, что эта политика будто была в какой-то степени политикой, продиктованной сочувствием к Китаю и стремлением оказать ему помощь;

— по существу эта политика являлась политической доктриной, претендовавшей на разрешение не только торговых, но и общеполитических и территориальных вопросов. Эта доктрина стремилась предопределить самую судьбу Китая и исход борьбы империалистов за господство над Китаем и над всем Тихом Океаном.

Другая монография, перекликающаяся по тематике с трудом А. Я. Канторовича, посвященная также истории американской экспансии в Китае в XIX в., была опубликована в 1934 г. Речь идет о монографии В. Я. Аварина 《Империализм в Маньчжурии》[①]. Ученый подробно остановился на экономической составляющей экспансии. В частности, он обратил внимание на проект представителя группы американских капиталистов Баша и его влияние на железнодорожное строительство в Маньчжурии. Здесь США столкнулись с Россией и вынуждены были отступить. С одной стороны, Баш претендовал на сооружение железной дороги в Маньчжурии, имея целью избавить Китай от опасности русского проникновения, а, с другой, он одновременно по секрету выразил большое желание о сотрудничестве с Россией в деле железнодорожного строительства[②].

А. Я. Аварин пришел к выводу, что хотя США не удалось осуществить экспансию под видом железнодорожного строительства в Маньчжурии, но в области торгового проникновения в Китай это имело значение, ибо в Маньчжурии американский капитал впоследствии

① Аварин В. Я. Империализм в Манчжурии. М. -Л., 1934.

② Там же. С. 41.

достиг определенных успехов.

В. Я. Аварин, также как и А. Я. Канторович, затронул происхождение доктрины "открытых дверей". По его мнению, в конце XIX в. вся энергия США была сосредоточена на овладении при помощи военной силы промежуточными базами, которые являлись как раз подступами к обширным областям Восточной Азии, в частности, к Китаю, так что оставшемуся без "сфер" и "пунктов" в Китае капиталу США в данный момент ничего не оставалось делать, как обратиться к своим противникам с призывом о сохранении в Китае "равных прав и возможностей" для всех капиталистических держав. Отсюда вытекала доктрина "открытых дверей"①.

Кроме того, В. Я. Аварин обратил внимание и на ситуацию в Маньчжурии в целом. Ученый остановился на экспансии империалистических держав (Англии, США, России и Японии) в Маньчжурии и выделил противоречия между этими странами. Например, он проанализировал причины поддержки Англией доктрины "открытых дверей". С одной стороны, Англия не "... боялась равных возможностей. Она уверена, что первая скрипка останется за ней"②; с другой стороны, Англия и США столкнулись с Россией в Маньчжурии, поэтому Англия намеревалась с помощью этой доктрины задержать экспансию России в Маньчжурии.

В другой монографии《"Независимая" Манчжурия》③ В. Я. Аварин исследовал историю Маньчжурии, противоречия империалистических держав на этой территории Китая. Историк отметил, что главными участниками борьбы за позиции в Маньчжурии являлись три империалистических страны: Япония, царская Россия и США. Историк акцентировал внимание на американской экспансии в Маньчжурии. Интерес США особенно проявился в 90-х годах XIX в., когда

① Аварин В. Я. Империализм в Манчжурии. М. -Л., 1934. С. 44.

② Там же. С. 46.

③ Аварин В. Я. "Независимая" Маньчжурия. М., 1934.

американский капитализм вступил вообще на путь ярко выраженных империалистических захватов①.

Необходимо добавить, что А. Я. Канторович проанализировал экспансию западных держав в Китае в XIX в. со специфической стороны как борьбу держав за сооружение железных дорог в Китае. В 1926 г. была опубликована его монография, которая была посвящена истории железнодорожного строительства в Китае - 《Иностранный капитал и железные дороги Китая》②. Ученый указал на важность строительства железных дорог в Китае не только с точки зрения экономики, но и политики. По мнению А. Я. Канторовича, эпоха империализма на Дальнем Востоке почти непосредственно совпадала с развитием железнодорожного строительства. Причем, несомненно важным является то, что историк разделил историю железнодорожного строительства в Китае на пять периодов, связав ее с важнейшими событиями в истории международных отношений и с историей самого Китая:

— с 1863 г. до окончания японо-китайской войны;

— после поражения в войне (1896-1899 гг.);

— с середины первого десятилетия XX в. до революции (1911 г.);

— после революции (1911 г.) до войны (1918 г.);

— 1918-1920 гг.

Это разделение на периоды помогло А. Я. Канторовичу показать, как события внешние и внутриполитические оказывали влияние на позиции иностранного капитала в деле строительства железных дорог в Китае.

Например, А. Я. Канторович считал, что в ходе первого периода проект железнодорожного строительства не вызвал серьезного интереса

① Аварин В. Я. "Независимая" Маньчжурия. М., 1934. С. 42.

② Канторович А. Я. Иностранный капитал и железные дороги Китая. М., 1926.

со стороны иностранных держав, потому что до середины 1890-х гг. интересы иностранных капиталистов в значительной степени ограничивались областью торговли. Автор также назвал и проанализировал причины, отвлекавшие иностранных инвесторов и стоявших за ними правительств от масштабного вовлечения в создании железнодорожной сети в Китае. Эти причины автор поставил в следующем порядке, а именно:

— аннексия отдельных вассальных территорий (Тонкин, Бирма);

— открытие отдельных торговых портов (Гонконг, Макао);

— закрепление таможенного тарифа;

— выделение открытых портов.

Все эти основные элементы имели своей задачей в то время исключительно интересы иностранной торговли и иностранного купца[①].

Другим важным выводом А. Я. Канторовича являлось то, что второй период железнодорожного строительства совпал с началом новой эпохи в истории взаимоотношений Китая с иностранными державами. Историк заметил, что к этому времени "... европейский и американский капитал заинтересовался Китаем не только как рынком для внешней торговли, но и как полем для промышленного и финансового инвестирования"[②]. А. Я. Канторович абсолютно верно указал суть разницы между первым и вторым периодом в истории строительства железных дорог на китайской территории. В дальнейшем историки продолжили и развивали указанные историком сюжеты.

В 1920-е гг. советские историки начали изучать германскую экспансию на Дальнем Востоке, в частности, в Китае. Академик Е. В.

---

① Канторович А. Я. Иностранный капитал и железные дороги Китая. М., 1926. С. 9.

② Там же. С. 13.

Тарле, который работал на кафедре нового и новейшего времени исторического факультета ЛГУ, в 1928 г. опубликовал монографию 《Европа в эпоху империализма 1871-1919 гг.》[①]. Она посвящена экспансии Германии в Китае в конце XIX в[②]. По мнению Е. В. Тарле, германская империалистическая политика в 1890-1904 гг. развивалась по трем направлениям: 1. в Африке; 2. в Китае; 3. в странах Турецкой империи[③]. Китай тогда играл несколько своеобразную роль: европейский империализм не мог рассчитывать поглотить его путем, например, раздела, считал ученый. Причины в том, что конкуренция между империалистическими державами не позволяла разделить Китай; вместе с тем, раздел слишком выгоден для Японии и России, которые имели географическое преимущество; США, как новая держава на международной арене, также не желали разделить Китай на《сферы влияния》.[④]

На наш взгляд, монография Е. В. Тарле является важным исследованием по вопросу экспансии западных держав в Китае во второй половине XIX в. Потому что он отметил, что экспансия в Китае является одним из направлений германской колониальной политики в целом. Китай сыграл очень важную роль во внешней политике Германии.

Необходимо отметить, что в самый напряженный период Второй мировой войны (1941-1945 гг.) и после нее появились статьи и монографии, которые были связаны с германской экспансией на Дальнем Востоке, в частности, в Китае. Здесь можно назвать статьи Г. В. Ефимова 《Германский империализм и антиимпериалистическое восстание в Китае 1899-1901》, 《Дальневосточная политика германского

---

① Тарле Е. В. Европа в эпоху империализма 1871-1919 гг. М. -Л., 1928.

② Там же. С. 130-133.

③ Там же. С. 129.

④ Там же. С. 130.

империализма в 1898 г.》, 《Германский империализм в Китае 1894-1902》①, А. А. Губера《Международные отношения на Дальнем Востоке (1894-1904 гг.)》② и монографию А. С. Ерусалимского 《Внешняя политика и дипломатия германского империализма в конце XIX в.》③.

Г. В. Ефимов в статье《Германский империализм в Китае 1894-1902》подробно проанализировал германскую политику в Китае: подталкивая царское правительство на проведение агрессивной дальневосточной политики, Германия рассчитывала на то, что во-первых, позиции России на западе будут ослаблены; во-вторых, Россия в своей экспансии на Дальнем Востоке неизбежно столкнется с Японией; в-третьих, на Дальнем Востоке будут углубляться англо-русские противоречия, которые могут вылиться в серьезный конфликт④. Следует отметить, что Г. В. Ефимов особо отметил, что германские колонизаторы сосредоточили свои усилия на грабеже ценностей и организации многочисленных карательных экспедиций против мирного населения⑤, в этом Германия занимала первое место.

Историк А. А. Губер опубликовал статью 《Международные отношения на Дальнем Востоке (1894-1904 гг.)》⑥, в которой он делал акцент на германской агрессии в Китае после японо-китайской войны.

---

① Ефимов Г. В. Германский империализм и антиимпериалистическое восстание в Китае 1899-1901 гг. // Научная сессия, посвященная 125-летию ЛГУ. Л., 1944. № . 39. С. 97-98; Дальневосточная политика германского империализма в 1898 г. // Научный бюллетень Ленинградского государственного ордена Ленина университета. Л., 1946. №. 9. С. 26-27; Германский империализм в Китае 1894-1902. // Ученые записки Тихоокеанского института. М. -Л., 1947. Т. I. С. 51-84.

② Губер А. А. Международные отношения на Дальнем Востоке (1894-1904). // Ученые записки тихоокеанского института. М. -Л., 1947. Т. I. С. 3-50.

③ Ерусалимский А. С. Внешняя политика и дипломатия германского империализма в конце XIX в. М., 1948.

④ Ефимов Г. В. Германский империализм в Китае 1894-1902. // Ученые записки Тихоокеанского института. М. -Л., 1947. Т. I. С. 53.

⑤ Ефимов Г. В. Германский империализм и антиимпериалистическое восстание в Китае 1899-1901 гг. // Научная сессия, посвященная 125-летию ЛГУ. Л., 1944. № . 39. С. 97.

⑥ Губер А. А. Международные отношения на Дальнем Востоке (1894-1904). // Ученые записки тихоокеанского института. М. -Л., 1947. Т. I. С. 3-50.

По мнению А. А. Губера, особенностью германской политики в Китае являлось подталкивание экспансии русского царизма на Дальнем Востоке и обострение русско-английского антагонизма, чтобы сохранить балансирование в Европе и дать ей (Германии) возможность продвигать экспансию на Ближнем Востоке①.

В своей монографии, вышедшей вскоре после окончания Второй мировой войны, А. С. Ерусалимский сделал вывод о том, сближение Англии и России во время переговоров по Симоносекскому миру (1895 г.) вызвало "… острую настороженность германской дипломатии, которая надеялась, что только рост противоречий между этими державами может предоставить ей возможность осуществить свои захватнические планы, будь то в Китае или в Африке…"②.

Так, очевидно, что позиции трех историков Г. В. Ефимова, А. А. Губера и А. С. Ерусалимского в характеристике экспансионистской политики Германии в Китае совпадали. На наш взгляд, можно прийти к следующему общему выводу, который по сути обьединяет позиции историков: германская дипломатия в Китае существенно являлась провокационной дипломатической игрой, которая в конце концов поворачивалась против нее и привела к изоляции Германии на Дальнем Востоке.

III) Внутреннее положение Китая в процессе экспансии

Советские историки в 1920-1940-е гг. уделяли внимание и истории самого Китая. Изучением архивных документов активно занимался в 1920-е гг. историк А. Л. Попов. В 1925 г. была опубликована работа А. Л. Попова 《Очерк истории Китая》③, которая являлась первой попыткой изложения истории Китая. Мы считаем, эта работа не являлась строго научным исследованием, она больше представляла

---

① Губер А. А. Международные отношения на Дальнем Востоке (1894-1904). // Ученые записки тихоокеанского института. М. -Л., 1947. Т. I. С. 3-50. С. 21.

② Ерусалимский А. С. Внешняя политика и дипломатия германского империализма в конце XIX в. М., 1948. С. 438.

③ Попов А. Л. Очерк истории Китая. М., 1925.

собой научно-популярное издание. Однако, А. Л. Попов указал на основные события в ходе экспансии западных держав в Китае во второй половине XIX в., по сути он выделил главные направления, которые в дальнейшем станут предметом изучении советскими историками.

Например, А. Л. Попов делал акцент на первых экспансионистских действиях европейцев в Китае (в основном это были деятельность миссионеров и торговля западных держав с Китаем), тайпинском восстании и захватах империалистов в Китае. Историк особенно отметил важную роль миссионеров в первых экспансионистских действиях. Миссионеры представляли собой "первых коммивояжеров иностранной торговли в Китае"①. Впоследствии этот сюжет станет темой отдельных исследований уже у других историков и в другое время②. И это не случайно, потому что в действительности деятельность миссионеров, которые изучали языки, традиции китайского народа была направлена не только на то, чтобы заниматься непосредственно миссионерской деятельностью, но и на то, чтобы содействовать распространению и проникновению западного, в первую очередь, американского влияния в Китае. А. Л. Попов также обратил внимание на тайпинское восстание, отметил причины возникновения восстания, остановился на отношениях тайпинов к иностранцам.

В статье《Боксерское восстание》, опубликованной в 1926 г. в журнале《Красный архив》③, А. Л. Попов уделял внимание боксерскому восстанию, т. е. восстанию "Ихэтуань". Историк проана-лизировал исторические предпосылки, причины, происхождение и социальный состав боксерского восстания. По мнению автора, как империалистические державы, так и цинское правительство добивались своей цели посредством подавления

---

① Попов А. Л. Очерк истории Китая. М., 1925. С. 16.

② См.: Мурадян А. А. Американские миссионеры в странах Дальнего Востока, юго-восточной Азии и Океании в XIX в. М., 1971.

③ Попов А. Л. Боксерское восстание. // Красный архив. № 1 (14). М., 1926. С. 1-49.

восстания[1]. Эта была одна из первых статей, посвященная антифеодальному и антиимпе-риалисти-ческому боксерскому восстанию в Китае. Надо отметить, что сущность этих восстаний и причины их поражения не были четко выяснены в довоенные годы[2]. Однако, труды А. Л. Попова дали возможность будущим историкам развивать эту тему[3].

Занимаясь боксерским восстанием, А. Л. Попов использовал много документов и материалов из《первых рук》, которые были перечислены в конце статьи. Среди них были секретные телеграммы, указы богдыхана, "боксерские" прокламации и т. д. Можно сказать, что А. Л. Попов был одним из первых советских историков, которые обратили специальное внимание на "боксерское" восстание.

IV) Экспансия западных держав в Китае в исследованиях советских ученых, посвященных внешней политике царской России в этой стране.

Стоит указать, на наш взгляд, что были опубликованы труды современных историков, посвященные экспансии западных держав в Китае во второй половине XIX в. со стороны изучения внешней политики царизма в Китае. Среди них, в первую очередь, надо отметить работу историка-русиста Б. А. Романова. В 1928 г. он опубликовал монографию《Россия в Маньчжурии (1892-1906)》[4], из

---

① Попов А. Л. Боксерское восстание. // Красный архив. № 1 (14). М., 1926. С. 1-49. С. 8.

② В труде《Международные отношения на Дальнем Востоке》, опубликованном в 1956 г., было отмечено, что причины поражения тайпинского восстания заключались в том, что это восстание представляло собой крестьянскую войну. В то время в Китае еще не было такого общественного класса как развитого капиталиста и пролетариата, которые могли бы повести за собой крестьянство на борьбу против феодального строя. -См.: Международные отношения на Дальнем Востоке 1840-1949. Под ред. Е. М. Жукова. М., 1956. С. 30.

③ После Второй мировой войны историки также уделяли большое внимание боксерскому восстанию.

④ Романов Б. А. Россия в Маньчжурии (1892-1906). Очерки по истории внешней политики самодержавия в эпоху империализма. Л., 1928.

которой можно проследить экспансию западных держав в Китае с другой стороны, так как автор показал острую конкуренцию между Россией и Англией на территории Маньчжурии в области сооружения железной дороги.

Б. А. Романов издал в 1947 г. свои《Очерки дипломатической истории русско-японской войны》①, в 1955 г. вышедшие вторым, переработанным изданием. Автор продолжил изучение политики царизма на Дальнем Востоке, начатое книгой《Россия в Маньчжурии》, хотя, конечно,《Очерки...》имеют не столь непосредственное отношение к Китаю, как первая работа.

Историк А. Л. Попов также специально занимался политикой России в Китае. Он в своей статье《Дальневосточная политика царизма в 1894-1901 гг.》② одновременно проанализировал переплетающиеся отношения между западными странами и их интересами в Китае, делая акцент на политике России на Дальнем Востоке.

Так, труды вышеуказанных советских историков непосредственно внесли ценный вклад в освещение экспансии западных держав в Китае в XIX в. в довоенные годы. Можно отметить, что тема экспансии западных держав в Китае в 1860-1900-е гг. в довоенные годы была изучена в основном в четырех основных направлениях, которые также стали главными объектами дальнейшего исследования для историков по теме, а именно:

— экспансия западных держав в Китае во второй половине XIX в. в контексте международных отношений;

— внешняя политика отдельных западных держав в Китае;

— история самого Китая во второй половине XIX в.

— экспансия западных держав в Китае в контексте внешней

① Романов Б. А. Очерки дипломатической истории русско-японской войны. М. -Л., 1947.

② Попов А. Л. Дальневосточная политика царизма в 1894-1901 гг. // Историк-марксист. М., 1935. №. 11. С. 38-57.

политики царизма в этой стране.

Некоторые из них, такие, как Э. Д. Гримм, А. А. Губер, исследовали тему в общем контексте развития международных отношений на Дальнем Востоке; другие обратились непосредственно к изучению внешней политики западных держав в Китае в определенной области, например, А. Я. Канторович, В. Я. Аварин; третьи, как А. Л. Попов, специально изучали историю самого Китая; а Б. А. Романов изучал экспансию западных держав в Китае в сфере внешней политики России в стране.

Таким образом, исследование темы экспансии западных держав в Китае во второй половине XIX в. до Второй мировой войны и в её годы еще находилось на начальном этапе. Были опубликованы немногие монографические труды советских историков.

Однако, труды историков 1920-1940-х гг. стали основой, своего рода фундаментом для продолжения изучения темы экспансии западных держав в Китае во второй половине XIX в. советскими учеными уже после окончания Второй мировой войны.

I. 2 Особенности экспансии отдельных западных держав в Китае в 1860-1900-е гг. в трудах советских историков 1920-1940-х гг.

Как следует из первой главы, 1920-1940-е гг. были периодом начального этапа в советской историографии по изучению экспансии западных держав в Китае во второй половине XIX в. На наш взгляд, можно подчеркнуть следующие особенности исследований по данной теме:

Во-первых, главное внимание советских историков 1920-1940-х гг. по проблеме экспансии западных держав в Китае уделялось периоду империализма, т. е. конца XIX в. и начала XX в., это переходный период в истории экспансии в Китае. На наш взгляд, после низвержения старого режима царской России перед советскими историками в первую очередь была задача изучать захватническую политику как самой царской России, так и других империалистических держав. Так что изучение экспансии западных держав в Китае в эпоху империализма стало одной из самых актуальных проблем для советских историков.

Из названий трудов историков можно заметить, что почти все историки 1920-1940-х гг. делали акцент на экспансии западных держав в Китае именно в эпоху империализма. Необходимо отметить, что в рассматриваемый период, кроме того, что в сборнике Э. Д. Гримма были включены договоры между цинским правительством и западными державами раннего периода①, советских ученых не интересовала экспансия западных держав в Китае впериод 1860-1880-х гг.

Во-вторых, Маньчжурия стала главным объектом исследования экспансии западных держав в Китае во второй половине XIX в., ибо территория Маньчжурия непосредственно граничит с Россией. В ней больше всего переплетались интересы империалистических держав. Для правительства царской России эта территория была самой чувствительной частью в борьбе за Китай с западными странами в конце XIX и начале XX в.

Специалистом в этой области был историк В. Я. Аварин. Изучению экспансии империалистических держав в Маньчжурии он посвятил специальную монографию 《Империализм в Маньчжурии》②. Как известно, Маньчжурия представляла собой северную часть Китая, которая в течение многих лет являлась центром противоречий империалистических держав. Как подчеркнул В. Я. Аварин, Маньчжурия на всем протяжении эпохи империализма представляла собой одну

① Гримм Э. Д. Сборник договоров и других документов по истории международных отношений на Дальнем Востоке (1842-1925). М., 1927.

② Аварин В. Я. Империализм в Манчжурии. М. -Л., 1934.

из полуколоний, за обладание которой велась обостренная борьба между империалистами[①].

В. Я. Аварин делал акцент на противоречиях между империалистическими державами в Маньчжурии, в том числе Россией, Англией, США и Японией. По его мнению, стремление к безраздельному экономическому и политическому господству в Маньчжурии, наряду с притязаниями на другие области Китая, явились главными противоречиями в отношениях России не только с Японией и Англией, но и с США. Этим объясняется остро враждебное отношение этих стран к России, а также сочувствие и поддержка, оказанные ими Японии в последовавшей в 1904-1905 гг. русско-японской войне[②].

В-третьих, экспансии США в Китае в конце XIX в. в первую очередь уделялось особое внимание историков, ибо в 1930-е гг. обострились противоречия между США и Японией. В ходе развертывания японского наступления на Китай приобрело особую важность изучение экспансии США в Китае, это-с одной стороны; с другой стороны, США, как одна из сильнейших держав в то время, ее внешняя политика, несомненно, привлекала большое внимание ученых другой державы, СССР.

Историк-американист А. Я. Канторович в своем труде《Америка в борьбе за Китай》[③] специально изучал экспансию США в Китае в конце XIX в. и начале XX в. Он делал акцент на экономических отношениях США с Китаем в конце XIX в., в частности, торговых отношениях, инвестициях США в Китае, а также политических взаимоотношениях между двумя странами, особенно остановился на "политике сотрудничества", "договоре Берлингема" (1868 г.), доктрине "открытых дверей" и др.

В. Я. Аварин в монографии《Империализм в Манчжурии》[④]

---

① См.: Аварин В. Я.《Независимая》Манчжурия. М., 1934. С. 37.

② Аварин В. Я. Империализм в Манчжурии. М., 1934. С. 38.

③ Канторович А. Я. Америка в борьбе за Китай. М., 1935.

④ Аварин В. Я. Империализм в Манчжурии. М., 1934.

обратил внимание на американскую экспансию в Маньчжурии. Он полагал, что "... на позиции США в отношении Манчжурии необходимо остановиться подробнее, так как американский капитал до сих пор особенно《занимается》Манчжурией, и его роль в империалистической борьбе за Манчжурию особо выделяется и ныне наряду с Японией..."①.

Затем в 1920-1940-е гг. появились специальные исследования, посвященные германской политике в Китае в конце XIX в. С нашым точкой зрения, изучение экспансии Германии в Китае являлось важным непосредственно в связи с началом Второй мировой войны. Например, появились статьи А. А. Губера② и Г. В. Ефимова③. Надо отметить, что в это время исследования ученых появились в качестве статей, до войны еще не было специальных монографий, посвященных экспансии Германии в Китае в конце XIX в. Однако, вскоре после войны вышла в свет монографическая работа историка А. С. Ерусалимского④, которая заполнила этот пробел.

Что касается экспансии Англии и Франции, очевидно, в рассматриваемый период не было издано отдельных трудов и статей. На наш взгляд, одна из причин, мы считаем, была в том, что экспансия западных держав в Китае в 1860-1880-х гг. не привлекала внимание историков в 1920-1940-е гг., а как раз это именно было очень важным и необходимым периодом для исследования экспансии Англии и Франции в Китае. Однако, следует отметить, что в 1920-1940-е гг. внешняя политика Англии и Франции в Китае была затронута в контексте международных отношений или их отношений с царской Россией.

Например, В. Я. Аварин проанализировал ситуацию в Маньчжурии в конце XIX в. в контексте англо-русских и русско-французских

---

① Аварин В. Я. Империализм в Манчжурии. М., 1934. С. 38.

② Губер А. А. Международные отношения на Дальнем Востоке (1894 - 1904). // Ученые записки тихоокеанского института. Т. I. М. -Л., 1947. С. 3-50.

③ Ефимов Г. В. Германский империализм и антиимпериалистическое восстание в Китае 1899-1901 гг. // Научная сессия, посвященная 125-летию ЛГУ. № . 39. Л., 1944.

④ Ерусалимский А. С. Внешняя политика и дипломатия германского империализма в конце XIX века. М., 1948.

отношений. Он заметил, что в борьбе за Маньчжурию в конце XIX в. между Россией и Англией важной была сделка о разделении сфер железнодорожного строительства в Китае[①]. Историк также указал на энергичную деятель-ность русско-французского банка в Китае, который "... станет серьезной угрозой английскому и другим капиталам..." в этой стране[②].

В-четвертых, советские историки 1920-1940-х гг. исследовали экспансию западных держав в Китае в 1860-1900-е гг., в основном останавливаясь на проблемах и событиях, таких, как торговые отношения Китая с капиталистическими державами, дипломатические и политические отношения между западными странами, японо-китайская война (1894-1895 гг.), американская доктрина "открытых дверей", боксерское восстание.

В монографии《Империализм в Маньчжурии》[③] В. Я. Аварин, в частности, изучал экспансию США в Маньчжурии в конце XIX в. в области торговли. Он остановился на следующих фактах, которые происходили в конце XIX в.: торговой деятельности США в Маньчжурии, вывозе капитала в Маньчжурию и провозглашении и реализации доктрины《открытых дверей》. По мнению В. Я. Аварина, вывоз готовых товаров из США принял значительные размеры вообще только в конце XIX в. Так, "... в 1870 г. вывоз готовых товаров равнялся только 56 млн. долл.", а "... в 1890-1894 гг. средний ежегодный вывоз готовой продукции достиг уже 208 млн. долл. -почти учетверился". В итоге, сообщал историк, "в 1899-1900 гг. США во внешней торговле Китая занимали уже третье место, почти догоняя стоящую на втором месте Японию".[④] Говоря о вывозе капитала, он также заметил, что интерес американского капитала к Маньчжурии впервые проявился уже весной 1895 г., когда американец Баш начал переговоры на этот счет с

① Аварин В. Я. Империализм в Маньчжурии. М. -Л., 1934. С. 37.

② Там же. С. 46.

③ Аварин В. Я. Империализм в Маньчжурии. М. -Л., 1934.

④ Там же. С. 42.

русским посланником в Пекине①.

Историк А. Я. Канторович② уделял внимание не только американской торговой экспансии в Китае в конце XIX в., но и экспансии в виде инвестиции в сооружении железных дорог Китая.

Если сравниваем исследования разных ученых об отношениях между империалистическими державами, заметим, что именно русско-английские отношения, их противоречивость привлекали внимание советских ученых в рассматриваемый период. Это не было случайностью, ибо Россия и Англия сталкивались как в Средней Азии, так и на Дальнем Востоке, особенно в Маньчжурии. Например, во введении к сборнику документов по истории международных отношений на Дальнем Востоке③, Э. Д. Гримм проанализировал экспансию западных держав в Китае во второй половине XIX в., в частности Англии, в контексте русско-английских отношений. По мнению Э. Д. Гримма, из-за того, что Англия была недовольна усилением России в Средней Азии и боролась с Россией на Ближнем Востоке, она мешала ратификации Ливадийского договора (1879 г.)④.

Советские историки также обратили внимание на отдельные сюжеты и события, влияющие на состояние дел в Китае. Среди них были: японо-китайская война (1894-1895 гг.), американская доктрина “открытых дверей” (1899 г.) в отношении Китая, “боксерское” восстание и совместная вооруженная интервенция западных держав в Китае (1901 г.).

В 1920-1940-е гг. советские историки уже пытались разделить экспансию западных держав в Китае в 1860-1900-е гг. на отдельные периоды. Почти все они заметили важную роль японо-китайской войны

---

① Аварин В. Я. Империализм в Маньчжурии. М. -Л., 1934. С. 41.

② Канторович А. Я. Америка в борьбе за Китай. М., 1935.; Иностранный капитал и железные дороги Китая. М., 1926.

③ Гримм Э. Д. Сборник договоров и других документов по истории международных отношений на Дальнем Востоке (1842-1925). М., 1927.

④ Там же. С. 27.

(1894-1895 гг.) в развитии истории экспансии западных держав в Китае. Например, историк Э. Д. Гримм останавливался на следующих последствиях японо-китайской войны, а именно, военной слабости Китая, военно-политической слабости Англии на Дальнем Востоке и заинтересованности других западных держав в дальневосточных делах①. А. Я. Канторович полагал, что поражение, испытанное Китаем в этой войне, послужило поворотным пунктом в истории железнодорожного строительства②. По мнению В. Я. Аварина, японо-китайская война является поворотом в обострении борьбы империалистических держав за проникновение в Маньчжурию③. А. А. Губер отметил, что японо-китайская война (1894-1895 гг.) явилась "знаменательной вехой на пути японской империалистической политики, положив в то же время начало открытым попыткам раздела Китая"④. Позиция Е. В. Тарле о японо-китайской войне (1894-1895 гг.) состояла в том, что эта война заставила европейских империалистических политиков "... обратить на Китай живейшее внимание"⑤.

Доктрина "открытых дверей" занимала важное место в экспансии западных держав в Китае во второй половине XIX в. В 1920-1940-е гг. советские историки уже начали уделять довольно таки пристальное внимание данной доктрине. А. Я. Канторович, В. Я. Аварин, Э. Д. Гримм в своих трудах обратили внимание на происхождение, провозглашение, реализацию и влияние доктрины "открытых дверей". Ученые с разных аспектов проанализировали доктрину "открытых дверей". Например, Э. Д. Гримм полагал, что Англия смотрела на Китай как на область своего экономического и политического преобладания,

---

① Гримм Э. Д. Сборник договоров и других документов по истории международных отношений на Дальнем Востоке (1842-1925 гг.). М., 1927. С. 27-28.

② Канторович А. Я. Иностранный капитал и железные дороги Китая. М., 1926. С. 11.

③ Аварин В. Я. Империализм в Маньчжурии. Т. I. М. -Л., 1934. С. 20-22.

④ Губер А. А. Международные отношения на Дальнем Востоке (1894-1904). // Ученые записки Тихоокеанского института. М. -Л., 1947. Т. I. С. 2.

⑤ Тарле Е. В. Европа в эпоху империализма 1871-1919 гг. М. -Л., 1928. С. 131.

естественно что, погоня других держав за опорными пунктами и сферами влияния вызвали её недовольство. Поэтому у Англии возникла мысль о необходимости противопоставить политике сфер влияния. И доктрина "открытых дверей" как раз совпадала с такой мыслью английского правительства①. Следует отметить, что историки считали, что данная доктрина являлась оружием США для осуществования своей империалистической цели в Китае и получила поддержку других держав, особенно Англии. В этом отношении их основные позиции и оценка совпадали друг с другом и получили развитие в дальнейших исследованиях, т. е. исследованиях 1950-1960-х гг.

Историки А. Л. Попов, А. А. Губер и Г. В. Ефимов в свое время обратили внимание на боксерское восстание. По их мнению, это восстание сыграло важную роль в процессе противодействия экспансионистской политике западные державы.

Так, на наш взгляд, можно отметить четыре главные особенности в освещении советскими историками экспансии западных держав в Китае во второй половине XIX в.:

— советские историки 1920-1940-х гг. изучали экспансию западных держав в Китае, главным образом, в эпоху империализма;

— экспансия держав на территории Маньчжурия привлекала их особое внимание;

— ученые занимались экспансией отдельных западных держав в Китае во второй половине XIX в., в большой степени акцент был сделан на экспансии США и Германии;

— отдельные проблемы и события в ходе экспансии получили специальное освещение.

---

① Гримм. Э. Д. Сборник договоров и других документов по истории международных отношений на Дальнем Востоке (1842-1925 гг.). М., 1927. С. 35.

Таким образом, из вышеуказанных особенностей экспансии западных держав в Китае во второй половине XIX в. можно прийти к следующим выводам:

— были установлены основные виды и формы экспансии западных держав в Китае в виде инвестиции в транспорте и торговой экспансии, также были исследованы вмешательство империалистических стран во внутренние дела Китая, участие вооруженных сил западных стран в подавлении боксерского восстания и революционных движений;

— многие важные вопросы в деле экспансии западных держав в Китае во второй половине XIX в. не были отдельно изучены в 1920-1940-е гг. Например, экспансия Англии и Франции в Китае в 1860-1880-х гг. не была исследована.

Позиция советских историков в основном совпадала друг с другом. На наш взгляд, различие заключалось в том, что акценты в изучении проблемы, не были одинаковыми. Например, В. Я. Аварин изложил доктрину "открытых дверей" в контексте экспансии империализма в Маньчжурии, а А. Я. Канторович проанализировал эту доктрину со стороны американской экспансии в Китае.

Конечно, хотя советские историки 1920-1940-х гг. уже заметили основные и главные важные события в ходе экспансии западных держав в Китае во второй половине XIX в. и в определенной степени уже делали серьезный анализ об этих событиях, однако, надо сказать, что они только начали обращать внимание на эту тему. Трудов, которые носит обобщающий характер, не появилось в этот период. Систематического исследования об экспансии западных держав в Китае во второй половине XIX в. еще не было издано. Ученые обращали мало внимание на экспансию Англии и Франции в Китае в 1860-1900-е гг., хотя эти две державы являются главными колонизаторами в рассматриваемый период. Конечно, затем советские историки 1950-1960-х гг. продолжали, углубляли и расширяли изучать вышесказанные особенности экспансии западных держав в Китае во второй половине XIX в.

I. 3 Экспансия западных держав в Китае в 1860-1900-х гг. и видение проблемы советскими и китайскими учеными 1920-1940-х гг.: сравнительный анализ

В китайской историографии тема экспансии западных держав в Китае во второй половине XIX в. была исследована с точки зрения, прежде всего, отношений Китая с иностранными державами. Сначала следует отметить, что в период до Второй мировой войны в Китае еще не сформировалось систематическое изучение темы экспансии западных держав (отношения Китая с этими державами) в связи с положением внутри страны. Как известно, Китай переживал в это время внутренние трудности, к тому же существовала и внешняя угроза со стороны западных империалистических стран. В это время китайские революционеры, в первую очередь, обратили свое внимание на экспансию западных империалистических держав в Китае в XIX в.

Они считали, что постижение сущности иностранной агрессии в Китае не только целесообразно с научной точкой зрения, но поможет решить и жизненно важные политические задачи, а именно-создать народный фронт против империалистических держав. Совместная антиимпериалистическая деятельность всего народа, прежде всего, определяла судьбу самого Китая. По мнению китайских революц-онеров, в столь ответственный период национальной истории требовалось пробудить чувства любви, ответственности, сопережи-вания китайцев за судьбу своей родины, с тем, чтобы китайский народ сплотился в противостоянии иностранной агрессии. Отчасти поэтому до окончания Второй мировой войны в Китае чаще публиковали публицистические статьи, нежели научные исследования. Вместе с тем, эти работы были не только политически востребованы, но имели и научное значение, так как они не только служили целям борьбы китайского народа за свое светлое будущее, за свободу и независимость своей родины, за новый расцвет Китая, но и содержали информацию из первых рук для будущих серьезных исследований. Конечно, в рассматриваемый период также начали появляться первые научные исследования, посвященные экспансии западных держав в Китае в 1860-1900 гг.

Обращение к пропагандистским работам и первым трудам китайских историков позволяет выделить следующие основные этапы изучения темы:

1) 1900-1919 гг.

Некоторые студенты, обучавшиеся в Японии, а также революционеры в изгнании призвали народ на борьбу с империалистическими державами за независимость страны. Они основали ряд периодических изданий, в которых обличали последствия агрессии западных держав в Китае. В 1903 г. была опубликована работа Чэнь Ци《История внешней агрессии》[①], которая была посвящена истории внешней агрессии империалистических держав в Китае от Первой опиумной войны (1840-1842 гг.) до восстания "Ихэтуань" (Боксерского восстания). Автор делал акцент на агрессивности империалистических держав в Китае. Это было первое исследование по проблеме экспансии западных держав в Китае в XIX в.

В 1909 г. появилась другая публицистическая работа《Краткая история национального унижения》[②], автор которой, Шэнь Вэньжуй, изложил историю агрессии других наций в Китае с конца династии Мин до XIX в. Автор подчеркнул историю открытия пяти приморских портов Англией и оккупацию Маньчжурии Россией и Японией. Шэнь Вэньжуй обратил внимание на другие важные события, связанные с экспансией западных держав в Китае, такие как, оккупация Францией Вьетнама,

---

① 陈崎:《外患史》，时中书局 1903 年版。（Чэнь Ци. История внешней агрессии. Шанхай, 1903.）

② 沈文睿:《国耻小史》，中国图书公司 1909 年版。（Шэнь Вэньжуй. Краткая история национального унижения. Шанхай, 1909.）

захват Англией Бирмы, вмешательство трех держав в деле возвращения Ляодунского полуострова, аренда Англии в Вейхайвэе, Франции в Гуандунвань, Германии в Цзяочжоу и др. Следует отметить, что автор данной работы повествовал об этих событиях, чтобы вызвать сочувствие народа и вместе бороться с империалистическими державами. Данная работа пользовалась большой популярностью и была переиздана 12 раз, и имела серьёзное влияние на китайский народ.

2) 1919-1925 гг.

Этот период вошел в историю Китая как движение "За Новую культуру" (4 мая 1919 г.) в Китае. С начала Первой мировой войны до открытия Парижской конференции, японские войска оккупировали Шаньдунский полуостров и отказались возвращать его, а потом Япония в 1915 г. даже выступила с 21 требованием к Китаю. Вся эта агрессивная деятельность Японии вызвала неприятие этой политики со стороны китайского народа, и в стране поднялось антияпонское движение. Появилось много публицистических статей антияпонской направленности. Например, была опубликована 《Краткая история национального унижения》 в двух томах Люй Сымянь[①].

Надо отметить, с этого времени также начали появляться первые труды, которые носили исследовательский характер. В 1921 г. был издан труд Лю Шичуань 《История дипломатии Китая нового времени》[②] и монография Лю Янь[③], которая имела то же название. В обеих трудах историки изложили экспансионистские действия империалистических держав в Китае от Первой опиумной войны (1840-1842 гг.) до Первой мировой войны. Эти работы представляли собой первые научные исследования по теме экспансии западных держав в Китае.

---

① 吕思勉:《国耻小史》, 中华书局 1917 年版。(Люй Сымянь. Краткая история национального унижения. Шанхай, 1917.)

② 刘世传:《中国近世外交史》, 北陵新华书局 1921 年版。(Лю Шичуань. История дипломатии Китая нового времени. Шэньян, 1921.)

③ 刘彦:《中国近时外交史》, 商务印书馆 1921 年版。(Лю Янь. История дипломатии Китая нового времени. Шанхай, 1921.)

В монографии Лю Янь《История дипломатии Китая нового времени》историк делал акцент на взаимоотношениях между дипломатией и военными силами страны. По его мнению, слабость военной силы цинского правительства-главная причина неудач в отношениях цинского правительства с западными державами. Например, Лю Янь считал, что после поражений цинских войск в двух опиумных войнах (1840-1842 гг., 1856-1860 гг.) и китайско-французской войне (1884-1885 гг.), западные державы сразу навязали цинскому правительству неравноправные договоры. Это, как он полагал, доказывает то, что военная слабость цинского правительства оказывала влияние на дипломатические отношения цинского правительства с западными державами[①].

3) 1925-1931 гг. (период "Большой революции")

Это очень важный период для изучения экспансии западных держав в Китае во второй половине XIX в. в китайской историографии. В это время под руководством гоминьдановского правительства в Китае поднялось антиимпериалистическое и антифеодальное движение. Поэтому этот период характеризовался выходом в свет значительного количества трудов, имеющих антиимпериалистический характер, причем их авторами были и профессиональные революционеры.

Среди них можно назвать труды известного революционера Сяо Чуънюя《Конспект о империализме》[②]. Следует отметить, данные труды впервые посвятили истории экспансии западных держав в Китае в 1860-1900-е гг. на основе теории марксизма-ленинизма. Авторы проанализировали происхождение, сущность и дальнейшее развитие империализма с точки зрения марксизма, дали понятие об империализме с позиции марксизма. Например, по мнению Сяо Чуънюя, империализм-это последний этап развития капитализма, имеет в виду один из экономических образов общества, отнюдь не какая-либо

① 刘彦：《中国近时外交史》，商务印书馆 1921 年版。（Лю Янь. История дипломатии Китая нового времени. Шанхай, 1921.）В предисловии.

② 肖楚女：《帝国主义讲授大纲》，时中合作书社 1927 年版。（Сяо Чуънюй. Конспект о империализме. Учан, 1927.）

политика или политический режим[1], однако, можно отметить, что до опубликования данных трудов революционеров-марксистов, китайские ученые определяли империализм как политическое понятие. Например, Ван Цзинвэй полагал, что те страны, которые, используя свои политические и военные преимущества, проводили экономическую экспансию в других странах или районах, являются империалистическими[2].

Затем были изданы труды Чэнь Биньхэ 《История империалистической агрессии в Китае》[3] и Лю Янь 《История агрессии империализма в Китае》 в двух томах[4]. Последний труд представлял собой дополнение монографии, опубликованной в 1921 г.[5] Следует отметить, что ученый изменил название монографии: раньше была " История дипломатии ", а дополнение- " История агрессии империализма ", потому что он считал, что в то время у Китая настоящие дипломатические отношения с западными державами не существовали. В дополнение историк более подробно изложил процесс и эволюцию империалистической экспансии западных держав в Китае, обратил внимание на активную роль освободительного движения китайского народа в деле ликвидации неравноправных договоров. Лю Янь пришел к выводу: экспансия империалистических держав в Китае состоит из двух частей: экономическая и политическая; колониальная политика западных держав в Китае - это совокупность фактов и действий; заключение неравноправных договоров являлось лишь эпизодом

---

① 肖楚女：《帝国主义讲授大纲》，时中合作书社 1927 年版。（Сяо Чуънюй. Конспект о империализме. Учан, 1927.）С. 537.

② 汪精卫：《帝国主义侵略中国的趋势和变迁概论》，太平洋书店 1925 年版，第 5 页。（Ван Цзинвэй. Тенденция и изменение агрессии империализма в Китае. Шанхай, 1925. С. 5.）

③ 陈彬和：《帝国主义侵略中国史》，世界书局 1927 年版。（Чэнь Биньхэ. История империалистической агрессии в Китае. Пекин, 1927.）

④ 刘彦：《帝国主义压迫中国史》，太平洋书店 1927 年版。（Лю Янь. История агрессии империализма в Китае. Шанхай, 1927.）

⑤ 刘彦：《中国近时外交史》，商务印书馆 1921 年版。（Лю Янь. История дипломатии Китая нового времени. Шанхай, 1921.）

экспансии данных держав в Китае. Монография Лю Янь является серьезным научным исследованием, не потерявшим актуаль-ности и в настоящее время. Сегодня китайские ученые продолжают обращать внимание на эту работу.

Необходимо отметить, что в 1928 г. была опубликована монография Тан Цинцзэна 《Китайско-американские дипломатические отношения》[①]. Необходимо отметить, что в данном труде прослеживается проамериканская позиция автора. Историк обратил внимание на четыре особенности китайско-американских отношений: во-первых, история китайско-американских отношений была коротка и проста; во-вторых, политика США в отношении Китая была более мягкой, чем политика других европейских стран, России и Японии, в частности, доктрина "открытых дверей" дала возможность Китаю избежать раскола страны; в-третьих, было больше косвенных дипломатических отношений между Китаем и США; в-четвертых, экономические противоречия между Китаем и США были больше, нежели политические[②].

4) 1931-1945 гг.

В связи с агрессивной политикой Японии в Китае, в стране поднялось антияпонское движение. Поэтому и количество работ антияпонского характера увеличилось в это время. Много статей публицистического характера, а также монографий, посвященных японской агрессии в Китае, было издано. Национальные противоречия в это время стали главными противоречиями. Поэтому в данный период было немного трудов об экспансии западных держав в Китае во второй половине XIX в. Из них следует назвать《История дипломатии Китая в последние тридцать лет》Лю Яня[③], 《История дипломатии современного

---

① 唐庆增:《中美外交史》, 商务印书馆 1928 年版。(Тан Цинцзэн. Китайко-американские дипломатические отношения. Шанхай, 1928.)

② Там же. С. 70-71.

③ 刘彦:《最近三十年中国外交史》, 太平洋书店 1931 年版。(Лю Янь. История дипломатии Китая в последние тридцать лет. Шанхай, 1931.)

Китая》 Цзинь Чжаоцзы[①] и《История дипломатии Китая нового времени》 У Цзюньжу[②]. Авторы этих трудов в основном углубили результаты исследований об экспансии западных держав в Китае во второй половине XIX в. в предыдущий период.

5) 1945-1949 гг.

Необходимо отметить, что в этот период исследования по экспансии западных держав в Китае стали более профессиональными. Труды, изданные в это время, уже отличались серьезным научным уровнем. Следует указать следующие монографии, которые были связаны с экспансией западных держав в Китае: Ли Баохун《Дипломатические отношения между Китаем и США》[③], Цянь Иши《История дипломатии Китая》[④] и Чжан Чжунба《История дипломатии Китайской республики》[⑤]. Следует отметить, что исследование Ли Баохуна продолжило проамериканскую позицию историка Тан Цинцзэна[⑥] в 1920-е гг. Он полагал, что среди западных держав США были самой близкой страной в отношении к Китаю. До гражданской войны (1861-1865 гг.) США во многих областях оказывали помощь Китаю. Американец Бэрлихем способствовал сотрудничеству между Китаем и США. Много китайцев иммигрировало в США и американские миссионеры в значительной степени играли положительную роль[⑦]. Однако, после Гражданской войны (1861-1865 гг.) китайско-

---

① 金兆梓:《现代中国外交史》, 商务印书馆 1930 年版。(Цзинь Чжаоцзы. История дипломатии современного Китая. Шанхай, 1930.)

② 吴君如:《近世中国外交史》, 神州国光社 1933 年版。(У Цзюньжу. История дипломатии Китая нового времени. Шанхай, 1933.)

③ 李抱宏:《中美外交关系》, 商务印书馆 1940 年版。(Ли Баохун. Дипломатические отношения между Китаем и США. Чанша, 1940.)

④ 钱亦石:《中国外交史》, 生活书店 1938 年版。(Цянь Иши. История дипломатии Китая. Ханькоу, 1938.)

⑤ 张忠绂:《中华民国外交史》(一), 正中书局 1945 年版。(Чжан Чжунба. История дипломатии Китайской республики. Т. I. Чончин, 1945.)

⑥ Тан Цинцзэн. Китайко-американские дипломатические отношения. Шанхай, 1928.

⑦ Ли Баохун. Дипломатические отношения между Китаем и США. Чанша, 1940. С. 122-158.

американские отношения ухудшились. Появились противоречия между двумя странами в вопросе иммигрантов и миссионеров. США поддержали Японию во время японо-китайской войны (1894-1895 гг.). Китайско-американские противоречия также проявлялись в корейском вопросе и островах Рюкю①. После японо-китайской войны (1894-1895 гг.) политика США по отношению к Китаю опять изменилась. Правительство США проводило активную интервенци-онистскую политику в отношении Китая и впоследствии провозгласило доктрину "открытых дверей" (1899 г.)②. На наш взгляд, позиция Ли Баохуна может представлять мнение меньшинства китайских историков.

Таким образом, надо подчеркнуть две главные особенности рассмотрения экспансии западных держав в Китае во второй половине XIX в. в китайской исторической науке 1920-1940 гг.

Исследование проблемы экспансии западных держав в Китае находилось на начальном этапе. Публицистические статьи, написанные китайскими революционерами-патриотами с патриотических позиций, стали основой для будущих исследований. Они были тесно связаны с реальной обстановкой и имели большую актуальность. Главная тема исследований по теме экспансии западных держав в Китае во второй половине XIX в. в рассматриваемый период-это обличение агрессивной деятельности западных держав в Китае, а также политики Японии.

В рассматриваемый период внимание китайских историков было сосредоточено на экспансии Японии в Китае с конца XIX в. до начала XX в. Например, в 1931-1945 гг. большинство изданных трудов было связано с японской агрессией в Китае③.

---

① Ли Баохун. Дипломатические отношения между Китаем и США. Чанша, 1940. С. 122-158. С. 159-228.

② Там же. С. 229.

③ 左舜生：《近世中日关系史纲要》，中华书局 1935 年版。(Цзо Шуньшэн. Очерк китайско-японских отношений в новое время. Шанхай, 1935.) 吴兆名：《日本帝国主义与中国》，商务印书馆 1934 年版。(У Чжаомин. Японский империализм и Китай. Шанхай, 1934.) 蒋坚忍：《日本帝国主义侵略中国史》，联合书店 1930 年版。(Цзян Цзяньжэнь. История агрессии японского империализма в Китае. Шанхай, 1930.)

Необходимо отметить, что из-за отсутствия доступа к документам и реальной политической обстановки в стране в начале XX в. Китай был под руководством гоминьдановского правительства, занимавшего проамериканскую позицию. Китайские патриоты и историки исследовали данную тему весьма ограниченно. В рассматриваемый период в китайской историографии почти не было серьезных трудов об экспансии западных держав в Китае во второй половине XIX в. Поэтому осталось много нерешенных задач будущим историкам.

Если сравнивать исследования китайских историоков рассматриваемого периода по теме экспансии западных держав в Китае во второй половине XIX в. с трудами советских ученых, можно прийти к следующим выводам:

Общее между советской и китайской историографией 1920-1940-х гг.:

Исследование темы экспансии западных держав в Китае во второй половине XIX в. как в советской исторической науке, так и в китайской, находились на начальном этапе. В 1920-1940-е гг. советские историки только начали изучать данную тему. Они в основном обращали внимание на отдельные события или какой-либо отдельный период. В Китае же историки могли целиком изложить экспансию западных держав в Китае во второй половине XIX в., но их позиции по вопросу экспансии были незрелыми, даже не обладали исследовательским характером, потому что большей частью это были профессиональные политики-революционеры, а не историки.

Научные исследования советских и китайских историков были тесно связаны с реальной обстановкой в своих странах. Например, в 1920-1940 гг. внимание советских историков было сосредоточено на экспансии в Маньчжурии, ибо эта территория граничит с Россией. В борьбе за Китай между империалистическими державами, Россия, как одна из держав, больше всего сталкивалась с Англией, США и другими государствами. Для России территория Маньчжурия была самой чувствительной частью в экспансии западных держав в Китае. Поэтому советские ученые обратили большое внимание на экспансию западных держав в Маньчжурии в 1860-1900-е гг. Если мы связываем такую особенность исследования с реальным положением России в то время, то понимаем, что для начального изучения советскими учеными вопроса об экспансии западных держав в Китае, это вполне естественно.

Китайские историки больше всего заботились о судьбе своей родины, о будущем Китая. Поэтому в китайской историографии 1920-1940 гг. появились труды, главным образом посвященные империалистической агрессии держав в Китае.

Разница между позициями советских и китайских историков:

Цели и задачи ученых обеих стран были разными. Советские историки обращали большее внимание на внешнюю политику западных держав в Китае и отношения России с этими западными странами. Китайские патриоты и историки занимались темой экспансии с обличительной целью, чтобы вызвать сочувствие народа, создать солидарный фронт против империализма.

Некоторые выводы историков не совпадали друг с другом. Советские историки 1920-1940-х гг. считали, что внешняя политика США в Китае является одинаковой в сравнении с экспансией других западных держав в Китае. Как А. Я. Канторович отметил, что "... США отнюдь не стояли в стороне от этих дальневосточных событий мирового значения. Американский империализм родился без опоздания; наоборот, именно на его примере веяния и сдвиги новой эры сказались с особенной наглядностью"①. Для китайской историографии как раз в 1930-1940-е гг. в связи с тесными отношениями гоминьдановского правительства с США была характерна проамериканская позиция. Например, историк Тан Цинцзэн считал, что политика США в отношении Китая отличалась от других западных держав. Доктрина "открытых дверей" в той или иной степени спасла Китай от потери суверенитета. Следует отметить, что китайские историки 1950-1960-х гг. не согласились с такой точкой

① Канторович А. Я. Америка в борьбе за Китай. М., 1935. С. 77.

зрения Тан Цинцзэна. Они считали, что несмотря на то, что доктрина "открытых дверей", вероятно, играла своеобразную роль в ходе раздела Китая империалистическими державами, однако, США выдвинули в то время данную доктрину только для того, чтобы достигнуть своих экспансионистских целей в Китае. В сущности, действия США не отличались от других империалистов.

Таким образом, как в советской исторической науке, так и в китайской, тема экспансии западных держав в Китае во второй половине XIX в. в той или иной степени получила определенное освещение, но из-за реальной политической обстановки научное исследование этой темы в 1920-1940-е гг. еще находилось на начальном этапе в историографии обеих стран.

Глава II. Экспансия западных держав в Китае в 1860-1900-х гг. и трактовка проблемы советской исторической наукой 1950-1960-х гг.

II. 1 Экспансия западных держав в Китае во второй половине XIX в. и видение проблемы советскими учеными 1950-1960-х гг.

В 1950-1960-е гг. тема экспансии западных держав в Китае во второй половине XIX в. продолжала интересовать многих советских историков, занимающихся исследованием истории международных отношений (в первую очередь, ученых, которые изучали историю международных отношений на Дальнем Востоке), истории западных держав и истории самого Китая.

I) Труды, посвященные экспансии западных держав в Китае в 1860-1900-х гг. в контексте международных отношений на Дальнем Востоке

После Второй мировой войны первые работы, в которых в какой-то степени затрагивались вопросы истории экспансии европейских держав и США в Китае во второй половине XIX в., начали появляться в 1950-е годы. В значительной степени они были посвящены особенностям развития международных отношений в ходе экспансии капиталистических державах на Дальнем Востоке, в частности, в Китае, в XIX в.

После войны в 1948 г. был опубликован 《Дипломатический словарь》[①]- результат коллективного труда, который внес большой вклад в исследование экспансии западных держав в Китае. В него были включены основные неравноправные договоры, заключенные между цинским правительством и западными державами, такие как Нанкинский договор (1842 г.)[②], который был первым неравноправным договором между Китаем и Англией, Пекинские договоры (1860 г.)[③] и др. Также в нем были представлены биографии ключевых фигур в истории Китая во второй половине XIX в., как Ли Хунчжан, Бэрлинхем[④]. Эти материалы дали возможность более конкретно исследовать вопрос экспансии европейских стран и США в Китае. На наш взгляд, данный труд фактически является продолжением сборника под редакцией Э. Д. Гримма, характеристику которого мы давали в определенной мере в первой главе и который не потерял своей актуальности и для современных историков.

Необходимо отметить, что в авторский коллектив входили такие ученые, как А. А. Губер, А. С. Ерусалимский, Е. М. Жуков, А. Л. Нарочницкий и др. Некоторые историки из авторского коллектива, такие как А. А. Губер и др., работали как до, так и после Второй мировой войны.

Среди исследований, выполненных крупными профессиональными авторскими коллективами историков в 1950-1960-е годы, заметным явлением стало издание коллективного труда 《Международные отношения на Дальнем Востоке (1870-1945 гг.)》[⑤]. Данная работа подводила итог достижениям советской исторической науки в области

---

① Дипломатический словарь. Гл. Ред. Вышинский А. Я. Т. I-II. М., 1948.

② Там же. Т. II. С. 204-206.

③ Там же. Т. II. С. 344-347.

④ Там же. Ли Хунчжан, Т. II. С. 43-44; Бэрлинхем, Т. I. С. 228.

⑤ Международные отношения на Дальнем Востоке (1870-1945). Под ред. Жукова Е. М. М., 1951.

изучения международных отношений на Дальнем Востоке в эпоху империализма.

Что касается темы настоящей диссертации, надо отметить, что труд《Международные отношения на Дальнем Востоке》был посвящен истории международных отношений на Дальнем Востоке в 1870-1905 гг. Материал в них фактически на три четверти имеет отношение к теме экспансии капиталистических стран в Китае в 1870-1905 гг. В данной монографии обобщается достигнутое советской исторической наукой. Например, авторский коллектив подчеркивал важность японо-китайской войны, как и историки в довоенные годы①. Ученые после Второй мировой войны также считали, что японо-китайская война (1894-1895 гг.) является рубежом в общей перестановке международных сил на Дальнем Востоке, в том числе в Китае.

Авторы разделяли исторические события, происходившие в 1870-1905 гг., на две части: период капитализма (1870-1894 гг.), переход к империализму (1894-1905 гг.). Следует отметить, что такое разделение подчеркнуло важную роль японо-китайской войны в истории экспансии капиталистических держав в Китае во второй половине XIX в.

Необходимо отметить, что данный труд имеет большое значение и в изучении дипломатических отношений между западноевропейскими странами и США, их соперничества на Дальнем Востоке. Например, ученые проанализировали роль англо-французских противоречий во франко-китайской войне (1884-1885 гг.)②, особенности англо-американских отношений в годы японо-китайской войны (1894-1895 гг.). Ученые отметили, что во время франко-китайской войны (1884-1885

---

① См.: Аварин В. Я. Империализм в Маньчжурии. М.-Л., 1934. Т. I. С. 22. Автор отметил, что японо-китайская война является тем историческим перевалом, когда начинается обостренная борьба крупных империалистических держав за проникновение в Маньчжурию, за обладание ею.

② В китайской историографии дата франко-китайской войны принята 1883-1885 гг., а в советской-1884-1885 гг., кроме, как в《Международных отношениях на Дальнем Востоке 1870-1945 гг.》(Международные отношения на Дальнем Востоке 1870-1945 гг. Под Ред. Жукова Е. М. М., 1951.).

гг.) "... английское правительство опасалось ущерба от войны для своей морской торговли с Китаем и выражало недовольство по поводу французской блокады китайских портов, вместе с тем, одновременно китайское правительство знало, что между Англией и Францией шла ожесточенная борьба за влияние в Египте и за раздел Африки, и решило использовать англо-французские противоречия"①. Что касается англо-американских отношений, историки считали, что как Англия, так и США, обе страны накануне японо-китайской войны (1894-1895 гг.) поддерживали Японию. "Британские публицисты уже в 80-х годах указывали не только на Китай, но и на Японию, как на возможного союзника против России и против народных движений..."②.

Однако, необходимо отметить, что внутриполитическая ситуация в дальневосточных странах и ее влияние на внешнюю политику не стали предметом специального исследования в данной работе.

В 1956 г. вышло второе издание (переработанное и дополненное) данного труда③. В авторский коллектив также вошли и те историки, которые еще до войны занимались данной темой: такие, как А. А. Губер, Е. М. Жуков, А. Л. Нарочницкий и др. Если сравнивать второе издание《Международных отношений ...》с первым, то можно отметить следующие новые особенности:

Хронологические рамки были уже значительно расширены: изложение событий начинается не с 1870, а с 1840 г. Очевидно, что новое издание дает более широкую панораму экспансии западных держав в Китае в XIX в. Следует отметить, что первая глава посвящена истории международных отношений на Дальнем Востоке во время《опиумных войн》и тайпинского восстания (1830-1860 гг.). Первая《опиумная война》(1839-1842 гг.), первые неравноправные договоры, навязанные

---

① Международные отношения на Дальнем Востоке (1870-1945 гг.). Под ред. Жукова Е. М. М., 1951. С. 101.

② Там же. С. 122.

③ Международные отношения на Дальнем Востоке (1840-1949). Под ред. Е. М. Жукова. Изд. 2-е. М., 1956.

Китаю капиталистическими странами, тяньцзиньские договоры (1858 г.), пекинские неравноправные конвенции (1860 г.). Все эти новые добавленные исторические факты, безусловно, проясняли исторические предпосылки дальнейшего развития экспансии европейских держав и США в Китае во второй половине XIX в.

Другой особенностью нового издания является то, что в нём был добавлен конкретный материал, освещающий экономические вопросы, показывающий роль капиталистических монополий во внешней политике отдельных западных государств на Дальнем Востоке, в том числе в Китае, в третьей главе отдельно анализируется переход капитализма в империалистическую стадию, которого не было в первом издании, в первом издании также не было специального анализа роли монополистического капитала в истории развития экспансии империалистических держав на Дальнем Востоке. Для монополистического капитала стремление к получению максимальных прибылей-это существенная причина, которая толкала все империалистические державы к колониальным захватам и порабощению экономически отсталых стран.

Большее внимание было уделено освещению влияния национально-освободительного движения народов колоний на развитие международных отношений. По мнению авторов, сопротивление китайского народа играло большую роль для сохранения суверенитета Китая①.

Одним из самых выдающихся специалистов в области истории международных отношений на Дальнем Востоке являлся А. Л. Нарочницкий. В 1950-е годы были опубликованы некоторые статьи А. Л. Нарочницкого, связанные с историей международных отношений на Дальнем Востоке. Такие, как《Экспансия США на Дальнем Востоке в 1886-1894 гг.》②,《Экспансия США на Дальнем Востоке в 50-70-е годы

① Международные отношения на Дальнем Востоке (1840-1949). Под ред. Е. М. Жукова. Изд. 2-е. М., 1956. С. 36.

② Нарочницкий А. Л. Экспансия США на Дальнем Востоке в 1886-1894 гг. // Ученые записки Московского пединститута. Т. 25. Кафедра истории нового времени. Вып. 2. М., 1953. С 3-108.

XIX века》[1] и др. Эти статьи стали основой для написания ученым фундаментальной монографии《Колониальная политика капиталистических держав на Дальнем Востоке 1860-1895 гг.》[2], которая была посвящена изучению дальневосточной политики западных держав в основном в то время, когда "... уже происходил раздел мира между капиталистическими странами, и капитализм находился на пути к переходу в империалистическую стадию своего развития..."[3].

Многие материалы в этой монографии имеют непосредственное отношение к теме настоящей диссертации. Так, А. Л. Нарочницкий изучал колониальную политику Англии, США, Японии, Франции, царской России, Германии и других капиталистических государств на Дальнем Востоке в основном в 1860-1895 гг. Автор заметил, что борьба этих капиталистических держав за рынки сбыта, эксплуатацию товаров и захват плацдармов и баз для дальнейшей экспансии в Китае с середины XIX в. оказалась центральным звеном международных противоречий[4]. Данная политика стала и центром противоречий капиталистических держав друг с другом. Необходимо отметить, что автор делал акцент на исследовании противоречий капиталистических держав, а не на отношениях между Китаем и западными странами.

Исследование А. Л. Нарочницкого было основано на самых разнообразных источниках, как неопубликованных документах из советских архивов, так и уже к тому времени опубликованных документах, мемуарах, воспоминаниях. А. Л. Нарочницкий также использовал зарубежную историографию и такой сложный источник, каким является пресса. Были использованы воспоминания отставного государственного секретаря США Д. Фостера, состоявшего советником

---

① Нарочницкий А. Л. Экспансия США на Дальнем Востоке в 50-70-е годы XIX века. // Исторические записки. №. 44. М., 1953. С. 130-176.

② Нарочницкий А. Л. Колониальная политика капиталистических держав на Дальнем Востоке 1860-1895 гг. М., 1956.

③ Там же. С. 3.

④ Там же. С. 3.

при Ли Хунчжане во время подписания симоносекских договоров[①]. Это позволило автору объективно оценить роль США в переговорах между Китаем и Японией после японо-китайской войны (1894-1895 гг.).

Важно отметить, что хронологические рамки исследования ограничены в основном 1860-1895 гг. Это объясняется тем, что международные отношения на Дальнем Востоке до 1895 г. были лучше изучены, нежели предшествующий период. Многие труды по истории международных отношений (Г. В. Ефимова, А. А. Фурсенко, А. С. Ерусалимского[②] и др.) были посвящены, главным образом, последнему десятилетию XIX и началу XX в. Именно поэтому, вероятно, в монографии А. Л. Нарочницкого рассматривается как раз предшествующий период.

А. Л. Нарочницкий разделил экспансию европейских держав и США в Китае в XIX в. на несколько этапов:

1) от Опиумных войн[③] до франко-китайской войны (1884-1885 гг.);

2) франко-китайская война (1884-1885 гг.);

3) от франко-китайской войны (1884-1885 гг.) до японо-китайской войны (1894-1895 гг.);

4) японо-китайская война (1894-1895 гг.).

Заслугой историка является то, что он дал емкие оценки особенностеяй развития каждого из этих этапов. По его мнению, многие черты развития международных отношений на Дальнем Востоке в последней трети XIX в. определились еще во время "опиумных" войн капиталистических держав против феодального Китая. Закабаление Китая было главной целью колониальной политики капиталистических стран в Восточной Азии. "Опиумные войны" (1840-1842 гг., 1856-1860

---

① Нарочницкий А. Л. Колониальная политика капиталистических держав на Дальнем Востоке 1860-1895 гг. М., 1956. С. 477-478.

② Ефимов Г. В. Внешняя политика Китая. 1894-1899 гг. М., 1958; Фурсенко А. А. Борьба за раздел Китая и американская доктрина открытых дверей 1895-1900. М.-Л., 1956; Ерусалимский А. С. Внешняя политика и дипломатия германского империализма в конце XIX века. М., 1951.

③ Первая "опиумная война" (1839-1842 гг.); Вторая "опиумная война" (1856-1860 гг.)

гг.) завершились созданием и закреплением системы неравно-правных договоров Китая с капиталистическими странами (Англией, Францей и США) и вооруженной интервенцией этих стран во время тайпинского восстания. В 70-е гг. XIX в. для экспансии западных держав в Китае было характерно внедрение иностранной торговли вглубь Китая, подрыв его сюзеренитета над вассальными феодальными государствами и порабощение их капиталистическими странами.

Во второй половине 1870-х гг. западноевропейские страны и США предприняли новый натиск на Китай с целью добиться пересмотра неравноправных договоров и навязать ему еще более невыгодные таможенные тарифы. Что касается периодов 80-х и 90-х гг. XIX в., А. Л. Нарочницкий в основном изложил эту историю в контексте франко-китайской (1884-1885 гг.) и японо-китайской войн (1894-1895 гг.).

Не случайно, А. Л. Нарочницкий высказывает свое мнение о важной роли японо-китайской войны и Симоносекского договора (1895 г.). Он также подчеркивал, что " ... с 1895г. в международных отношениях на Дальнем Востоке резко выступили черты периода империализма, как высшей монополистической стадии капитализма, когда, в частности, вывоз капитала, в отличие от вывоза товаров, приобретает особо важное значение. Началась ожесточенная борьба империалистических держав из-за концессий и займов и раздела Китая на 《сферы влияния》"①.

Следует отметить, что в труде анализируется не только диплом-атическая история, но и экономические и социальные вопросы, чтобы выяснить внутренние мотивы колониальной политики капиталистических держав на Дальнем Востоке. Как отметил автор, "... на протяжении всей истории капитализма основные экономические стимулы колониальной политики в той или иной мере дополнялись социальными и политическими мотивами-стремлением правящих классов ослабить

---

① Первая "опиумная война" (1839-1842 гг.); Вторая "опиумная война" (1856-1860 гг.) С. 827.

обострение социальных противоречий внутри своей страны за счет порабощения и эксплуатации колоний"①.

Что касается значения отношений между колониальными державами, А. Л. Нарочницкий заметил: "Громадное влияние на эту экспансию оказывали взаимные противоречия между капиталистическими державами, нередко служившие стимулом или препятствием для ее развития, -однако, он полагал, что эти противоречия в целом не мешали им помогать друг другу в проведении колониальных войн против Китая"②. А. Л. Нарочницкий обратил внимание и на отношения между цинским правительством и капиталистическими державами. Он справедливо полагал, что "... пособником агрессии капиталистических держав была реакционная феодальная правящая верхушка Китая, продававшая интересы своей страны иностранным захватчикам и вступавшая с ними в сделки против своего народа"③.

Следует отметить, что А. Л. Нарочницкий не ставил перед собой задачу специальной разработки истории народных движений в странах Восточной Азии против иностранных колонизаторов и феодальной власти, однако, автор подчеркивал значительное влияние этих движений на дальневосточную политику капиталистических стран. С одной стороны, страх перед возможностью победы этих движений служил стимулом усиления колониальной агрессии, как было во время тайпинского восстания④, с другой стороны, сопротивление в той или иной степени замедляло и ограничивало колониальную экспансию капиталистических стран⑤.

Таким образом, труд А. Л. Нарочницкого дает достаточно широкую панораму истории экспансии западных держав в Китае во

---

① Первая "опиумная война" (1839-1842 гг.); Вторая "опиумная война" (1856-1860 гг.) С. 6.

② Там же. С. 817.

③ Там же. С. 816.

④ Там же. С. 92-93.

⑤ Там же. С. 817.

второй половине XIX в.. Он является ценным вкладом не только в советскую, но и в мировую историческую науку, освещающую политику держав на Дальнем Востоке. Надо отметить, что часть монографии А. Л. Нарочницкого в 1978 г. была переведена на китайский язык[①]. Точка зрения А. Л. Нарочницкого по вопросу об отношениях западноевропейских держав и США на Дальнем Востоке была близка взглядам китайских историков 1950-1960-х гг. на эту проблему.

Таким образом, на основе предшествующих исследований историки продолжали одно из довоенных направлений: экспансия западных держав в Китае во второй половине XIX в. в контексте изучения международных отношений на Дальнем Востоке.

Историки и после Второй мировой войны также продолжали подчеркивать важность японо-китайской войны (1894-1895 гг.) в развитии экспансии. Если сравнивать обобщающие труды 1950-1960-х годов, то нетрудно заметить, что многие ученые, такие как А. Л. Нарочницкий и др., считают японо-китайскую войну своего рода рубежом. По мнению А. Л. Нарочницкого, после японо-китайской войны (1894-1895 гг.) и заключения Симоносекского мира (1895 г.) в международных отношениях на Дальнем Востоке резко выступили черты, присущие периоду империализма[②].

Итак, рассмотренные выше труды 1950-1960-х гг. по теме экспансии западных держав в Китае во второй половине XIX в. в контексте международных отношений знаменуют собой определенный успех в развитии советской историографии. Они подводят итог предшествующим исследованиям советских историков и вместе с тем являются новым значительным вкладом в развитие исторической науки.

---

① См. : в сборнике материалов по истории Китая в новое время. Шанхай, 1978. Т. II. С. 43.

② Нарочницкий А. Л. Колониальная политика капиталистических держав на Дальнем Востоке 1860-1895. М., 1956. С. 760.

II) Монографические исследования по теме экспансии отдельных западных держав в Китае во второй половине XIX в.

1) Исследования об экспансии США в Китае

В 1950-1960-х гг. реальная политика США против КНР породила необходимость изучения политики США в отношении Китая. Отметим, что советские историки раскрыли агрессивную политику США в Китае задолго до победы народной революции в Китае. Здесь можно отметить, что были опубликованы следующие монографии, такие, как《Борьба за раздел Китая и американская доктрина "открытых дверей" 1895-1900 гг.》А. А. Фурсенко[1],《Американская экспансия в северо-восточном Китае 1898-1905》Р. М. Бродского[2] и др., которые непосредственно были посвящены колониальной политике США в Китае в рассматриваемый период.

Историк-американист А. А. Фурсенко в своей монографии《Борьба за раздел Китая и американская доктрина "открытых дверей" 1895-1900》главным образом изложил становление политики "открытых дверей", ее предпосылки, влияние и сущность. А. А. Фурсенко исследовал экономические и политические мотивы экспансии США в XIX в. и применение упомянутой доктрины на рубеже XIX-XX в., когда в Китае столкнулись интересы США, европейских держав и Японии.

По мнению автора, эта доктрина имела принципиальное значение для всей внешней политики США, но не принесла ее инициаторам в то время ожидаемого успеха, так как США столкнулись с более сильными конкурентами, с одной стороны, и с сопротивлением со стороны китайского народа, с другой. Особенностью данной монографии являлось широкое привлечение американских источников и литературы. Главный вывод автора заключается в том, что "... при всей специфике

---

① Фурсенко А. А. Борьба за раздел Китая и американская доктрина "открытых дверей" 1895-1900. М. -Л., 1956.

② Бродский Р. М. Американская экспансия в северо-восточном Китае 1898-1905. Львов. 1965.

политика США не имела существенного различия по сравнению с политикой других империалистических держав"[1], вывод полностью обоснован.

А. А. Фурсенко также заметил, что специфика американской политики заключалась в акценте на экономическом завоевании Китая. По мнению автора, США к концу XIX в. обладали промышленным превосходством по сравнению с другими державами, поэтому американское правительство стремилось перенести центр тяжести борьбы за Китай в экономическую сферу и тем самым свести на нет преимущества других держав в военно-политическом отношении[2].

Главным вопросом является вопрос о происхождении американской политики "открытых дверей". Политика "открытых дверей" вытекала из борьбы американского капитала за гегемонию на китайском рынке и являлась средством достижения первенства США в Китае. Поэтому первостепенный интерес представляет то, что составляло практическую сторону этой борьбы, а именно: 1) участие США в вывозе капитала в Китай; 2) торговая экспансия США в Китае.

Говоря о торговой экспансии США в Китае, А. А. Фурсенко высказал свое возражение против позиции А. Я. Канторовича. По мнению А. Я. Канторовича, американские торговые интересы в Китае во второй половине 1890-х гг. были в противоположность английским более перспективными, чем актуальными[3], США тогда еще не стали настоящим конкурентом Англии в Китае, а А. А. Фурсенко считал, что торговля США с Китаем в этот период уже представляла собой все более серьезную конкуренцию Англии[4].

А. А. Фурсенко также выяснил роль США перед японо-китайской

---

① Фурсенко А. А. Борьба за раздел Китая и американская доктрина "открытых дверей" 1895-1900. М. -Л., 1956. С. 6.

② Там же. С. 173.

③ Канторович А. Я. Америка в борьбе за Китай. М., 1935. С. 98.

④ Фурсенко А. А. Борьба за раздел Китая и американская доктрина "открытых дверей" 1895-1900. М. -Л., 1956. С. 69.

войной и после нее. Он справедливо отметил, что “США были пособником Японии в подготовке и развязывании войны против Китая, желая воспользоваться этой войной в интересах собственной экспансии”①.

Монография А. А. Фурсенко является подробным исследованием по вопросу доктрины “открытых дверей”. По сути, это первая в советской исторической науке монография, посвященная данной теме.

В 1965 г. Р. М. Бродский опубликовал монографию《Американская экспансия в северо-восточном Китае 1898-1905》②, в которой был освещен семилетний период политики США в Китае-от испано-американской войны до окончания русско-японской войны (1904-1905 гг.). В данном труде Р. М. Бродский использовал в основном архивные материалы, находившиеся в СССР. Он делал акцент на экспансионистской политике США в Маньчжурии и ее антирусской направленности, расширяя наши представления по вопросу международных отношений.

Следует отметить, что первая глава монографии была посвящена экспансии американского империализма в Маньчжурии в 1898-1899 гг. Р. М. Бродский показал, в частности, как экономические интересы американского империализма в Маньчжурии обуславливали его агрессивную политику по отношению к Китаю и России. Автор хорошо разбирается в хитросплетениях внешнеполитического курса США, нацеленного на то, чтобы вести борьбу с Россией на Дальнем Востоке чужими руками - Японии и Великобритании. Затем он приходит к выводу, что “молодое империалистическое государство США не удовлетворялись разделом мира. Американский экспансионизм вызывал рост международной напряженности, вел к обострению русско-американских отношений”③.

---

① Фурсенко А. А. Борьба за раздел Китая и американская доктрина “открытых дверей” 1895-1900. М. -Л., 1956. С. 69. С. 4.

② Бродский Р. М. Американская экспансия в северо-восточном Китае 1898-1905. Львов. 1965.

③ Там же. С. 41.

В 1960 г. была издана монография С. Б. Горелика《Политика США в Маньчжурии в 1898-1903 гг. и доктрина "открытых дверей"》①, перекликающаяся по тематике с монографией Р. М. Бродского. Главной задачей автора данной монографии является освещение политики США в северо-восточном Китае в период резкого обострения противоречий между империалистическими державами на Дальнем Востоке на рубеже XIX и XX вв.

Представляется важным, что С. Б. Горелик акцентировал внимание на изучении отношений между США и царской Россией в Маньчжурском вопросе. Он показал, что политика царской России, как главного колонизатора в Маньчжурии в конце XIX в., сталкивалась с интересами США в данном районе.

Говоря о доктрине "открытых дверей", С. Б. Горелик утверждал, что имеется взаимосвязь между борьбой за "сферы влияния" США в Китае и провозглашением этой доктрины. Он не согласился с мнением, высказанные некоторыми советскими историками, например, Н. Терентьевым②, о том, что провозглашение доктрины "открытых дверей" исключало участие США в борьбе держав за "сферы влияния" в Китае. Н. Терентьев полагал, что американский империализм в конце XIX в. встал перед альтернативой: принять участие в разделе Китая на "сферы влияния" или направить все усилия на борьбу за "равные возможности"③. По мнению С. Б. Горелика, американское правительство после японо-китайской войны 1894-1895 гг. добивалось "... превращения Северо-Восточного Китая в сферу своего влияния и по существу не отказалось от этого намерения и после провозглашения доктрины открытых дверей ..."④.

---

① Горелик С. Б. Политика США в Маньчжурии в 1898-1903 гг. и доктрина "открытых дверей". М., 1960.

② Терентьев Н. Происхождение американской доктрины "открытых дверей" в Китае. // Тихий Океан. 1934. №. 2. С. 88.

③ Там же. С. 5.

④ Там же. С. 6

Исследуя экспансию США в Маньчжурии, историк делал акцент на экономической экспансии. Например, автор подчерчивал активные действия в борьбе за концессии в Китае《Америкэн Чайна дивелопмент компани》. В планах этой компании, рассчитанных на захват США строительства сети железных дорог в Китае, большое место занимал проект концессии на сооружение железных дорог в Маньчжурии①.

Так что монография С. Б. Горелика восполнила пробел в исследовании американской экспансии в Маньчжурии в конце XIX и начале XX в., связанной с борьбой за "сферы влияния" и провозглашением доктрины "открытых дверей", делая акцент на американо-русских отношениях в этом районе. Ученый дал детальный анализ колониальной политики США в северо-восточном Китае, причем, особое внимание уделил и противоречиям между США и царской Россией, а именно США и Россия сталкивались в северо-восточном районе Китая особенно в области торговли. Этот труд внес ценный вклад в советскую историографию 1950-1960-х годов.

Таким образом, в 1950-1960-е годы исследование американской экспансии в Китае достигло значительных успехов. А. А. Фурсенко исследовал внешнюю политику США в Китае в конце XIX в. в целом, а Р. М. Бродский и С. Б. Горелик сделали акцент на американской экспансии в Маньчжурии в последние годы XIX в. Следует отметить, хотя внимание историков было сосредоточено на разных областях процесса экспансии, однако, их позиция совпадала друг с другом, а именно: в конце XIX в. правительство США проводило активную экспансионитскую политику и сыграло своеобразную роль в отношениях с другими западными державами в Китае

2) Монографии об экспансии Англии в Китае

В 1950-е годы советские историки продолжили изучение колониальной агрессии Англии в Китае. Но специальных монографий

---

① Терентьев Н. Происхождение американской доктрины "открытых дверей" в Китае. // Тихий Океан. 1934. №. 2. С. 88. С. 25.

было немного. Здесь стоит отметить работу В. П. Леонтьева 《Иностранная экспансия в Тибете в 1888-1919》[①], которая была издана в 1956 г. Такого рода очерк - первый в советской исторической науке. Книга написана на архивных документах, западных источниках, материалах русской, западной и китайской историографии. Из английских документальных источников использованы 《Документы, относящиеся к Тибету》, из серии 《Синих книг》, охватывающих период с 1889 до 1910 г.

Историк изложил историю иностранной экспансии в тибетском районе Китая с 1888 до 1919 г., вскрыл цели и методы этой экспансии и показал борьбу тибетского народа за свободу. С одной стороны, В. П. Леонтьев изложил экономическую интервенцию Англии и США в Тибете в относительно раннем периоде (в конце XIX в.), а с другой, автор сделал акцент на вооруженной интервенции английского империализма в Тибете в начале XX в. и сопротивлении тибетского народа этой экспансии.

Главная позиция автора состоит в том, что: Тибет- "... неотъемлемая часть Китая, и империалисты попытались превратить эту территорию в военно-стратегический плацдарм"[②]. Как пишет китайский историк Фань Вэньлань в статье 《Развитие народов Китая》, уже в эпоху Чжань-Го (V-IV вв. до н. э.) существовала тесная связь и общение между китайцами и тибетскими племенами в районе современной провинции Сычуань[③].

Хотя автор назвал работу "иностранная экспансия" в Тибете, однако, в ней в основном, он сделал акцент на английской экспансии в Тибете. Например, историк подробно изложил войну 1888 г., которая была связана с открытием Китая для английской торговли со стороны Индии. Историк считал, что экспансия Англии "... была одной из главных причин того, что до 1951 г. тибетский народ оставался на той

---

① Леонтьев В. П. Иностранная экспансия в Тибете в 1888-1919. М., 1956.

② Там же. С. 3.

③ Фань Вэньлань. Развитие народов Китая. // Журнал 《Учеба》 (《Сюэси》). Т. III. №. 1. 1950. С. 8.

стадии развития, на которой он находился сотни лет назад"[1].

Итак, данная монография является весьма ценной для исследования экономической и военной экспансии западных держав, особенно Англии, в Тибете во второй половине XIX - начале XX в.

3) Исследования об экспансии Франции в Китае

На наш взгляд, советские историки недостаточно изучали колониальную агрессию Франции на Дальнем Востоке в 1950-е годы. Однако, здесь выделяется монография историка Ю. П. Дементьева《Колониальная политика Франции в Китае и Индокитае 1844-1862》[2], в которой анализируются цели и разнообразные методы французской колониальной политики в Китае. Как автор отметил, " ... в этот период буржуазные правительства Франции от более или менее мирных способов проникновения в колонии переходят к открытой вооруженной агрессии в Юго-восточной Азии и на Дальнем Востоке"[3].

Анализируя ход событий, происходивших на территории Китая в 1844-1862 гг., Ю. П. Дементьев связывал эту экспансию с внутренним и внешним положением Франции. По мнению ученого, в годы Июльской монархии возможность захватов во Вьетнаме французское правительство связывало с проблемой общего укрепления французских позиций на Дальнем Востоке. После установления Второй империи французское правительство переходит к вооруженной агрессии против Китая и Вьетнама. Франция активизирует свою колониальную политику в восточной Азии после Крымской войны.

Что касается франко-английских отношений, в процессе исследования автор попытался вскрыть, с одной стороны, сотрудни-чество, а с другой, противоречия между Францией и Англией. Правительство Франции использовало военную силу Англии, но одновременно

---

① Фань Вэньлань. Развитие народов Китая. // Журнал《Учеба》(《Сюэси》). Т. III. №. 1. 1950. С. 4.

② Дементьев Ю. П. Колониальная политика Франции в Китае и Индокитае 1844-1862. М., 1958.

③ Там же. С. 160.

опираясь на царскую Россию и США, оно хотело помешать установлению английского господства в Китае.

Ю. П. Дементьев также проследил, как развитие агрессивных действий Франции в Китае сочеталось с осуществлением колониальных захватов в Индокитае. Автор отметил, что главным объектом экспансионистских устремлений Франции был южный Китай, так как южная китайская провинция Юньнань является пограничным районом между Китаем и Вьетнамом. Исследуя колониальную политику Франции в восточной Азии, автор подчеркивал тесные политические и стратегические отношения между Китаем и Вьетнамом. Кроме того, Ю. П. Дементьев стремился показать роль Франции и других капиталистических держав в подавлении народных движений в Китае, а также борьбу китайского народа против иностранных захватчиков.

В данной монографии были использованы ранее не опубликованные материалы из архивов Москвы и Ленинграда. Кроме того, автором были привлечены дипломатические документы, воспоминания современников, монографии и статьи, пресса на русскои и иностранных языках. Вместе с тем автор обращал внимание на работы зарубежных историков, в частности, таких китайских историков, как Фань Вэньлань[①], Ху Шэн[②] и др.

Безусловно, данная работа является одной из важнейших монографий, посвященных колониальной политике Франции в Китае в советской историографии 1950-х гг. Практически монография Ю. П. Дементьева оказалась единственной в своем роде в рассматриваемый период.

4) Работы об экспансии Германии в Китае

Следует отметить, что в 1950-е годы трудов о германской экспансии в Китае также было недостаточно. Конец XIX-начало XX в. приковывали особенно пристальное внимание советских историков. Под

---

① Фань Вэньлань. Новая история Китая. М., 1955.

② Ху Шэн. Агрессия империалистических держав в Китае. М., 1951.

свежим впечатлением прошедшей войны (Вторая мировая война: 1939-1945 гг.) они с особым интересом занимались историей германской агрессии. Здесь выделяются труды А. С. Ерусалимского и др.

А. С. Ерусалимский в монографии 《Внешняя политика и дипломатия германского империализма в конце XIX в.》[①] касается вопросов дальневосточной политики Германии в 1870-1895 гг. и большое внимание уделяет захвату Германией Цзяочжоу. Ученый вскрыл причины, движущие пружины и всю механику захвата Германией Цзяочжоу, показал отношение различных групп германской общественности к этому захвату.

Автор подчеркивал суть захвата Цзяочжоу германскими колонизаторами- "... маневрируя между Англией и Россией и разжигая их старые и новые противоречия, добиваться осуществления собственных империалистических целей. Вторжение в Китай и являлось одной из этих целей, и если в качестве " опорного пункта " был избран Цзяочжоу, то это свидетельствовало о том, что германское правительство и впредь готовилось идти по намеченному пути"[②].

По мнению автора, трагедией для Китая было то, что в Германии тогда не было достаточно сознательного и мощного движения рабочего класса против агрессивной политики германского империализма. Хотя сочувствие германского пролетариата китайскому народу и отразилось в выступлениях А. Бебеля, в целом руководство германской социал-демократии, как считал А. С. Ерусалимский, оказалось не на высоте. Некоторые его представители, критикуя агрессию на Дальнем Востоке, предлагали взамен экспансию в направлении Константинополя; отвергая союз Германии с царской Россией, они советовали своему правительству предпочесть России Англию.

Вопрос о роли германского империализма в экспансии в Китае также

---

① Ерусалимский А. С. Внешняя политика и дипломатия германского империализма в конце XIX в. М., 1951. С. 344-401.

② Там же. С. 401.

изучал ленинградский историк-китаевед Г. В. Ефимов. Его статьи были опубликованы еще в 1940-х годах[①]. В статье 《Германский империализм в Китае》[②] историк изложил историю захвата германского империализма в Цзяочжоу и его вооруженной интервенции 1900 г. Кроме того, Г. В. Ефимов, как и другие советские историки, отметил, что японо-китайская война (1894-1895 гг.) явилась событием, открывшим полосу значительной активизации германской экспансии в Китае[③].

Таким образом, после того, как в изучении международных отношений на Дальнем Востоке советской исторической наукой были достигнуты определенные успехи, встала задача углубленного изучения внешней политики самих стран Востока. Действительно, агрессия империалистических держав в Китае была изучена уже довольно основательно. Существует огромная литература о политике держав в Китае, в которых Китай рассматривается как объект политики.

Ⅲ) Экспансия западных держав в Китае в 1860-1900 гг. в трудах, посвященных истории самого Китая

В 1950-1960-е годы в советской историографии неизмеримо меньше была изучена внешняя политика самого Китая, Китай как субъект политики. Попыткой решить эту задачу стали труды историка-китаеведа Г. В. Ефимова: 《Внешняя политика Китая. 1894-1899 гг.》[④], 《Очерки по новой и новейшей истории Китая》[⑤], которые не потеряли своей актуальности и в настоящее время, и с которыми были знакомы китайские ученые.

---

① Ефимов Г. В. Дальневосточная политика германского империализма в 1898 г. // Научный бюллетень ЛГУ, 1946, №. 9, С. 26-27.; Ефимов Г. В. Германский империализм и антиимпериалистическое восстание 1900-1901 гг. в Китае. // Научная сессия, посвященная 125-летию ЛГУ. №. 39. Л., 1944. С. 56-58.

② Ефимов Г. В. Германский империализм в Китае (1894-1902). // Ученые записки Тихоокеанского института. Т. I., М. -Л., 1947. С. 51-84.

③ Там же. С. 51.

④ Ефимов Г. В. Внешняя политика Китая. 1894-1899 гг. М., 1958.

⑤ Ефимов Г. В. Очерки по новой и новейшей истории Китая. М., 1951.

В своей работе《Внешняя политика Китая 1894-1899 гг.》[①] Г. В. Ефимов делал акцент на внешней политике цинского правительства и сопротивлении китайского народа против колонизаторов, изучал экспансию западных держав в Китае в конце XIX века. Историк, главным образом, исследовал международное положение Китая как до, так и после японо-китайской войны (1894-1895 гг.). Он считал, что в изучаемый период характерной чертой в Китае было "... бурное развитие национального самосознания и рост патриотического подъема"[②]. Надо отметить, что историк выделил такой важный аспект в историческом развитии Китая XIX в., а именно- "... несмотря на все препятствия иностранного капитала и феодального режима прогрессивному развитию Китая, в стране все же имели место некоторые экономические успехи"[③].

Г. В. Ефимов обратил особое внимание на роль миссионеров в экспансии западных держав в Китае. Он отметил, что стремление к идеологическому порабощению китайского народа было весьма важной стороной империалистической агрессии. Исторически наиболее ранним институтом духовного порабощения Китая была деятельность миссионеров. Если в XX в. империализм осуществлял духовное порабощение Китая при помощи печати, кино, радио, театра и пр., то для XIX в., в том числе и для конца века, в Китае весьма важную роль играл институт миссионерства.

Миссионеры занимались не только сугубо миссионерской работой, но и вмешивались во внутренние дела страны. Столкновения между миссионерами и местным населением использовались затем иностранцами для предъявления всякого рода вызывающих требований. Установлены случаи, когда сычуаньские и гуйчжоуские миссионеры быстро добивались увольнения неугодных им китайских чиновников.

Г. В. Ефимов также остановился на взаимоотношениях между

---

① Ефимов Г. В. Внешняя политика Китая. 1894-1899 гг. М., 1958.

② Там же. С. 9.

③ Там же. С. 385.

миссионерами и коммерческими лицами. По мнению историка, миссионеры, не имея на то никаких договорных прав, широко занимались делами коммерческого характера. Например, ученый отметил, что одним из наиболее сильных институтов, созданных западными миссионерами, было "Общество распространения христианских и общих знаний". Президентом общества был не кто иной, как англичанин Роберт Харт, глава таможенной службы в Китае, его вице-председателем - С. Аддис, один из руководителей Гонконг-Шанхайского банка. Все это создает довольно отчетливую картину единства действий английских банкиров, миссионеров, высокопоставленных чиновников, направленную к одной общей цели: укреплению системы порабощения Китая иностранным капиталом. Так что, можно сказать, что миссионеры являлись немаловажной силой в экономическом порабощении Китая①.

Кроме того, Г. В. Ефимов затронул другие вопросы со стороны культурной экспансии. Например, он отметил, что во время экспансии в Китае американцы начали привлекать китайских студентов для поездки на учебу в США, надеясь воспитать их в духе преклонения перед Западом. Первая группа китайских студентов прибыла в Нью-Йорк в 1872 г. Вслед за тем стали организовываться первые иностранные учебные заведения в самом Китае. Тем самым иностранные экспансионисты пытались создать разветвленную сеть своей империалистической агентуры из китайцев. Им удалось в среде господствующих классов и частично среди интеллигенции найти некоторое количество относительно верных слуг.

Важнейшим источником для трудов Г. В. Ефимова послужили китайские публикации дипломатических документов и архивные материалы. В книге рассматривается внешняя политика цинского правительства в один из сложных периодов китайской истории.

У Г. В. Ефимова также обобщающие и ценные монографические

---

① Ефимов Г. В. Внешняя политика Китая. 1894-1899 гг. М., 1958. С. 377-379.

работы 《Проблемы историографии в советском китаеведении》[1] и 《Историко-библиографический обзор источников и литературы по новой истории Китая》[2]. Историк В. Н. Никифоров справедливо оценил труды Г. В. Ефимова и его место в истории китаеведения: "... послевоенные статьи Г. В. Ефимова, как и его предвоенные статьи, были вехами на пути создания большой работы, охватывающей историю Китая в новое и новейшее время"[3].

Необходимо отметить, что в 1950-1960-е годы в СССР были переведены некоторые монографии китайских историков на русский язык. Имеем в виду труды Ху Шэна 《Агрессия империалистических держав в Китае》[4], Цинь Бэньлиня 《История экономической агрессии американского империализма в Китае》[5], Лю Даняня 《История американской агрессии в Китае》[6], Фань Вэньланя 《Новая история Китая》[7], Цин Жуцзи 《История американской агрессии на Тайване》[8] и др. Как известно, в 1950-е годы советские и китайские ученые активно сотрудничали. Авторы вышеуказанных трудов были марксистами, они играли важную роль в исследовании истории Китая в XIX в., в частности, истории экспансии западных держав в Китае во второй половине XIX в. На наш взгляд, труды данных ученых были ценными для изучения темы экспансии не только для китайских историков, но и для советских.

Таким образом, изучая труды советских историков о колониальной политике отдельных капиталистических держав в Китае во второй

---

① Ефимов Г. В. Проблемы историографии в советском китаеведении. М., 1963.

② Ефимов Г. В. Историко-библиографический обзор источников и литературы по новой истории Китая. Л., 1972.

③ Никифоров В. Н. Советские историки о проблемах Китая. М., 1970. С. 156.

④ Ху Шэн. Агрессия импреиалистических держав в Китае. М., 1951.

⑤ Цинь Бэньли. История экономической агрессии американского империализма в Китае. М., 1951.

⑥ Лю Данянь. История американской агрессии в Китае. М., 1953.

⑦ Фань Вэньлань. Новая история Китая. М., 1955.

⑧ Цин Жуцзи. История американской агрессии на Тайване. М., 1956.

половине XIX века, можно отметить следующую тенденцию: изучение колониальной политики США в Китае занимало главное место в исследованиях советских историков 1950-1960-х годов. В меньше степени обращалось внимание на изучение колониальной политики Англии, Франции, Германии.

В 1950-1960-х годах советская американистика как отрасль исторической науки быстро развивается, уделяя существенное внимание внешнеполитической истории США. Такое положение в исторической науке, конечно, было связяно с международной обстановкой того времени. Как известно, после Второй мировой войны мир фактически разделился на сферы влияния двух блоков с разными социальными системами. СССР стремился к расширению и укреплению социалистического лагеря; западные страны во главе США попытались этот лагерь разрушить, включить социалистические страны в зону своего влияния. СССР принимал соответствующие меры для того, чтобы противостоять их замыслам. Так что в исторической науке неслучайно появились монографии и статьи об истории экспансии США на Дальнем Востоке, в районе Тихого океана, в том числе в Китае. Это было закономерным.

Следует отметить, в 1950-1960-е годы, когда советские историки изучали проблему экспансии западных держав в Китае, они обращали внимание, в первую очередь, на их "агрессивную" деятельность. Слова "агрессивный", "агрессивность" часто появлялись в работах историков в этот период. Такая позиция историков также связана с особенностями международной обстановки тех лет.

В вышеуказанных трудах советских ученых 1950-1960-х гг. об экспансии европейских держав и США в Китае во второй половине XIX века, четко вырисовываются следующие направления их изучения:

— экспансия капиталистических держав в Китае и отношения между ними во второй половине XIX в. при изучении международных отношений на Дальнем Востоке;

— колониальная или внешняя политика отдельных западных

держав в Китае во второй половине XIX в.;

— история самого Китая во второй половине XIX в.

Первое направление связано с трудами историков-международников, в том числе с коллективным трудом《Международные отношения на Дальнем Востоке》①, монографией А. Л. Нарочницкого《Колониальная политика капиталистических держав на Дальнем Востоке 1860-1895 гг.》②; второе направление-с монографическими исследованиями историков-новистов А. А. Фурсенко《Борьба за раздел Китая и американская доктрина "открытых дверей" 1895-1900》③, В. П. Леонтьева《Иностранная экспансия в Тибете в 1888-1919》④, Ю. П. Дементьева《Колониальная политика Франции в Китае и Индокитае 1844-1862 гг.》⑤, А. С. Ерусалимского《Внешняя политика и дипломатия германского империализма в конце XIX в.》⑥ и др.; посл еднее - систориками-китаеведами, в том числе с монографиями Г. В. Ефимова《Очерки по новой и новейшей истории Китая》⑦,《Внешняя политика Китая 1894-1899 гг.》⑧ и др.

Если сравнить труды 1950-1960-х гг. с работами 1920-1940-х гг. в советской историографии, то можно заметить как сходство, так и различие. Об этом речь пойдет в следующем параграфе.

---

① Международные отношения на Дальнем Востоке (1870-1945). Под ред. Жукова Е. М. М., 1951.

② Нарочницкий А. Л. Колониальная политика капиталистических держав на Дальнем Востоке 1860-1895 гг.. М., 1956.

③ Фурсенко А. А. Борьба за раздел Китая и американская доктрина "открытых дверей" 1895-1900. М. -Л., 1956.

④ Леонтьев В. П. Иностранная экспансия в Тибете в 1888-1919. М., 1956.

⑤ Дементьев Ю. П. Колониальная политика Франции в Китае и Индокитае 1844-1862. М., 1958.

⑥ Ерусалимский А. С. Внешняя политика и дипломатия германского империализма в конце XIX в. М., 1951.

⑦ Ефимов Г. В. Очерки по новой и новейшей истории Китая. М., 1951.

⑧ Ефимов Г. В. Внешняя политика Китая. 1894-1899 гг. М., 1958.

II. 2 Особенности экспансии отдельных западных держав в Китае в 1860-1900-х гг. в исследованиях советских ученых 1950-1960-х гг.

В сравнении с исследованиями 1920-1940-х гг. об экспансии западных держав в Китае во второй половине XIX в., ученые 1950-1960-х гг. более конкретно и подробно проанализировали данную проблему. На наш взгляд, необходимо отметить следующие особенности:

Во-первых, в сравнении с тем, что в советской историографии 1920-1940-х гг. ученые, главным образом, изучали экспансию западных держав в Китае в конце XIX в., т. е. акцент в исследованиях был сделан на последних десятилетиях XIX в., внимание исследователей 1950-1960-х гг. было сосредоточено не только на конце XIX в., но и на середине XIX в. Такие ученые, как А. С. Ерусалимский, А. А. Фурсенко, Г. В. Ефимов, обратили внимание на экспансию западных держав в Китае в конце XIX в., а другие, такие, как А. Л. Нарочницкий, Ю. П. Дементьев, изучали экспансию западных держав в Китае с середины до конца XIX в.

В монографии《Внешняя политика и дипломатия германского империализма в конце XIX в.》[①] А. С. Ерусалимский делал акцент на захвате Германией Цзяочжоу, который завершился в 1897 г. Другой историк А. А. Фурсенко, занимаясь исследованием экспансии США в Китае, уделял свое внимание американской доктрине "открытых дверей" (1899 г.) и ее влиянию на экспансию.

Историк А. Л. Нарочницкий подробно исследовал экспансию западных держав в Китае с 1860 г. до 1895 г. Этот период не получил достаточного освещения в 1920-1940 гг. в советской историографии. Труды А. Л. Нарочницкого как раз заполнили этот пробел.

---

① Ерусалимский А. С. Внешняя политика и дипломатия германского империализма в конце XIX в. М., 1951.

Следует отметить, что события, произошедшие в 1870-1880-х гг., получили соответственно меньше освещения в исследованиях советских историков 1950-1960-х годов. Конечно, это не потому, что этот период не имеет исторического значения в развитии экспансии западных держав в Китае во второй половине XIX в. Как многие историки отметили, в конце XIX в. капиталистические державы завершили переход капитализма к империалистической стадии своего развития. Так что, естественно, последний период представлялся более ярким для исследований советских историков. Надо отметить, чтобы более объективно изучать историю экспансии западных держав в Китае, необходимо обратить внимание и на период 1870-1880-х гг.

Во-вторых, как мы уже указали в первой главе, в 1920-1940 гг. советских ученых больше всего интересовала экспансия западных держав в Маньчжурии, а в 1950-1960 гг. исследования по данной теме гораздо расширились. Например, в коллективном труде 《Международные отношения на Дальнем Востоке》[①] историки всесторонне проанализировали экспансию западных держав в Китае в 1870-1945 гг.: в центральном Китае и в бассейне реки Янцзы господствовало английское влияние, к Югу Китая у границы с Вьетнамом Франция проявляла большой интерес, в конце XIX в. Германия начала проводить активную агрессивную политику в провинции Шаньдун, на северо-востоке Китая сталкивались США, Англия и Россия, с одной стороны, Япония и Россия, с другой.

Кроме этого, экспансия Франции в Китае в середине XIX в. была специально исследована историком Ю. П. Дементьевом. По мнению Ю. П. Дементьева, завоевание Индокитая занимало видное место в планах французских колонизаторов, в частности, возможность захватов во Вьетнаме французское правительство связывало с проблемой общего укрепления французских позиций на Дальнем Востоке, в том числе в

---

① Международные отношения на Дальнем Востоке (1870-1945). Под ред. Жукова Е. М. М., 1951.

Китае.

Экспансия США в Маньчжурии привлекла внимание историка Р. М. Бродского. Историк, главным образом, обратил внимание на торговые столкновения США с Россией в Маньчжурии, показав, что на рынке керосина, табака США являлись серьезным конкурентом России.

Внимание некоторых историков также было сосредоточено на определенных районах, которые прежде никогда не были затронуты историками. Например, историк В. П. Леонтьев специально изучал английскую экспансию в Тибете. План английской экспансии в Тибете был таков: связать районы Индии и Сычуани через Тибет, превратить Тибет в сферу интересов Англии, соединить его со сферой влияния, созданной в бассейне р. Янцзы, укрепить таким образом свое положение в центре Китая, а затем перейти в новое наступление в Азии①.

Следующей особенностью экспансии западных держав в Китае в 1860-1900 гг. в советской историографии 1950-1960-х гг. является то, что исследования стали более конкретными, в том числе посвященными экспансии отдельных стран.

Какая западная держава была в центре внимания советских историков 1950-1960-х гг.? Как в первой главе уже было подчеркнуто, в советской историографии 1920-1940-х гг. экспансия США в Китае во второй половине XIX в. находилась в центре внимания историков. Такое положение в исследовании проблемы было связано с реальной международной обстановкой. Таким образом, необходимо отметить, что подобная особенность советской историографии 1920-1940-х гг. получила продолжение и развитие в историографии 1950-1960-х гг.

На наш взгляд, можно сказать, что колониальной политике США в советской историографии 1950-1960-х гг. уделялось больше внимания, чем колониальной политике других капиталистических стран.

Следует отметить, что такая ситуация с изучением экспансии

---

① Леонтьев Ю. П. Иностранная экспансия в Тибете в 1888-1919. М., 1956. С. 52.

западных держав в Китае совпадает с тем положением, которое сложилось и в китайской исторической науке. В 1950-1960-е годы китайские ученые также рассматривают колониальную политику США как важнейший объект исследования экспансии капиталистических держав в Китае во второй половине XIX в. Тем более, что после Второй мировой войны США "потеряли" Китай. Такое сходство исследования об экспансии в историографии связано со схожими политическими режимами в обеих странах (Китай и СССР).

Изучая труды советских ученых 1950-1960-х гг. об экспансии западных держав в Китае во второй половине XIX в., можно сказать, что в них уже были выделены основные особенности экспансии США в Китае в 1860-1900-е гг. Известно, что США позднее других стран выступили в роли колониальной державы, однако, правящие круги этой страны настойчиво проводили экспансионистскую политику, которой был присущ целый ряд специфических черт. Следует отметить, что историки уделяли больше внимания колониальной политике США в конце XIX века, когда в "... результате перехода к империализму в США усилилась тяга к экспансии вовне, -и, как указывал А. А. Фурсенко, - одним из важнейших объектов американской экспансии стал в это время бассейн Тихого океана, страны Дальнего Востока и в первую очередь Китай"①.

Исследуя колониальную политику США в Китае, советские историки 1950-1960-х гг. в основном обращали внимание на следующие вопросы: отношения США с другими державами в Китае, экономическая экспансия (в области торговли, битва за концессии), роль американских миссионеров в Китае, позиция США во время японо-китайской войны (1894-1895 гг.), доктрина "открытых дверей" (1899 г.) и роль американских колонизаторов в подавлении национально-освободительного

① Фурсенко А. А. Экспансия американского империализма в Китае в 1895-1900 гг. Автофререрат диссертации на соискание ученой степени кандидата исторических наук. М., 1954. С. 4.

движения в Китае. Рассмотрим подробнее оценки и выводы этих авторов.

1) Отношения США с другими державами в Китае

А. А. Фурсенко в монографии《Борьба за раздел Китая и американская доктрина "открытых дверей" 1895-1900》[①] проанализировал отношения США с другими державами. Он отметил, что в ходе японо-китайской войны, а также во время мирного урегулирования японо-китайского конфликта, США проводили "прояпонскую" политику. "США стремились помешать европейским державам вмешаться в японо-китайский конфликт, чтобы сохранить посредничество за собой и воспользоваться всеми выгодами подобного положения"[②]. Вместе с тем, писал историк, "США были заинтере-сованы в усилении Японии как возможного противовеса европейским державам, в первую очередь Англии, занимавшей господствующее положение в Китае, и России, позиции которой должны были усилиться с проведением Сибирской железной дороги, начатым в 1891 г"[③].

Америко-русскими отношениями занимался историк Р. М. Бродский[④]. Он указал, что "... учитывая столкновение интересов других держав на Тихом Океане, американская дипломатия охотно подчеркивала антирусскую направленность своей политики"[⑤]. США особенно использовали миссионеров для того, чтобы "... распростра-нять слухи о том, что русские и французы тайно сочувствуют и помогают японцам воевать против Китая"[⑥].

---

① Фурсенко А. А. Борьба за раздел Китая и американская доктрина "открытых дверей" 1895-1900. М., 1956.

② Там же. С. 23.

③ Там же. С. 19.

④ Бродский Р. М. Американская экспансия в северо-восточном Китае 1898-1905. М., 1965.

⑤ Там же. С. 5.

⑥ Там же. С. 9.

2) Экономическая экспансия (в области торговли, битва за концессии)

Об особой роли торговли с Востоком в процессе первоначального накопления капитала в Соединенных Штатах писал А. Я. Канторович, а позднее Н. А. Халфин[①]. В их работах освещены отдельные вопросы, связанные с коммерческой деятельностью американских купцов и судовладельцев в странах Востока (в Китае). Однако детально этот вопрос был исследован лишь в монографии А. А. Фурсенко. Он пришел к важному выводу, что "... статистика китайских морских таможен давала искаженное представление о соотношении участия иностранных государств в торговле с Китаем"[②].

А. А. Мурадян[③] начал исследовать ход, характер и экономические результаты колониальной торговли США с Востоком в первой половине XIX в. Автор посчитал, что наиболее широко американская торговля с конца XVIII до середины XIX в. развернулась в Китае. К началу 40-х гг. XIX в. доминирующее место в американском вывозе из Китая занял чай (более 70% импорта США из страны). А. А. Мурадян также отметил, что "... высокая прибыльность американс-китайской торговли объясняется ее колониальным, неэквивалентным характером"[④]. Вместе с тем, историк высказал мысль о тесной связи коммерческой деятельности американцев в Океании с китайской торговлей. Автор изучил вопросы, касающиеся торговой деятельности американцев в Гуанчжоу (Кантоне) и участия в этих операциях влиятельных лиц,

---

① Канторович А. Я. Америка в борьбе за Китай. М., 1935. С. 5-6; Халфин Н. А. Начало американской экспансии в странах Средиземноморья и Индийского океана. М., 1958. С. 14.

② Фурсенко А. А. Борьба за раздел Китая и американская доктрина "открытых дверей" 1895-1900. М., 1956. С. 67.

③ Мурадян А. А. Колониальная торговля с Востоком как один из источников первоначального накопления капитала в Соединенных Штатах Америки. // Народы Азии и Африки. 1964. №. 6. С. 58-68.

④ Там же. С. 61.

занятых бизнесом с Востоком, в том числе с Китаем[1].

Другой советский историк А. А. Фурсенко, касаясь экономической экспансии США, подчеркивал, что в 1890-е годы "... Америка сделала первые шаги по пути усиления своих вооруженных сил, приступив к строительству сильного военно-морского флота. В эти же годы, как указывалось, США осуществили и свои первые колониа-льные захваты. Однако в то время Соединенные Штаты стояли еще далеко позади европейских держав в военном отношении, и это выдвинуло на первый план в их экспансии экономические средства, где американцам уже принадлежало господствующее положение..."[2]. По мнению автора, в этом заключались причина и мотив экономической экспансии США в Китае.

Советские ученые С. Б. Горелик и Г. В. Ефимов обратили внимание на значение и характер такого важного направления экономической экспансии американцев в Китае как железнодорожное строительство. С. Б. Горелик более подробно проанализировал значение железнодорожного строительства в Маньчжурии для развития экспансии США в Китае. Он доказывал: "... Строительство Сибирской железной дороги возбудило особенно сильно аппетит американских экспансионистов. Им мерещилась перспектива соединения Сибирской дороги с маньчжурскими и далее с транскитайской линией. Маньчжурия рассматривалась, таким образом, как удобный плацдарм для наступления на обширные районы северо-восточной Азии..."[3].

Общий обзор борьбы за железнодорожные концессии содержится в работе Г. В. Ефимова. "Следует считать полностью несостоятельной

---

① Мурадян А. А. Колониальная торговля с Востоком как один из источников первоначального накопления капитала в Соединенных Штатах Америки. // Народы Азии и Африки. 1964. №. 6. С. 58-68. С. 66-68.

② Фурсенко А. А. Борьба за раздел Китая и американская доктрина "открытых дверей" 1895-1900. М., 1956. С. 15.

③ Горелик С. Б. Агрессивная политика США в Маньчжурии в конце XIX-начале XX веков. Автофререрат диссертации на соискание ученой степени кандидата исторических наук. М., 1952. С. 4.

упорно распространяемую американской историографией легенду, будто американский капитализм стоял в стороне от борьбы за концессии. Это, -писал ученый, -не соответствует фактам, сразу после заключения Симоносекского договора в Китае появился представитель финансовых кругов США Баш с проектом постройки железных дорог в Маньчжурии"①. Автор также подчеркнул важную роль американской организации《Американ Чайна дивелопмент компани》в деле железнодорожного строительства.

3) Анализ деятельности американских миссионеров в Китае

Общий очерк деятельности американских миссионеров в Китае содержит монография А. А. Мурадяна, в которой показаны первые американские миссионеры на Востоке, в том числе в Китае, их международно-правовой статус, политическая роль, методы их работы и сотрудничество с местными торговцами. Автор подробно остановился на методах работы миссионеров. Например, желая усилить привлекательность христианства, миссионеры оказывали покровительство и защиту тем представителям китайского народа, которые были не в ладу с законом. Это приводило к "... столкновениям миссиионеров с представителями местной власти"②. А. А. Мурадян считал, что такие действия миссионеров стали "... одной из причин широких антимиссионерских выступлений в 1880-1890-х годах"③. Надо отметить, что данная монография была посвящена деятельности миссионеров главным образом в ходе начального этапа экспансии, а во время усиления колониальной политики США в Китае (т. е. в последней трети XIX в.) соответствующего освещения деятельности миссионеров не было представлено в монографии А. А. Мурадяна, равно как и в других трудах советских ученых.

Р. М. Бродский отметил, что "... заметную роль в ухудшении

---

① Ефимов Г. В. Внешняя политика Китая 1894-1899. М., 1958. С. 146.

② Мурадян А. А. Американские миссонеры в странах Дальнего Востока, юго-восточной Азии и Океании в XIX в. М., 1971. С. 67.

③ Там же. С. 67.

отношений и развертывании в США антирусской кампании сыграли многочисленные американские миссионеры, представлявшие преимущественно различные протестантские религиозные организации. Хотя число американских торговцев, журналистов и других лиц, проживавших в Китае в середине 1890-х годов, не превышало 200 человек, наехавших туда американских миссионеров насчитывалось свыше тысячи"①. Он отметил важную роль американских миссионеров в китайско-японских отношениях, они "... маскировали тот факт, что именно правящие круги США сочувствовали Японии и поддерживали ее агрессивные действия".

4) Роль США в японо-китайской войне (1894-1895 гг.)

Историки уделяли внимание изучению роли США в японо-китайской войне. А. А. Фурсенко полагал, что японо-китайская война играла "... роковую роль с точки зрения национальных интересов Китая". По его мнению, США были пособником Японии в подготовке и развязывании войны против Китая, желая воспользоваться этой войной в интересах собственной экспансии. Кроме этого, прояпонскую политику проводили США и при мирном урегулировании японо-китайского конфликта. Пробравшись на роль "посредника", США помогли Японии навязать Китаю Симоносекский договор (1895 г.), а затем содействовали осуществлению условий этого договора, настояв на том, чтобы китайское правительство немедленно его ратифицировало. Историк также подчеркнул, что США пытались помешать возврату занятого Японией Ляодунского полуострова и оказали ей содействие в захвате о. Тайвань.

5) Значение доктрины "открытых дверей" (1899 г.) в ходе экспансии

Г. В. Ефимов оценил доктрину "открытых дверей" как "... политическую программу подчинения Китая США"②. "Сама доктрина

① Бродский Р. М. Американская экспансия в северо-восточном Китае 1898-1905. М., 1965. С. 9.

② Ефимов Г. В. Внешняя политика Китая. М., 1958. С. 332.

Хэйя была насквозь империалистической, -отмечал Г. В. Ефимов, -она отражала воинственную природу американского империализма, готовившегося к тому, чтобы под флагом " открытых дверей " превратить Китай в сплошную американскую《сферу влияния》".

В другом труде Г. В. Ефимова《Очерки новой и новейшей истории Китая》① также утверждалось, что "... нота Хэя имела явно выраженную антирусскую направленность. Она была одним из звеньев в цепи американских мероприятий, ставивших своей задачей подчинение Маньчжурии американскому империализму".

В первой главе монографии Р. М. Бродского② говорилось, что важным шагом в деле утверждения американского колониализма в Китае явилось провозглашение осенью 1899 г. изложенной Хэем доктрины "открытых дверей". "США никогда не выступали в роли принципиального противника расчленения Китая и с помощью своей доктрины отнюдь не защищали его интересов. В этом отношении весьма показателен тот факт, что, рассылая державам ноту, содержавшую вышеупомянутую доктрину, Хэй не только не проконсультировался с правительством " подзащитного " Китая, но даже не поставил его в известность о своих действиях"③.

В отношении "доктрины Хэйя" интересно привести мнение исследователей из КНР. Так, убедительную характеристику доктрины "открытых дверей" дал китайский историк Фань Вэньлань. Доктрина Хэйя, по его мнению, косвенно утверждала "... законность будущего раздела Китая. Когда один бандит, еще не принявший участия в грабеже, признает законность грабежа, производимого другими бандитами, что же тут хорошего для владельца украденного имущества? Однако это удобно для тех бандитов, которые уже успели пограбить"④.

---

① Ефимов Г. В. Очерки по новой и новейшей истории Китая. М., 1951. С. 111.

② Бродский Р. М. Американская экспансия в северо-восточном Китае 1898-1905. М., 1965.

③ Там же. С. 33.

④ Фань Вэньлань. Новая история Китая 1840-1901. М., 1955. С. 567-568.

На наш взгляд, можно согласиться с мнением Ху Шэна: "США, выдвигая политику " открытых дверей, ". вовсе не выступали против агрессии в Китае, они только требовали дать и им место в этой агрессии"①. Аналогичным образом квалифицировал доктрину ряд других историков Китая. Так, Чжан Тэшэн посчитал ее попыткой США "... установить свой экономический контроль над всем Китаем"②; Ван Чэн полагал, что смысл этой доктрины "... заключался в намерении по-новому расчленить Китай"③; Чжан Сунь подчеркивает, что "... провозглашение " открытых дверей " вовсе не являлось результатом симпатии к Китаю, а должно было служить американским капиталистам для захватнических целей"④. К такому же выводу пришли Шао Сюньчжэн⑤, Сунь Юйтан⑥, Цинь Бэньли⑦ и др. Так что можно сказать, что мнения китайских ученых о сути доктрины "открытых дверей" вполне совпадают с точкой зрения советских историков.

А. А. Фурсенко в своем труде《Борьба за раздел Китая и американская доктрина "открытых дверей" 1895-1900》⑧ всесторонне раскрыл роль доктрины "открытых дверей". С одной стороны, он считал, что по сравнению с политикой других империалистических держав, политика США не имела существенных различий. "Как и в политике любой европейской державы, в политике Америки решающая роль принадлежала монополистическому капиталу. Представлявшие заинтересованные в Китае капиталистические круги《Американ Чайна дивелопмент компани》и Американо-Азиатская ассоциация оказали

---

① Ху Шэн. Империализм и политика Китая. М., 1951. С. 121.

② Чжан Тэшэн. Международные отношения в династии Цина. Шанхай, 1950. С. 250.

③ Ван Чэн. Очерки китайско-американских отношений. Пекин, 1951. С. 7.

④ Чжан Сунь. Начало агрессии США в Китае. Пекин, 1951. С. 107.

⑤ Шао Сюньчжэн. Доктрина "открытых дверей". Пекин, 1951. С. 112-114.

⑥ Сунь Юйтан. Русско-японская война и экономическая экспансия США и Германии в Северо-восточном Китае. Пекин, 1951. С. 117.

⑦ Цинь Бэньли. История экономической агрессии американского империализма в Китае. М., 1951. С. 35-36.

⑧ Фурсенко А. А. Борьба за раздел Китая и американская доктрина "открытых дверей" 1895-1900. М., 1956.

решающее влияние на дальневосточный курс Государственного департамента"①. С другой стороны, политика США, по мнению историка, все же отличалась от политики других европейских держав своими методами, которые заключались в том, что "… обладая промышленным превосходством по сравнению с другими державами, США стремились перенести центр тяжести борьбы за Китай в сферу экономическую и тем самым свести на нет преимущества других держав в военно-политическом отношении. В этом заключался смысл принципа " равных возможностей " в торговле с Китаем, выдвинутого доктриной 《открытых дверей》". Далее А. А. Фурсенко отметил и стремление США "… облечь свою собственную экспансию в форму международных мероприятий"②.

6) Роль американских колонизаторов в подавлении национально-освободительного движения в Китае

А. Л. Нарочницкий считал, что даже "… накануне и во время гражданской войны, т. е. находясь в самом затруднительном положении, США продолжали свою экспансионистскую политику на Дальнем Востоке"③. Он также отметил, что "… во время опиумных войн и подавления тайпинского восстания американские военные суда не раз помогали англо-французским интервентам и открывали огонь по прибрежным фортам китайцев. Американский авантюрист Ф. Уорд командовал одно время отрядами войск, предназначенными для подавления тайпинского движения". Опираясь на факты, историк утверждал: "США, подробно Англии, прибегали в 1860-е годы к 《политике канонерок》"④.

Исследуя противоречия между США и царской Россией в Маньчжурии, Р. М. Бродский считал, что несмотря на резкое

① Фурсенко А. А. Борьба за раздел Китая и американская доктрина "открытых дверей" 1895-1900. М., 1956. С. 172.

② Там же. С. 173.

③ Нарочницкий А. Л. Колониальная политика капиталистических держав на Дальнем Востоке. М., 1956. С. 170.

④ Там же. С. 170.

ухудшение русско-американских отношений, оба империалистических соперника с тревогой следили за нарастанием народного возмущения в Китае и были готовы сотрудничать как между собой, так и с другими державами в борьбе против надвигавшейся бури. "Перед лицом растущего национально-освободительного движения китайского народа взаимные претензии, соперничество и острые противоречия империалистов временно отодвигались на второй план, уступая место стремлению сообща отстаивать колонизаторские интересы"①.

Кроме вышеуказанных проблем, историки также затронули другие вопросы, связанные с различными аспектами экспансии в Китае. В совместной работе《Янки на Востоке》② Н. А. Халфин и А. А. Мурадян изложили историю деятельности миссии Берлингейма. Они высказали суть этой миссии- "... гражданин США настолько втирался в доверие к правящим кругам той или иной страны, что ему поручалось самостоятельно осуществить какие-либо внешнеполитические акции от имени данного государства. Злоупотребляя оказанным доверием, американец использовал свои полномочия прежде всего к выгоде США"③. В ходе миссии был подписан《Договор Берлингейма》(1868 г.), этот договор был невыгоден для Китая.

По мнению авторов, данный договор только "... давал также более широкие возможности американским миссионерам в их религиозной пропаганде в Китае. Он представляет собой любопытный документ с точки зрения предвосхищения его авторами будущих планов широкой экономической и политической экспансии США в Китае. Предвидели будущую《битву за концессии》". Далее ученые пришли к выводу, что деятельность Берлингема в качестве "посла Китая" была еще одним шагом по пути колониального закабаления страны капиталистическими

---

① Бродский Р. М. Американская экспансия в северо-восточном Китае 1898-1905. М., 1965. С. 40.

② Халфин Н. А. Мурадян А. А. Янки на Востоке в XIX веке, или колониализм без империи. М., 1966.

③ Там же. С. 140.

державами.

В этом договоре также имел место вывоз китайских кули в США, в первую очередь, в Калифорнию, где в период "золотой лихорадки" в 1860-х годах капиталисты ощущали недостаток рабочих рук для постройки железных дорог и других тяжелых работ. А. Л. Нарочницкий в своей статье высказал суть этого промысла-он "по существу являлся работорговлей"①. Он подчеркнул, что наиболее позорные методы похищения кули практиковались в Макао и Кантоне②. Как видим, основное внимание А. Л. Нарочницкий обратил на отношения США с Китаем в 1860-1880-е годы.

В свою очередь, освещая причины становления экспансионистской политики США, А. А. Фурсенко отметил, что "... рост монополий и углубление внутренних противоречий в Америке повлекли за собой и существенные перемены в области внешней политики", так что "... на почве бурного экономического роста и стремления выйти из внутренних трудностей в 1890-е годы в Соединенных Штатах вырастает экспансионистская идеология"③.

Советские историки обратили особое внимание на роль испано-американской войны в плане усиления экспансии. Например, Г. В. Ефимов писал: "В 1898 г. произошла испано-американская война, особое значение которой заключалось в том, что это была уже война не за раздел, а за передел мира"④. По мнению автора, захватом Филиппин монополистический капитал США сделал серьезный шаг в направлении к Китаю: был приобретен важный плацдарм для дальнейшего наступления.

Таким образом, вопросы, связаны с колониальной политикой

---

① Нарочницкий А. Л. Экспансия США на Дальнем Востоке в 50-70-е годы XIX в. // Исторические записки. 1953. №. 44. С. 159.

② Там же. С. 159.

③ Фурсенко А. А. Борьба за раздел Китая и американская доктрина "открытых дверей" 1895-1900. М., 1956. С. 13.

④ Ефимов Г. В. Очерки по новой и новейшей истории Китая. М., 1951. С. 109.

США в Китае во второй половине XIX в. уже получили подробное освещение в советской историографии 1950-1960-х гг. Изучены предпосылки и стимулы экспансии США в Китае, основные методы капиталовложений, конкретные проявления и последствия, к которым привела колониальная политика США в Китае во второй половине XIX в.

Однако, некоторые проблемы все еще остаются вне поля зрения историков-влияние колониальной политики США на развитие национальной буржуазии Китая и внутреннюю жизнь китайского народа, идеологическая экспансия США в Китае. Необходимо также более детальное изучение экспансии в области торговли.

При изучении трудов по вопросу экспансии США в Китае во второй половине XIX века в советской историографии 1950-1960-х гг. можно заметить, что, исследуя проблемы международных отношений на Дальнем Востоке и в Тихом океане, историки-экономисты, так и историки-американисты, историки-китаеведы уделяют достаточное внимание данному вопросу. Это дополнительно свидетельствует о важности и актуальности изучения истории колониальной экспансии США в Китае во второй половине XIX века.

Как известно, Англия играла ведущую роль в проведении колониальной экспансии в Китае в XIX в. Она является первой страной, которая впервые начала колониальную экспансию в Китае. Используя Первую опиумную войну (1840-1842 гг.), Англия навязала Китаю Нанкийский договор (1842 г.), который положил начало закабалению Китая неравноправными договорами. В 1858 г. были подписаны англо-китайский Тяньцзиньский договор, в 1860 г. - Пекинская конвенция между Китаем, Англией и Францией: все эти договоры помогли Англии утверждать свою торговую монополию в Китае и осуществлять свою дальнейшую экспансионистскую политику. После подписания ряда договоров, система неравноправных договоров в Китае оформилась.

Однако, в 1950-1960 гг. не было опубликовано ни одной монографии, отдельно посвященной экспансии Англии в Китае. Следует отметить, что историк Н. А. Халфин в своей монографии[①] указал, что Китай представлял собой полуколонию Англии, "... в тех случаях, когда прямой агрессии мешали сильные соперники или она была невозможной в силу определенных обстоятельств, в ход пускались методы дипломатического давления, установления контроля над экономикой и природными ресурсами той или иной из стран Азии и Африки. И хотя формально такая страна не входила в состав колониальной империи, она попадала в жестокую экономическую кабалу, теряла свою самостоятельность, превращалась в полуколонию. В частности, такую политику проводили английские империалисты в Китае"[②].

На наш взгляд, особенности экспансии Англии в Китае в 1860-1900 гг. можно только проследить из трудов, которые посвящены колониальной политике западных держав в Китае в целом. Таким образом, исследуя экспансию Англии в Китае во второй половине XIX в., советские историки 1950-1960-х гг. обратили внимание на следующие вопросы: торговля Англии с Китаем, военные действия во время опиумных войн и в подавлении тайпинского восстания, заключение неравноправных договоров, агрессия в пограничьях Китая и его вассальных странах и отношения с другими державами в ходе экспансии в Китае.

1) Торговля Англии с Китаем

Советские ученые обратили внимание на торговую деятельность Англии в Китае в середине XIX в. В 1860-е гг пользуясь феодальным цинским правительством и своей торговой монополией на мировом рынке, Англия превосходила все другие державы по размаху колониальной агрессии в Китае. Принципы "свободы торговли" и "наибольшего благоприятствования" помогали Англии осуществлять свою экспансию и расширять свою торговую монополию в Китае. Как

---

① Халфин Н. А. Создание и распад британской колониальной империи. М., 1961.

② Там же. С. 48.

отметили авторы труда 《Международные отношения на Дальнем Востоке》: "... в 1864 г. английские колонизаторы держали в своих руках 85% всего ввоза в Китай и 74% китайского вывоза"[①].

Необходимо отметить, что китайская морская таможня фактически была долго под контролем англичан. В 1863 г. генеральным инспектором китайских морских таможен был назначен английский чиновник Р. Гарт, который занимал этот пост почти 50 лет[②]. "Важное место в англо-китайской торговле занял основанный в 1864 г. Гонконг-Шанхайский банк-наиболее влиятельная банковская фирма в Китае, служившая орудием британской колониальной политики"[③].

Необходимо отметить, что В. П. Леонтьев занимался торговой экспансией Англии в Тибете. По его мнению, экономическая интервенция Англии в Тибет через Индию привела к увеличению индийских рупий в Тибете, что вызвало вздорожание товаров на рынках Тибета и вообще всей жизни в стране. Однако это не удовлетворяло британское правительство: в случае японского нападения на Китай Англия возобновила дипломатическое наступление в тибетском вопросе[④].

2) Военные действия

В коллективном труде 《Международные отношения на Дальнем Востоке》 было указано, что Англия "... первая путем несправедливой войны проникла на китайский рынок..."[⑤]. Известная 《политика канонерок》 "... применялась британскими дипломатическими представителями и морским командованием во многих портах Китая, и в частности, на о. Тайвань"[⑥].

---

① Международные отношения на Дальнем Востоке 1840-1949. Под Ред. Жукова Е. М. М., 1956. С. 31.

② Нарочницкий А. Л. Колониальная политика капиталистических держав на Дальнем Востоке 1860-1895. М., 1956. С. 96.

③ Международные отношения на Дальнем Востоке 1840-1949. Под Ред. Жукова Е. М. М., 1956. С. 32.

④ Леонтьев В. П. Иностранная экспансия в Тибете в 1888-1919. М., 1956. С. 46.

⑤ Там же. С. 9.

⑥ Там же. С. 33.

Н. А. Халфин отметил, что "капиталистические державы во главе с Англией стремились военной силой открыть доступ своим товарам на рынки Китая"①.

В. П. Леонтьев изложил историю войны в Тибете (1888 г.), развязанной английскими властями. Как он отметил, это было "... войной за открытие китайского рынка со стороны индийских владений Англии"②.

3) Неравноправные договоры

Как известно, Нанкинский договор (1842 г.), заключенный после Первой опиумной войны (1839-1842 гг.), положил начало закабалению Китая неравноправными договорами. С тех пор западные державы заставили Китай подписать еще несколько неравноправных договоров, таких, как Тяньцзиньский договор (1858 г.), Пекинская конвенция (1860 г.), Чифуская конвенция (1876 г.) и др. Советские историки указали на важную роль неравноправных договоров в ходе экспансии западных держав в Китае во второй половине XIX в.

Ю. П. Дементьев отметил, что Нанкинский договор способствовал созданию системы "открытых" портов③. Вместе с тем, остров Гонконг Китая, захваченный англичанами посредством Нанкинского договора, стал "... важнейшей военной и торговой базой для ее дальнейшего наступления на Китай"④. А. Л. Нарочницкий также указал на роль Гонконга, который занимал особое место в экспансии Англии в Китае, ибо он был одновременно⑤:

— военно-морской базой, резиденцией купцов и складским местом для опиума;

---

① Халфин Н. А. Создание и распад британской колониальной империи. М., 1961. С. 19.

② Леонтьев В. П. Иностранная экспансия в Тибете в 1888-1919. М., 1956. С. 38.

③ Дементьев Ю. П. Колониальная политика Франции в Китае и Индокитае 1844-1862. М., 1958. С. 17.

④ Там же. С. 17.

⑤ Нарочницкий А. Л. Колониальная политика капиталистических держав на Дальнем Востоке 1860-1895. М., 1956. С. 66-67.

— базой для судов, занимавшихся вывозом кули из Китая;

— приютом бесчисленных контрабандистов, морских разбойников и всякого рода преступников;

— опорным пунктом и базой для многочисленных пиратских джонок.

4) Агрессивные действия западных держав в пограничьях и зависимых от Китая территориях

Историк А. Л. Нарочницкий подробно проанализировал захватнические планы Англии в южных районах Китая (Юньнань, Сычуань и др.) и зависимых от Китая странах, таких, как Бирма. Сначала такие действия включали "... под видом " путешественников " английских колонизаторов, которые разведывали пути из Верхней Бирмы в китайские провинции Юньнань, Гуйчжоу и Сычуань"[①].

В. П. Леонтьев указал на причины экспансии Англии в Тибете: Тибет был нужен английскому империализму не только в качестве рынка сбыта английских товаров, источника сырья для английской промышленности и месторождения многих полезных ископаемых, но и как один из плацдармов для дальнейшего наступления в Азии, и прежде всего-в Китае[②]. Он также выяснил, почему Англия выбрала именно Тибет как одно направление своей экспансии в Китае:

— Индия представляла удобный плацдарм для вторжения английского империализма в Китай, так как этот плацдарм находился в соседстве с Тибетом;

— здесь было меньше препятствий в виде конкуренции других держав;

— эта наиболее удаленная территория от центра феодального

---

① Нарочницкий А. Л. Колониальная политика капиталистических держав на Дальнем Востоке 1860-1895. М., 1956. С. 103.

② Леонтьев В. П. Иностранная экспансия в Тибете в 1888-1919. М., 1956. С. 44.

Китая;

— сопротивление народа было слабым.

5) Отношения с другими державами

Советские историки в рассматриваемый период делали акцент на англо-французских и англо-русских отношениях.

Например, "В 1850-х и начале 1860-х гг. Англия испытывала особенно острую необходимость в поддержке со стороны Наполеона III., англо-французский союз был использован как срудие колониальной агрессии этих двух держав не только в Ближнем Востоке, но и в Китае"①. А в конце 1860-х гг. "... резко обострились и англо-фрацузские противоречия, вызванные борьбой за преобладание в Европе и за господство над Индокитаем и Египтом"②.

Историк Ю. П. Дементьев, занимаясь в основном экспансией Франции в Китае в середине XIX в., также уделял внимание отношениям между Англией и Францией. По его мнению, правительство Второй Империи, используя прямую заинтересованность Англии в военной помощи Франции и в поддержке французской дипломатии из-за возросших англо-американских и англо-русских противоречий в Китае, сумело приобрести равные с Англией права в Китае и не допустить там чрезмерного усиления английских позиций, - с одной стороны; договориться с Англией о захвате Турана, - с другой③.

Что касается англо-русских отношений, советские историки также обратили внимание на их развитие. А. Л. Нарочницкий подробно проанализировал англо-русские противоречия в Азии, в частности, в Китае, и отметил, что в 1870-х годах "... на юге главным соперником Англии была Франция, на западе и севере Китая британская экспансия

---

① Международные отношения на Дальнем Востоке 1840-1949. Под Ред. Жукова Е. М. М., 1956. С. 18.

② Там же. С. 34.

③ Дементьев Ю. П. Колониальная политика Франции в Китае и Индокитае 1844-1862. М., 1958. С. 102.

вступала в острые противоречия с политикой царской России"[①].

"... В 1860-е гг. английское правительство намеревалось подчинить Якуб-бека (властителя Кашгарии) своему влиянию и содействовать образованию из Кашгара и соседних областей большого зависимого от Англии мусульманского государства на границах с Индией, чтобы использовать его против России", -также отмечалось в 《Международных отношениях на Дальнем Востоке 1840 - 1949》[②].

Историк Г. В. Ефимов уделял внимание англо-германским отношениям. В конце XIX в. обострялась англо-германская борьба за бассейн р. Янцзы, который рассматривался Англией в качестве ее "сферы влияния". "Противоречия из-за Янцзы проявились прежде всего в вопросе о концессии на постройку железной дороги Шанхай-Нанкин"[③]. По мнению Г. В. Ефимова, англо-германские противоречия приобретали тот характер, который в конечном счете стал ведущими противоречиями эпохи довоенного империализма[④].

Надо отметить, что внешняя политика Франции в Китае во второй половине XIX в. не вызывала большого внимания советских историков 1950-1960-х гг. Монография Ю. П. Дементьева была единственной работой, отдельно посвященной экспансии Франции в Китае в середине XIX в. в рассматриваемый период. Можно отметить, что историки 1950-1960-х гг., главным образом, делали акцент на военных действиях и религиозной 《помощи》 в ходе экспансии Франции в Китае.

1) Военные действия

Историки 1950-1960-х гг., в первую очередь, интересовались совместными военными действиями Франции с Англией в Китае в середине XIX в. Например, Ю. П. Дементьев обратил внимание на

---

① Нарочницкий А. Л. Колониальная политика капиталистических держав на Дальнем Востоке 1860-1895. М., 1956. С. 207.

② Под Ред. Жуков Е. М. Международные отношения на Дальнем Востоке 1840-1949. М., 1956. С. 91.

③ Ефимов Г. В. Внешняя политика Китая 1894-1899. М., 1958. С. 261.

④ Там же. С. 260.

экспансию Франции в Китае в 1842-1862 гг. Он указал, что в этот период "Буржуазные правительства Франции от более или менее мирных способов проникновения в колонии переходят к открытой вооруженной агрессии в Юго-Восточной Азии и на Дальнем Востоке"①. В результате совместной агрессии с английскими войсками французы получили серьезные уступки от цинского правительства и осуществили захват Южного Вьетнама.

2) Франко-китайская война (1884-1885 гг.)

Внимание советских ученых было также сосредоточено на франко-китайской войне (1883-1885 гг.). Историк А. З. Манфред указал на последствия франко-китайской войны (1884-1885 гг.), обратив внимание на то, что согласие цинского правительства провести мирные переговоры с Францией объяснялось "... отнюдь не успехом французского оружия. Дело в том, что у Китая в ту пору были свои заботы. В Корее начиналось народное восстание, на горизонте вырисовывалась опасность Японии. Китай был слаб, и поэтому китайцы давно мечтали выпутаться из рискованной, опасной и, главное, безнадежной для них войны"②.

Обращая внимание на франко-китайскую войну (1884-1885 гг.), А. Л. Нарочницкий подробно проанализировал причины капитуля-нтской позиции цинского правительства во время войны, а именно, с одной стороны, маньчжурская династия опасалась дальнейших пораже-ний и не имела нужных для войны финансовых ресурсов; цинское правительство находилось в "... политической изоляции"③, вместе с тем, другие капиталистические державы относились к нему враждебно, с другой.

---

① Дементьев Ю. П. Колониальная политика Франции в Китае в Индокитае 1844-1862. М., 1958. С. 160.

② Манфред А. З. Внешняя политика Франции 1871-1891. М., 1952. С. 335.

③ Нарочницкий А. Л. Колониальная политика капиталистических держав на Дальнем Востоке 1860-1895. М., 1956. С. 321.

Следует отметить, что как А. Л. Нарочницкий[①], так и А. З. Манфред, считали, что положение в Корее являлось одной из причин политики цинского правительства к данной войне.

3) Религиозная пропаганда

По мнению Ю. П. Дементьева, значительное влияние, которое Франция стала оказывать на положение в Китае, было достигнуто вследствие указа о христианской религии[②]. Дело в том, что правящие круги Франции считали деятельность католических миссионеров в Китае важным средством усиления влияния в Восточной Азии. Как отметил Ю. П. Дементьев, "... к середине XIX в. французские католические миссионеры проникли почти во все провинции Китая, действовали в Индокитае и Корее. Только Общество заграничных миссий имело в Китае восемь викариатов-три в Сычуани, два в Маньчжурии и по одному в провинциях Гуандун, Юньнань и Гуйчжоу"[③].

В 1871 г. Германия, после объединения, начала играть видную роль на международной аренде, в том числе и на Дальнем Востоке. Германия сравнительно позже других держав начала проводить экспансионистскую политику на Дальнем Востоке, в частности, в Китае, но это не помешало ей, а наоборот, стимулировало ее более активно проводить агрессивную внешнюю политику. Известный историк Е. В. Тарле отметил: "Германская внешняя политика неминуемо должна была принять агрессивный облик, потому что некоторые из потребностей финансового капитала не могли быть удовлетворены в предвидимом будущем одними только чисто экономическими средствами"[④].

Историки 1950-1960-х гг. в основном исследовали экспансию Германии в провинции Шаньдун в Китае, в частности, захват

---

① Нарочницкий А. Л. Колониальная политика капиталистических держав на Дальнем Востоке 1860-1895. М., 1956. С. 321.

② Там же. С. 161.

③ Там же. С. 49.

④ Тарле Е. В. Европа в эпоху империализма 1871-1919 гг. Сочинения. Т. V. М., 1958. С. 128.

полуострова Цзяочжоу. Например, А. С. Ерусалимский подробно проанализировал процесс захвата Цзяочжоу. Историк отметил, что "... еще в 1869-1870 гг. известный географ-путешественник Рихтгофен предложил Бисмарку овладеть одним из портов на тихоокеанском побережье Китая с целью развития торговли Пруссии с Дальним Востоком"①. В то время Рихтгофен отметил остров Чжоушань (в провинции Чжэцзян).

А. С. Ерусалимский также указал проникновение фирмы Круппа на китайский рынок. "Фирма Круппа продавала в Китай оружие, локомотивы, оборудование для железных дорог, мостов и т. д.,... успехам Круппа в Китае в большой степени способствовали германские военные инструкторы, приглашенные для обучения китайской армии"②.

Историк Г. В. Ефимов также обратил внимание на захват Германией Цзяочжоу, он отдельно изложил "шесть требований" германского правительства к цинской власти, которые вызвали возмущение в Китае③.

Таким образом, экспансия Англии, Франции и Германии в Китае также получила освещение в значительной степени, однако, мы считаем, что много важных вопросов в данной области не было рассмотрено. Например, когда говорится об экспансии Англии в Китае в XIX в., Первая и Вторая опиумная войны всегда находились в центре внимания изучения советских ученых 1950-1960-х гг. Хотя опиумные войны для маньчжурской династии, действительно, являлись переломным событием в истории развития страны, однако, конечно, было много других элементов, которые также влияли на историю экспансии. Например, историки обратили недостаточно внимания на экспансию Англии в Китае в последней трети XIX в. Конечно, причины недостатка изучения экспансии Англии, Франции, Германии в Китае в

① Ерусалимский А. С. Внешняя политика и дипломатия германского империализма в конце XIX в. М., 1951. С. 432.

② Там же. С. 432-433.

③ Ефимов Г. В. Внешняя политика Китая 1894-1899. М., 1958. С. 220-229.

XIX в. в советской историографии 1950-1960-х годов были разнообразны. После тяжелой Второй мировой войны новые кадры исследователей готовились недостаточно, а многие будущие ученые погибли на фронтах.

Отрицательное влияние экспансии европейских держав и США в Китае во второй половине XIX в. были освещены достаточно всесторонне. Безусловно, как для верхушки маньчжурской династии, так и для китайского народа экспансия нанесла ущерб. С другой стороны, почти никакого положительного влияния экспансии не было отличено в работах советских и китайских ученых в 1950-1960 гг. Например, они не писали о появлении китайской национальной буржуазии и ее развитии. Это опять было связано с реальным положением международной обстановки того времени.

Так, многие вопросы, связанные с экспансией европейских держав и США в Китае во второй половине XIX в. получили основательное освещение в советской историографии 1950-1960-х годов. Характерными чертами в целом трудов советских историков 1950-1960-х годов является последовательное “разоблачение” ими колониальной политики европейских держав и США в Китае во второй половине XIX в. Их точка зрения на данный вопрос совпадает с позицией как китайских историков этого периода, так и советских ученых 1920-1940-х гг.

II. 3 Экспансия западных держав в Китае в 1860-1900-х гг. и разработка проблемы советскими и китайскими учеными 1950-1960-х гг.: сравнительный анализ

Представляется важным сравнить труды советских историков 1950-1960-х гг. с работами китайских историков того времени. Исследуя труды историков двух стран, мы можем говорить об общем и особенном в их позиции по вопросу экспансии западных держав в Китае во второй половине XIX в.

В 1920-1940 гг. китайские историки обратили внимание на исследование экспансии западных держав в Китае во второй половине XIX в., в частности, агрессивных действий данных стран в Китае и отношений между ними, потому, что ученые считали, что главные внутренние противоречия для Китая в то время-это противоречия между империалистическими державами и китайским народом.

В 1950-1960 гг. китайские историки продолжали данное направление. Известный китайский историк-марксист Фань Вэньлань[1] считал, что у слабой страны (он имел в виду Китай второй половины XIX в.) нет дипломатии, а если бы была, то это была бы униженная дипломатия, или его словами, это была бы история агрессии западных держав в Китае. Поэтому история дипломатии Китая применительно к этому периоду является историей колониальной экспансии империалистических держав в Китае. Экспансия западных держав в Китае во второй половине XIX в. стала одним из главных направлений для исследования истории современного Китая.

Обращают на себя внимание следующие труды китайских историков 1950-1960-х гг.

Китайский историк Ху Шэн в своей работе 《Империализм и политика Китая》[2], изданной в 1952 г. (второе издание 1954 г.), рассматривал развитие и изменение национальных и классовых противоречий в течение 80 лет в 1840-1919-х гг. Он также раскрыл суть агрессии империалистических держав в Китае и указал причины, почему западные державы всячески препятствовали развитию китайской национальной буржуазии, ибо это мешало им осуществлять свою империалистическую политику.

Главные выводы историка были следующими: по мнению Ху Шэна, западные державы активно участвовали в подавлении тайпинского

---

① 范文澜：《中国近代史》（上），人民出版社 1955 年版。（Фань Вэньлань. Новая история Китая. Т. I. Пекин, 1955.）

② 胡绳：《帝国主义与中国政治》，人民出版社 1952 年版。（Ху Шэн. Империализм и политика Китая. Пекин, 1952. С. 31.）

восстания, чтобы сохранить режим династии Цин, посредством которого они достигли своих экспансионистских целей①.

После франко-китайской войны (1883-1885 гг.) экспансия западных держав в Китае углубилась, данные страны получили большую выгоду, им удалось навязать цинскому правительству пересмотр неравноправных договоров, -с одной стороны; зависимые от Китая страны, такие, как Вьетнам, превратились в колонии западных держав, -с другой②.

После японо-китайской войны (1894-1895 гг.) международные отношения на Дальнем Востоке еще более обострились. Россия, Франция и Германия, с одной стороны, оказывали на Японию давление, чтобы Япония возвращала Китаю Ляодунский полуостров, с другой стороны, Англия и США поддержали Японию для того, чтобы в Китае, особенно в Маньчжурии, Япония стала силой противос-тоящей России. Однако, Ху Шэн отметил, что все державы действовали только в свою пользу③. Вместе с тем, в данной работе историк отметил, что в это время большинство капиталистических стран переходило в империалистическую стадию, поэтому раздел мира был неизбежным. Он также считал, что экспансия западных держав в Китае в XIX в. отличалась от политики данных стран в Африке. Положение в Китае было гораздо сложнее, нежели в Африке. Такая позиция историка совпадает с мнением советского историка Е. В. Тарле, который в своей монографии отметил, что "Китай играл тогда несколько своеобразную роль: европейский империализм не мог рассчитывать поглотить его путем раздела"④.

Ху Шэн также проанализировал доктрину "открытых дверей", ее происхождение и сущность. По мнению историка, эта доктрина, в

---

① 胡绳:《帝国主义与中国政治》, 人民出版社 1952 年版。(Ху Шэн. Империализм и политика Китая. Пекин, 1952. С. 31. С. 36.)

② Там же. С. 55.

③ Там же. С. 69.

④ Тарле Е. В. Европа в эпоху империализма 1871-1919 гг. Сочинения. Т. V. М., 1958. С. 130.

сущности, не отличалась от политики других европейских стран в Китае, а именно: как США, так и другие державы, хотели получать наибольшую выгоду в Китае①.

Немаловажное влияние на развитие китайской историографии оказала совместная работа китайских ученых Дин Миннаня, Юй Шэнъу, Чжан Чжэнькуня 《История агрессии империалистических держав в Китае》②. В первом томе они изложили историю экспансии империалистических государств с начала Первой опиумной войны до окончания японо-китайской войны (1840-1895 гг.). В течение 50 лет Англия, США, Франция, царская Россия, Япония и Германия проводили экспансионистскую политику в Китае. Ученые указывали, что после подавления капиталистическими державами и цинским правительством тайпинского восстания перед китайском народом стояли две основные задачи: национальная революция против колонизаторов и демократическая революция против реакционной феодальной власти.

В 1957 г. была опубликована монография Ху Биня 《Борьба империализма за право и интересы в Китае в конце XIX в.》③, автор которой делал акцент на экспансии империалистических держав в Китае с японо-китайской войны до 1900 г. О международном положении конца XIX в. Ху Бинь отметил, что в конце XIX в. капиталистические страны перешли в империалистическое развитие с целью раздела мира. Вместо вывоза товаров в этапе развития капитализма вывоз капитал играл главную роль в ходе экспансии. Из-за неравномерного экономического развития отношения между империалитическими державами стали более сложными. Как автор отметил, "… из сложной истории поймать сущность экспансии западных держав и Японии в Китае"④. Данная работа

---

① Ху Шэн. Империализм и политика Китая. Пекин, 1952. С. 56.

② 丁名楠、余绳武、张振鹍:《帝国主义侵华史》, 第 1 卷, 科学出版社 1958 年版。(Дин Миннань, Юй Шэнъу, Чжан Чжэнькунь. История агрессии империалистических держав в Китае. Т. I. Пекин, 1958.)

③ 胡滨:《十九世纪末叶帝国主义争夺中国权益史》, 生活·读书·新知三联书店 1957 年版。(Ху Бинь. Борьба империализма за право и интересы в Китае в конце XIX в. Пекин, 1957.)

④ Там же. С. 2.

представляет собой серьёзное научное исследование многосторонних отношений между империалистическими державами.

Проследить экономическую экспансию западных держав в Китае в XIX в. -это другая важная задача китайских историков 1950-1960-х гг. В этом отношении важна работа У Чэнмина《Инвестиция империализма в старом Китае》[1]. По мнению автора, проникновение иностранных товаров подрывало основы натурального хозяйства Китая, в значительной степени способствовало развитию товарного производства, с одной стороны; экспансия мешала нормальному развитию как производительных сил, так и производственных отношений в Китае, с другой[2]. У Чэнмин также отметил, что после 1894 г. капиталистические державы встали на путь империалистического развития, капитализм свободной конкуренции превратился в империализм, акцентированный на вывозе капитала. Вместе с тем, инвестиции западных держав в Китае играют своеобразную роль: 1) больше 70% является прямыми инвестициями; это создание предприятии или филиалов в Китае; 2) больше 50% капитала представляло собой хищнический коммерческий капитал; 3) контрибуции, займы играют важную роль; 4) обычно инвестируются в своих сферах влияния. Необходимо отметить, что в отличие от других историков, У Чэнмин, главным образом, использовал статистические данные, занимаясь экономической экспансией западных держав в Китае.

Что касается трудов, посвященных истории экспансии отдельных западных держав в Китае во второй половине XIX в. и отношениям между данными странами и цинским правительством в рассматриваемый период, отметим, что внешней политике США в Китае уделялось большое внимание китайскими историками 1950-1960-х гг. Причина в том, что после окончания Второй мировой войны США вмешивались во

---

① 吴承明:《帝国主义在旧中国的投资》, 人民出版社 1955 年版。(У Чэнмин. Инвестиция империализма в старом Китае. Пекин, 1955.)

② Там же. С. 1.

внутреннюю политику Китая и проводила политику "за Чан Кай-ши (Цзян Цзеши), против коммунистической партии Китая", это несомненно осложняло отношения между Китаем и США. В революционных районах в целях политической антипропаганды США, выпускали труды Ху Хуа 《Краткая история экспансии американского империализма》①, Лю Даняня 《Сокращенная история экспансии Америки в Китае》② и 《Колониальная история США в Китае》③. И в связи с вторжением США в вопросы Тайваня и Северной Кореи после образования нового Китая исследовались отношения между Китаем и США.

В монографии Лю Даняна 《История американской агрессии в Китае》④, на основе использования источников было доказано то, что в течение 110 лет (1840-1950 гг.) США являлись настоящим агрессором в Китае. Правительство США, считал Лю Данянь, вело "верную" политику, т. е. основные силы направляло на внутреннее развитие, а потом стало усиливать внешнюю экспансию⑤. Таким образом, ученый выделил четыре этапа экспансии США в Китае:

— совместная агрессия с ведущими державами (1840-1905 гг.);

— интервенция США в Китае (1905-1907 гг.);

— схватка с другими западными странами за гегемонию в Китае (1917-1945 гг.);

— господство в Китае (1945-1949 гг.)⑥.

---

① 胡华:《美帝国主义侵华史略》, 冀中新华书店 1947 年版。(Ху Хуа. Краткая история экспансии американского империализма. Жаоян, 1947.)

② 刘大年:《美国侵华简史》, 新华书店 1949 年版。(Лю Данянь. Краткая история американской агрессии в Китае. Пекин, 1949.)

③ 刘大年:《美国侵华史》, 河南新华书店 1949 年版。(Лю Данянь. Колониальная история США в Китае. Кайфэн, 1949.)

④ 刘大年:《美国侵华史》, 人民出版社 1951 年版。(Лю Данянь. История американской агрессии в Китае. Пекин, 1951.)

⑤ Там же. С. 7-8.

⑥ Там же. С. 14-17.

Лю Данянь также проанализировал японо-американские отношения в это время и пришел к выводу, что экспансионистские действия США тесно были связаны с внешней политикой Японии. Так как после проведения внутренних реформ Япония стала буржуазным государством, в это время она, с одной стороны, хотела привлечь американский капитал для своего развития, а с другой, она хотела в сотрудничестве с США вести агрессивную политику в Китае. Интересы Японии, как считал Лю Данянь, в это время соответствовали планам политики США. США начали рассматривать Японию как свои нападающие силы в Китае, и хотели через Японию далее реализовывать свои колониальные планы в Китае и Индокитае. Следует отметить, что этот труд был переведен на многие языки, в том числе и русский язык в 1953 г.

Другой историк Цин Жуцзи в монографии《История агрессии США в Китае》① в двух томах исследовал агрессивную деятельность США в Китае с позиции угнетаемого китайского народа, используя многочисленные документы правительства США, мемуары, исследования ученых и дипломатические документы Китая. По мнению историка, агрессия США в Китае является одной частью колониальной политики капиталистических держав в мировой истории. Он отметил, что хотя Китай превратился в полуколонию этих стран, однако одновременно колониальная политика капиталистических держав разбудила Китай. Цин Жуцзи также разделил экспансию США в Китае на четыре периодов:

— пиратская экспансия коммерческого капитала США в Китае (1784-1844 гг.);

— экспансия на основе равных возможностей (1844-1860 гг.);

— приготовление к гегемонии в Китае (1861-1899 гг.);

— период развития гегемонии в Китае (1900-1946 гг.).

---

① 卿汝楫:《美国侵华史》(第一卷), 生活·读书·新知三联书店 1952 年版;《美国侵华史》(第二卷), 生活·读书·新知三联书店 1956 年版。(Цин Жуцзи. История агрессии США в Китае. Т. I. Пекин, 1952; Т. II. Пекин, 1956.)

По мнению Цин Жуцзи, в конце XIX в. Китай уже стал главной целью экспансии США. Такая позиция получила несогласие некоторых историков①. Они считали, что он слишком преувеличил место Китая в экспансионистских планах США.

В 1955 г. была издана еще одна монография Цин Жуцзи《История агрессии США на Тайване》②, посвященная колониальной политике США на Тайване с середины XIX в. до 1949 г.

Кроме вышеуказанных монографий, китайские историки 1950-1960-х гг. также проанализировали экспансию США в Китае с точки зрения экономики. Например, была опубликована работа Цинь Бэньли《История экономической агрессии США в Китае》③. В данной работе автор обратил внимание на ход процесса экономической экспансии США в Китае, а именно: США постепенно перешли от совместной экономической экспансии с другими державами к односторонним действиям с целью гегемонии в Китае. Историк также отметил, что экономическая экспансия США в Китае была тесно связана с их военными действиями. Прямые военные действия в значительной степени укрепляли и расширяли экономическую экспансию в Китае.

В начале образования нового Китая исследования китайско-английских отношений были сосредоточены на истории двух опиумных войн (1840-1842 гг., 1856-1860 гг.), с одной стороны; пограничный кризис, вызванный экспансией Англии в зависимых от Китая странах, таких, как в Бирме, Сиккиме, с другой. Например, в этот период

---

① 余绳武：《读卿汝楫“美国侵华史”第二卷》，《历史研究》1956 年第 10 期，第 83—91 页；谢琏造：《关于卿著“美国侵华史”第二卷中的几个问题的商榷》，《读书月报》1956 年第 9 期，第 6—8 页。（См.: Юй Шэнъу. Об “истории агрессии США в Китае (Т. II)” Чин Жуцзи. // Историческое исследование. Пекин, 1956. №. 10. С. 83-91; Се Ляньцзао. Несколько вопросов об “истории агрессии США в Китае (Т. II)” Чин Жуцзи. // Ежемесячник “Чтение”. Пекин, 1956. №. 9. С. 6-8.)

② 卿汝楫：《美国侵略台湾史》，中国青年出版社 1955 年版。(Чин Жуцзи. История агрессии США на Тайване. Пекин, 1955.)

③ 钦本立：《美国经济侵华史》，上海世界知识社 1950 年版。(Цинь Бэньли. История экономической агрессии США в Китае. Шанхай, 1950.)

были опубликованы труды Бао Чжэнхао《Опиумные войны》①, Ле Дао《Сборник статей: история опиумных войн》②, Вей Цзянью《Вторая опиумная война》③, Цзян Мэнъинь《Вторая опиумная война》④ и Шэ Су《История экспансии Англии в Тибете во время цинской династии》⑤ и др.

В 1950-1960 гг. китайские историки мало изучали экспансию Франции в Китае. В этот период только были опубликованы две серьезные монографии, посвященные колониальной агрессии Франции в Китае:《Агрессия французского империализма в Китае》Лин Датина⑥ и《франко-китайская война》Моу Аньши⑦. В первой работе историк делал акцент на экспансии французских колонизаторов в области финансовой деятельности, промышленности, торговли, культуры, займов. После издания этой монографии сразу появились мнения о том, что автор игнорировал французскую экспансию в Китае со стороны военной и политической⑧.

В 1950-1960 гг. в Китае еще не появилось монографических работ, посвященных экспансии Германии в Китае. В этом вопросе было издано

① 鲍正鹄:《鸦片战争》,新知识出版社 1954 年版。(Бао Чжэнхао. Опиумные войны. Пекин, 1954.)

② 列岛:《鸦片战争论文专集》,生活·读书·新知三联书店 1958 年版。(Ле Дао. Сборник статей: история опиумных войн. Пекин, 1958.)

③ 魏建猷:《第二次鸦片战争》,上海人民出版社 1955 年版。(Вэй Цзянью. Вторая опиумная война. Шанхай, 1955.)

④ 蒋孟引:《第二次鸦片战争》,生活·读书·新知三联书店 1965 年版。(Цзян Мэнъинь. Вторая опиумная война. Пекин, 1965.)

⑤ 佘素:《清季英国侵略西藏史》,世界知识出版社 1959 年版。(Шэ Су. История экспансии Англии в Тибете во время цинской династии. Пекин, 1959.)

⑥ 凌大珽:《法帝侵华史》,北京新潮书店 1951 年版。(Лин Датин. Агрессия французского империализма в Китае. Пекин, 1951.)

⑦ 牟安世:《中法战争》,上海人民出版社 1955 年版。(Моу Аньши. Франко-китайская война. Шанхай, 1955.)

⑧ 参见戴文葆:《评〈法帝侵华史〉》,上海《大公报》1951 年 8 月 30 日。(См.: Дай Вэньбао. Комментарий на《Агрессия французского империализма в Китае》. // Газета "Дагун". Шанхай. 30, 08, 1951.)

лишь несколько статей[①], которые одновременно делали акцент на захвате Германией Цзяочжоу в конце XIX в.

Таким образом, из вышеуказанных трудов китайских историков 1950-1960-х гг., можно выделить следующие особенности в исследовании экспансии западных держав в Китае во второй половине XIX в.:

1) Китайские историки рассматривали экспансию западных держав в Китае с объективных позиций и подчеркивали агрессивные действия данных держав в Китае. С этой стороны можно отметить, что они продолжали исследование китайских ученых 1920-1940-х гг., так как в довоенный период китайские историки, изучая данную тему, всегда делали акцент на《агрессивности》экспансии западных держав в Китае во второй половине XIX в. Чтобы выяснить сущность агрессии империалистических держав в Китае, Ху Шэн[②] специально обратил внимание на отношения между цинским правительством и западными державами, с одной стороны, и между китайским народом и колонизаторами, с другой.

2) Углубились исследования по проблеме экономической экспансии западных держав в Китае. Например, историк У Чэнмин[③] со стороны экономики проследил действия западных держав в Китае в ходе экспансии.

3) Ученые в значительной степени уделяли внимание отношениям между западными державами. Ху Бинь уделял внимание данной области. В его работе《Борьба империализма за право и интересы в Китае в конце

---

① 林树惠:《德帝侵占胶州湾以前侵略分子的阴谋》,《文史哲》1952 年第 5 期, 第 44-47 页; 郑鹤声:《德帝占据胶州湾的阴谋》,《山东大学报》1959 年第 4 期, 第 59-68 页。(Линь Шухуэй. Происхождение захвата Цзяочжоу германским империализмом. // Литература, история и философия. Шаньдунский университет. №. 5. Цзинань, 1952. С. 44-47; Чжэн Хэшэн. Захват Цзяочжоу германским империализмом. // Вестник Шаньдунского университета. №. 4. Цзинань, 1959. С. 59-68.)

② Ху Шэн. Империализм и политика Китая. Пекин, 1952.

③ У Чэнмин. Инвестиция империализма в старом Китае. Пекин, 1955. С. 3-4.

XIX в.》[①] подробно были изучены переплетающиеся отношения между империалистическими державами.

4) Были уточнены позиции историков 1920-1940-х гг. Например, в опубликованной в 1928 г. монографии Тан Цинзена《Китайско-американские дипломатические отношения》прослеживается проамериканская позиция автора. Историк Ху Бинь критиковал такую позицию и отметил сущность деятельности США в Китае, показав, что политика США в Китае по сути не отличалась от политики других держав в Китае[②].

Если сравнивать оценки советских ученых с позицией китайских историков 1950-1960-х гг. по вопросу об экспансии западных держав в Китае во второй половине XIX в., отметим, что в основном они совпадали друг с другом.

Во-первых, как советские историки, так и китайские ученые, делали акцент на "агрессивности" деятельности западных колонизаторов в Китае.

Во-вторых, хотя Англия является главным колонизатором в ходе экспансии западных держав в Китае, однако, колониальная политика США в Китае привлекала большое внимание как советских, так и китайских историков 1950-1960-х гг. А. Л. Нарочницкий, А. А. Фурсенко, Р. М. Бродский, А. А. Мурадян представили серьезные исследования, в которых было обращено внимание именно на экспансию США в Китае во второй половине XIX в.

В-третьих, также было обращено внимание на экспансию Англии, Франции и Германии в Китае. Советский историк В. П. Леонтьев[③] специально занимался экспансией Англии в Тибете в 1888-1919 гг.

---

① Ху Бинь. Борьба империализма за право и интересы в Китае в конце XIX в. Пекин, 1957. С. 191-192.

② Там же. С. 218.

③ Леонтьев В. П. Иностранная экспансия в Тибете в 1888-1919. М., 1956.

Ученый Ю. П. Дементьев[1] делал акцент на экспансии Франции в Китае в середине XIX в. А. С. Ерусалимский[2] подробно проанализировал колониальную политику Германии в Китае, в частности в Цзяочжоу. А. Л. Нарочницкий[3] исследовал экспансию данных держав и их взаимосвязанные отношения в Китае в контексте международных отношений на Дальнем Востоке.

В-четвертых, историки имеют общие позиции о ведении процесса экспансии капиталистическими державами в Китае. После опиумных войн была создана и закреплена система неравноправных договоров Китая с западными державами. В 1870-1880-х гг. капиталистические державы усиливают экспансионистскую политику в Китае. Советские и китайские ученыев Выделяют следующие формы закабаления Китая: система "открытых портов", право консульской юрисдикции, низкие таможенные пошлины, сеттльменты, концессии, пребывание иностранных войск и др.

В-пятых, историки обеих стран имеют сходные позиции об отношении цинского правительства к западным державам. А. Л. Нарочницкий считал, что "... пособником агрессии капиталистических держав была реакционная феодальная правящая верхушка Китая, продававшая интересы своей страны иностранным захватчикам и вступавшая с ними в сделки против своего народа"[4]. Как отметил ученый, результатом экспансии стало то, что Китай превратился в полуфеодально-полуколониальную страну под властью реакционного, зависимого от западных держав цинского правительства. Китайский историк Ху Шэн[5] имел сходную позицию с А. Л. Нарочницким по

① Дементьев Ю. П. Колониальная политика Франции в Китае и Индокитае 1844-1862. М., 1956.

② Ерусалимский А. С. Внешняя политика и дипломатия германского империализма в конце XIX в. М., 1951.

③ Нарочницкий А. Л. Колониальная политика капиталистических держав на Дальнем Востоке 1860-1895. М., 1956.

④ Там же. С. 817.

⑤ Ху Шэн. Империализм и политика Китая. Пекин, 1952. С. 69-73.

поводу роли цинского правительства в экспансии западных держав в Китае.

Таким образом, нужно отметить, что советская историческая наука проделала большую работу по изучению истории экспансии западных держав в Китае и истории международных отношений на Дальнем Востоке во второй половине XIX в. Основным предметом изучения во всех этих исследованиях была собственно политика западных держав в Китае. Китай рассматривался в качестве объекта политики держав, а не как субъект политики. В силу этого, внешняя политика цинского правительства не стала предметом специальных исследований советской исторической науки, кроме монографии Г. В. Ефимова. Так что отличительной чертой трудов советских ученых является то, что они рассматривают этот вопрос обычно с точки зрения международных отношений на Дальнем Востоке в целом. Китай является одной из стран Дальнего Востока. А китайские историки исследуют эту историю в первую очередь как внутреннюю историю самого Китая. История экспансии западных держав в Китае является одной из частей истории Китая нового времени. В то время как о противоречиях капиталистических стран друг с другом китайские историки писали недостаточно в 1950-1960-е гг.

Таким образом, основные позиции советских и китайских историков об экспансии западных держав в Китае во второй половине XIX в. в советской и китайской историографии в рассматриваемый период во многом совпадают друг с другом. Но советские историки рассматривали вопрос об экспансии как части вопроса о международных отношениях, в то время как китайские ученые делали акцент на отрицательном влиянии экспансии западных держав в Китае, а также на взаимоотношениях между цинским правительством, западными державами и китайским народом.

Глава III. Экспансия западных держав в Китае в 1860-1900-х гг. и разработка проблемы советскими учеными в 1970-х - первой половине 1980-х гг.

III. 1 Экспансия западных держав в Китае во второй половине XIX в. и интерпретация проблемы советскими исследователями 1970-х - первой половины 1980-х гг.

В 1970-х - первой половине 1980-х гг. исследований об экспансии западных держав в Китае во второй половине XIX в. стало меньше, нежели в предыдущий период, однако, содержание опубликованных монографий и статей в значительной степени стало более насыщенными и разнообразными. Например, историки, изучающие внешнюю политику Англии и Франции, представили монографии, непосредственно посвященные экспансии этих двух стран в Китае в конце XIX в.[①] Вместе с тем, как мы отметили во второй главе, советские историки обычно изучали тему экспансии западных держав в Китае в 1860-1900-е гг. в контексте международных отношений на Дальнем Востоке. На наш взгляд, такая тенденция продолжала проявляться в советской историографии в 1970-х-первой половине 1980-х гг.

---

① См.: Зарина Л. Л., Лившиц С. Г. Британский империализм в Китае (1896-1901 гг.) М., 1970; Коряков В. П. Политика Франции в Китае в конце XIX в. М., 1985.

Коллективный труд, опубликованный в 1973 г. под редакцией Е. М. Жукова 《Международные отношения на Дальнем Востоке》[①], является подобным примером. Необходимо отметить, что коллективная монография 《Международные отношения на Дальнем Востоке》 является дополнением, продолжением и развитием тех трудов, которые были изданы в 1951 г. и 1956 г. под тем же самым названием[②]. Первый том этого труда имеет прямое отношение к теме экспансии западных держав в Китае именно в 1860-1900-е гг. Историк А. Л. Нарочницкий стал автором тех глав, в которых освещалась экспансия западных держав в Китае во второй половине XIX в.

Если сравнивать этот труд с предыдущими, изданными в 1951 г. и 1956 г., можно отметить, что в этой монографии на основе введения в научный оборот новых документов и новых трудов советских и зарубежных историков авторский коллектив смог предложить откорректированную периодизацию истории международных отношений на Дальнем Востоке и дать новую оценку событиям в ходе экспансии западных держав в Китае во второй половине XIX в.

В первую очередь, следует отметить, что в трудах разных периодов (1951 г., 1956 г. и 1973 г.) была изложена история японо-китайской войны (1894-1895 гг.). В монографии, изданной в 1956 г., оценка японо-китайской войне была такая: "Японо-китайская война положила начало разделу Китая на сферы влияния, происходившему в острой борьбе между колониальными державами"[③]. В монографии 《Международные отношения на Дальнем Востоке》[④], изданной в 1973 г., также дана оценка японо-китайской войны: "... после нее в политике капиталистических держав на Дальнем Востоке стали ясно выступать

---

① Международные отношения на Дальнем Востоке. Под ред. Жукова Е. М. М., 1973.

② Международные отношения на Дальнем Востоке 1870-1945. Под ред. Жукова Е. М. М., 1951; Международные отношения на Дальнем Востоке 1840-1949. Под ред. Жукова Е. М. М., 1956.

③ Международные отношения на Дальнем Востоке 1840-1949. Под ред. Жукова Е. М. М., 1956. С. 197.

④ Международные отношения на Дальнем Востоке. Под ред. Жукова Е. М. М., 1973.

новые черты, присущие периоду империализма"[1]. Можно отметить, что оценка в какой-то степени изменилась, а именно историки 1970-х гг. сделали акцент на империализме, это означало, что они более четко вскрыли сущность экспансии западных держав в Китае после японо-китайской войны (1894-1895 гг.).

На наш взгляд, можно выделить следующие аспекты экспансии с помощью анализа трудов советских ученых:

— условия Симоносекского мира (1895 г.), ослабление Китая и захват Японией Кореи дали толчок к погоне за концессиями на железные дороги и рудники в этих странах, борьбе капиталистических держав за предоставление цинскому правительству кабальных займов;

— наступила пора раздела значительной части Китая на сферы влияния империалистических государств, захвата ими морских баз на его побережье;

— началось резкое обострение противоречий между державами на Тихом океане. Конфликт между Японией и Россией коренным образом изменил их отношения. Наступила пора ожесточенной борьбы между обеими державами за господство в Корее и Маньчжурии.

Во-вторых, необходимо отметить, что в монографиях, опубликованных в 1951 г. и 1956 г., историки рассматривали японо-китайскую войну (1894-1895 гг.) как своего рода грань между двумя периодами развития международных отношений на Дальнем Востоке. Как отметили ученые, японо-китайская война (1894-1895 гг.) "... завершила на Дальнем Востоке период доимпериалистической свободно захватнической колониальной политики капиталистических держав" и она дала возможность западным державам начать новый этап в развитии

---

① Международные отношения на Дальнем Востоке. Под ред. Жукова Е. М. М., 1973. С. 176-177.

международных отношений на Дальнем Востоке, связанный с господством капиталистических монополий①. Надо отметить, что такая позиция авторов монографии《Международные отношения на Дальнем Востоке》совпадала с мнением других историков 1950-1960-х гг. о роли японо-китайской войны (1894-1895 гг.). Например, А. А. Фурсенко в своей монографии《Борьба за раздел Китая и американская доктрина "открытых дверей" 1895-1900》② отметил, что "... поражение Китая в войне 1894-1895 гг. послужило толчком для новых попыток его колониального подчинения"③.

Однако, в монографии, изданной в 1973 г., историки откорректировали периодизацию развития международных отношений на Дальнем Востоке, испано-американская война (1898 г.) заменила японо-китайскую войну и стала разделом между двумя периодами. Как отметили авторы, эта война служила началом передела мира между империалистическими державами.

Таким образом, на наш взгляд, историки 1950-1960-х гг. проанализировали процесс развития международных отношений на Дальнем Востоке, в частности, в Китае, с акцентом на региональном значении Дальнего Востока для западных держав. А ученые 1970-х гг. рассмотрели историю развития международных отношений на Дальнем Востоке в более широком ракурсе, именно с точки зрения международных отношений в целом. Действительно, японо-китайская война (1894-1895 гг.) и испано-американская война (1898 г.) играли значительную роль в развитии международных отношений на Дальнем Востоке, ибо именно с этого времени началось обострение борьбы за передел мира между капиталистическими державами.

В-третьих, следует также отметить, что изложение экспансии

---

① Международные отношения на Дальнем Востоке. Под ред. Жукова Е. М. М., 1973. С. 123.

② Фурсенко А. А. Борьба за раздел Китая и американская доктрина《открытых дверей》1895-1900. М., 1956.

③ Там же. С. 38.

западных держав в Китае в конце XIX в. в труде《Международные отношения на Дальнем Востоке》[①], изданном в 1973 г., было более логичным. Историки делали акцент на конкретных договорах, таких, как Чифуская конвенция (1876 г.)[②], Тяньцзиньская конвенция (1885 г.)[③] и другие договоры. Вместе с тем, ученые переработали структуру освещения последних событий конца XIX в., таких, как займов и концессий капиталистических держав в Китае, захват этими государствами морских баз в Китае в 1897-1898 гг. и др. Они отметили, что к концу XIX в. "… неравноправные договоры, иностра-нные займы и концессии, захват морских баз и частичный раздел Китая на сферы влияния империалистических держав завершили процесс превращения его в полуколониальное государство"[④]. Все эти факторы, вместе взятые, в сущности, привели к разделу Китая на сферы влияния в конце XIX в. и процесс превращения Китая в полуколонию нашел более четкое и логическое отражение в издании 1973 г.

Необходимо отметить, что основные позиции авторов изданий《Международные отношения на Дальнем Востоке》разных лет (1951 г., 1956 г., 1973 г.) совпадают друг с другом. Например, когда они рассматривали специфику разных периодов экспансии западных держав в Китае, историки 1970-х гг. отметили, что "… в 1860-е гг. основным содержанием международных отношений на Дальнем Востоке являлось закрепление капиталистических держав", а в 1870-е гг. "… проникновение иностранного торгового капитала в глубь Китая"[⑤]. Эти процессы происходили на фоне нарастания сопротивления в Китае колониальной экспансии капиталистических держав и нарастания сопротивления реакционной политике цинского правительства.

Таким образом, историки 1970-х гг. начали рассматривать историю

---

① Международные отношения на Дальнем Востоке. Под ред. Жукова Е. М. М., 1973.

② Там же. С. 128-129.

③ Там же. С. 152.

④ Там же. С. 189.

⑤ Там же. С. 124.

развития международных отношений на Дальнем Востоке не изолированно, а в контексте развития международных отношений в целом.

В 1970-х-первой половине 1980-х гг. появилась следующая тенденция в исследовании колониальной политики отдельных стран:

Во-первых, советские историки более подробно исследовали колониальную политику Англии и Франции в Китае во второй половине XIX века, особенно обратив внимание на конец XIX в., т. е. на период империализма. Можно назвать такие работы Л. Л. Зариной, С. Г. Лившица《Британский империализм в Китае (1896-1901 гг.)》①, В. П. Корякова《Политика Франции в Китае в конце XIX в.》② и других историков.

Во-вторых, спектр изучения колониальной политики США в Китае во второй половине XIX в. стал более широким в сравнении с 1950-1960-ыми гг. Историки обратили внимание на американскую миссионерскую деятельность в Китае. Например, в 1971 г. была опубликована монография А. А. Мурадяна《Американские миссионеры в странах Дальнего Востока, Юго-восточной Азии и Океании в XIX в.》③, которая открыла новую область для исследования экспансии западных держав в Китае в XIX в.

В-третьих, А. С. Ерусалимский пытался дать еще более подробный анализ германской экспансии в Китае в конце XIX в. В 1974 г. была опубликована монография историка《Колониальная экспансия капиталистических держав и освободительное движение народов Южной Африки и Китая в XVII-XIX вв.》④. Это были наиболее существенные труды советских ученых применительно к теме экспансии в советской историографии рассматриваемого периода.

---

① Зарина Л. Л., Лившиц С. Г. Британский империализм в Китае (1896-1901 гг.) М., 1970.

② Коряков В. П. Политика Франции в Китае в конце XIX в. М., 1985.

③ Мурадян А. А. Американские миссионеры в странах Дальнего Востока, Юго-восточной Азии и Океании в XIX в. М., 1971.

④ Ерусалимский А. С. Колониальная экспансия капиталистических держав и освободительное движение народов Южной Африки и Китая в XVII-XIX вв. М., 1974.

В 1970-1980-е годы появилась монография, которая была посвящена истории экспансии Англии в Китае в конце XIX в., а именно совместная монография Л. Л. Зариной и С. Г. Лившица《Британский империализм в Китае (1896-1901 гг.)》①. Следует отметить, что в советской историографии до издания данного труда еще не было опубликовано ни одной работы, которая бы специально исследовала колониальную политику Англии в Китае в конце XIX в., хотя Англия в течение длительного времени была главной империалистической страной на Дальнем Востоке, в частности, в Китае. Как уже отмечалось во второй главе настоящей работы, исследуя английскую экспансию в Китае, историки 1950-1960-х гг. делали акцент на середине XIX в., однако, Л. Л. Зарина и С. Г. Лившиц занимаются именно колониальной политикой Англии в конце XIX в. Монография стала первой работой, которая была специально посвящена истории экспансии Англии в Китае в конце XIX в. Таким образом, монография Л. Л. Зариной и С. Г. Лившица заполнила существующий вакуум в исследовании проблемы экспансии.

Авторы монографии использовали разнообразные источники: неопубликованные и опубликованные документы, мемуары, дневни-ки, переписку, биографии, а также исследования своих предшественников. В основном авторы использовали не только труды советских историков, но и труды китайских ученых, например, труды Фан Вэньланя《Новая история Китая》②, Ху Шэна《Агрессия империалистических держав в Китае》③ и др., которые не были обойдены вниманием историков, тем более, что были переведены на русский язык в 1950-х гг.

В монографии рассматривается экспансия британского империализма в Китае на рубеже XIX-XX вв., в годы так называемой "битвы за концессии" и империалистической интервенции 1900-1901 гг. Авторы

① Зарина Л. Л., Лившиц С. Г. Британский империализм в Китае 1896-1901 гг. М., 1970.

② Фань Вэньлань. Новая история Китая. М., 1955.

③ Ху Шэн. Агрессия империалистических держав в Китае. М., 1951.

пытались выяснить, чем руководствовались британские правящие круги в своей политике в отношении Китая на рубеже XIX-XX вв. Как отметили историки: "Активизация колониальной политики британского империализма в конце XIX в., усиление его экспансии в Китае были обусловлены как ходом борьбы между крупнейшими капиталистическими государствами за раздел мира, так и внутренним развитием Англии"①. Вместе с тем, авторы сделали акцент на формах и методах колониальной политики Англии в Китае. Например, они указали на колониальный характер торговли Англии с Китаем, отметили, что в ходе экспансии в Китае Англия создавала "... мощный аппарат своего влияния. Он складывался из системы китайских морских таможен, сети многочисленных дипломатических и консульских агентов и миссионеров"②. Авторы монографии показали роль Англии как главной участницы колониальной экспансии в Китае, что проявилось и в подавлении боксерского восстания и других народных выступлений.

Необходимо отметить, что помимо экономических причин активизации английской колониальной политики в конце XIX в. авторы также высказали свое мнение о глубоких социальных причинах. Историки считали, что возвращение консервативной партии к власти стало еще одной причиной активизации колониальной политики Англии в конце XIX в. Дело в том, что опорой консервативной партии являлись представители тех кругов, которые требовали усиления экспансии Англии во всем мире, в частности, в Китае. Консервативный кабинет во главе с премьер-министром Р. Солсбери (он же до 1900 г. был и министром иностранных дел Англии) за время пребывания у власти (1895-1902 гг.) проводил активную колониальную политику, поэтому "... значительное место в агрессивных захватнических планах британских империалистов занял и Китай"③.

---

① Зарина Л. Л., Лившиц С. Г. Британский империализм в Китае 1896-1901 гг. М., 1970. С. 20.

② Там же. С. 10.

③ Там же. С. 23.

Следует отметить, что авторы также указали на характерную черту экспансии Англии в конце XIX в. - "... появление новых форм эксплуатации и порабощения колониальных и зависимых народов, а именно: вывоз капитала в форме различных займов, строительство железной дороги, промышленных предприятий, разработка полезных ископаемых и т. д."[①], т. е. можно говорить об экономической составляющей этой политики.

Отношения Великобритании с другими западными державами также продолжали оставаться в поле зрения ученых. История англо-германских, англо-французских, англо-русских отношений получила подробное освещение в монографии Л. Л. Зариной и С. Г. Лившица. Например, эти авторы конкретно проанализировали англо-германские и англо-русские отношения во время территориального захвата Англией Вэйхайвэя. С одной стороны, Англия намеревалась использовать Германию против России и потерпела неудачу; с другой, Германия, также хотела использовать напряженные отношения между Англией и Россией в свою пользу.[②] Что касается англо-французских отношений, авторы отметили, что после получения Францией в аренду Гуаньчжоуваня, Англия со своей стороны предъявила новые требования цинскому правительству. Она считала Францию своим решительным противником на Юге Китая.[③] Авторы также затронули англо-американские, англо-японские отношения, особенно во время пребывания миссии Бересфорда в Китае. Как отметилось в монографии, "Британское правительство пыталось создать англо-японо-американскую коалицию на Дальнем Востоке против России и Китая".[④] Опираясь на изложение авторами сложных отношений между Англией и другими западными державами, можно отметить, что Англия в конце XIX в. в

---

① Зарина Л. Л., Лившиц С. Г. Британский империализм в Китае 1896-1901 гг. М., 1970. С. 22.

② Там же. С. 64.

③ Там же. С. 67.

④ Там же. С. 81.

своей политике в отношении других западных стран все время пыталась использовать их устремления, чтобы добиться своих целей в ходе экспансии в Китае.

На наш взгляд, одной из особенностей монографии Л. Л. Зариной и С. Г. Лившица было то, что они обратили внимание на конкретные вопросы, которые в 1950-1960-е гг. не вызвали особого внимания историков, такие, как роль компрадорской буржуазии в ходе экспансии Англии в Китае, возникновение национальных капиталис-тических промышленных предприятий в Китае, влияние экспансии Англии на развитие национальной промышленности Китая и другие вопросы. По мнению историков, помимо маньчжурской власти компрадорская буржуазия также представляла собой опору империалистов внутри страны. В 70-80-е гг. XIX в. в Китае начали возникать национальные капиталистические промышленные предпри-ятия. Но развитие промышленности в стране тормозилось рядом причин, и в первую очередь вторжением иностранного капитала, стремившегося превратить Китай в свою колонию①.

Историки Л. Л. Зарина и С. Г. Лившиц считали, что английскую экспансию в Китае в конце XIX в. условно можно разделить на три периода:

— 1896-1897 гг. -экспансия Англии в Китае во время первоначального обострения империалистических противоречий;

— 1898 г. -расширение территориальной экспансии в Китае и активная борьба за концессии на строительство и эксплуатацию железных дорог Китая и разработку ископаемых;

— 1899-1900 гг. -подъем национально-освободительной борьбы китайского народа.

У каждого периода были свои специфические черты, например,

① Зарина Л. Л., Лившиц С. Г. Британский империализм в Китае 1896-1901 гг. М., 1970. С. 5.

после всестороннего анализа английской экспансионистской деятельности в Китае в 1898 г., авторы пришли к выводу: Англия к концу 1898 г. занимала сильнейшие позиции в Китае. Утвердившись в наиболее развитой и богатой части его-в долине Янцзы, она приобрела опорный пункт на севере-в Вэйхайвэе и значительно расширила территорию своей старой базы на юге-в Гонконге①.

Л. Л. Зарина и С. Г. Лившиц более четко определили позицию Англии к концу XIX в., заметив, что "... хотя к концу XIX в. торгово-промышленное господство Англии в мире было уже подорвано, ее позиции на дальневосточных рынках оказались более прочными, чем в других районах мира"②.

В результате авторы пришли к выводу, что когда разгорелась борьба между Англией и другими империалистическими державами за сферы влияния в Китае, британский империализм, опираясь на экономические, политические и стратегические позиции, захваченные еще до начала "битвы за концессии", развернувшейся после японо-китайской войны, по-прежнему находился впереди других держав.

Таким образом, сравнивая эту монографию с трудами 1950-1960-х гг., заметим, что монография Л. Л. Зариной и С. Г. Лившица в сравнении с предыдущими трудами 1950-1960-х гг. расширила представление об экспансии Англии в Китае в конце XIX в. Историки исследовали экспансию Англии в Китае во всех аспектах: от правительственной деятельности до коммерческих действий, от торговой экспансии до вывоза капитала, от внутреннего положения Англии до внешних отношений ее с другими державами, от реагирования цинской власти на требования британского правительства до сопротивления китайского народа. Можно отметить, что Л. Л. Зарина и С. Г. Лившиц в целом обобщили историю экспансии Англии в Китае в последние годы

---

① Зарина Л. Л., Лившиц С. Г. Британский империализм в Китае 1896-1901 гг. М., 1970. С. 69.

② Там же. С. 7.

XIX в., из собранных в их работе данных можно четко проследить изменения внешней политики Англии в отношении Китая, а также изменения форм и методов ее осуществления. Так что монография Л. Л. Зариной и С. Г. Лившица является целостным исследованием экспансии Англии в Китае в конце XIX в. и предоставляет необходимые материалы для изучения колониальной политики в современную эпоху. Как отметили авторы в предисловии этой работы, "… в этой связи изучение старой политики самой крупной колониальной державы, какой была Англия, является актуальным и представляет политический интерес"①.

Отметим, что сходное положение проявлялось и в исследовании экспансии Франции в Китае. Как мы уже указали во второй главе, историки в 1950-1960-е гг. делали акцент на освещении отдельных военных действий Франции в Китае и отношений между Францией и Англией. Однако, следует отметить, что помимо экспансии Франции в Китае в середине XIX в. историк В. П. Коряков обратил внимание на колониальную политику Франции в Китае в целом. В 1985 г. была опубликована его монография《Политика Франции в Китае в конце XIX в.》②. Как отметил сам ученый, хотя советские ученые справедливо признали активный характер французской политики в Китае, однако, они не изучили колониальную политику Франции с достаточной полнотой③. Так что в монографии В. П. Корякова предпринята попытка всесторонне осветить экспансию Франции в Китае в конце XIX в.

Источниковую базу монографии составили самые разнообразные документы и материалы из разных архивов как России, так и зарубежных стран, среди них были дипломатическая переписка, международные многосторонние и двусторонние соглашения и договоры, парламентские, статистические и иные ведомственные материалы, мемуары, дневники, памятные записки, экономи-ческие,

---

① Зарина Л. Л., Лившиц С. Г. Британский империализм в Китае 1896-1901 гг. М., 1970. С. 1.

② Коряков В. П. Политика Франции в Китае в конце XIX в. М., 1985.

③ Там же. С. 4.

публицистические и экономико-географические очерки, оставленные государственными, политическими, военными, колониа-льными чиновниками и общественными деятелями, учеными, предпринимателями, путешественниками, а также периодическая печать. Необходимо отметить, что В. П. Коряков обратил внимание на изданный в 1957 г. в Китае сборник статистических материалов 《История экономического развития Китая 1840-1949 гг.》. Статистические таблицы о внешней торговле Китая, его экономическом и промышленном развитии содержали ценные сведения о франко-китайской торговле, об участии французского капитала в китайских займах, в строительстве железных дорог, в разработке полезных ископаемых в конце XIX в.

Историк выделил три этапа экспансии Франции в Китае:

— от Первой опиумной войны (1840-1842 гг.) до японо-китайской войны (1894-1895 гг.);

— с 1895 г. до начала 1898 г.;

— с середины 1898 г. до начала 1900 г.

В. П. Коряков дал четкую мотивацию предложенной периодизации. По его мнению, на первом этапе в ходе франко-китайской войны (1884-1885 гг.) Франция приобрела такой выгодный в стратегическом и экономическом отношении плацдарм, как Вьетнам, для последующего проникновения французов в Южный Китай. Одновременно французский капитал, дипломатия и миссионеры закрепили экономические и политические позиции внутри Китая①. Японо-китайская война (1894-1895 гг.) и ее результаты предоставили Франции, как и другим державам, новые, более выгодные условия для экспансии в Китае. Как автор отметил, к

① Зарина Л. Л., Лившиц С. Г. Британский империализм в Китае 1896-1901 гг. М., 1970. С. 209-210.

концу 1896 г. "... Франция начала проникновение в другие провинции Китая"[①]. На последнем этапе, как считал В. П. Коряков, Франция укрепила свои позиции в Южном Китае, в среднем течении рек Янцзы и Хуанхэ, начала проникновение в Юго-Западный Китай, в верхнее и нижнее течение реки Янцзы[②].

В. П. Коряков также высказал обобщенные выводы в отношении форм и методов, которые использовали французские правящие круги в ходе экспансии Франции в Китае в конце XIX в. Важно отметить, что историк проследил за развитием форм экспансии, которая сначала проявлялась в виде вывоза товаров, а с обострением борьбы за раздел Китая между западными державами и в ходе перерастания капитализма в империализм, вывоз капитала, как новая форма экспансии, стала сочетаться со старой. То есть, главенствовавшая в начале торговая экспансия, в дальнейшем стала дополняться с предоставлением займов, участием французов в строительстве железных дорог, разработке полезных искапаемых и т. п. Методы экспансии Франции в Китае также были разнообразными: коммерческое проникновение, дипломатические действия, военные акции, миссионерская деятельность и другие. Все это говорило о том, что французская экспансия в Китае приобретала всеобъемлющий характер. Например, В. П. Коряков проследил роль французских вооруженных сил в борьбе Франции за проникновение в Китай, укрепление ее экономических и политических позиций, захват арендных территорий, давление на китайское правительство при решении различных вопросов франко-китайских отношений.

Кроме того, В. П. Коряков также осветил политику цинского правительства в отношении экспансии Франции и борьбу китайского народа против французских колонизаторов, особенно в Южном Китае, проследил ее влияние на франко-китайские отношения. По мнению

---

① Зарина Л. Л., Лившиц С. Г. Британский империализм в Китае 1896-1901 гг. М., 1970. С. 211.

② Там же. С. 213.

автора, правившая в Китае цинская династия проводила в отношении Франции политику лавирования и уступок, которая носила антинародный проимпериалистический характер. А китайский народ все активнее вставал на борьбу с империализмом. После захвата Гуанчжоуваня Францией в 1898 г., в Китае произошли мощные антифранцузские выступления в Шанхае, в провинциях Гуандун, Гуанси, Юньнань, Сычуань и др., которые нанесли ущерб французам. Однако, как В. П. Коряков отметил, цинское правительство капитули-ровало перед французскими колонизаторами и расправлялось с восставшими.

В монографии В. П. Корякова исследуются и отношения Франции с другими державами, в частности, франко-английские противоречия в Южном Китае, в Юго-Западных провинциях, в Центральном Китае, в бассейнах рек Янцзы и Хуанхэ, борьба двух держав за займы, железнодорожные и горнорудные концессии, за сферы влияния, за арендные территории. Как отметил В. П. Коряков, "... наиболее тесно французские интересы в Китае переплетались с англий-скими интересами".① Историк также обратил внимание на франко-германские отношения в Китае, он считал, что противоречия двух держав в Европе значительно влияли на их отношения в Китае.② Что касается франко-американских отношений применительно к Китаю, по мнению ученого, до 1896 г. отношения между ними в основном ничем не осложнялись.③ Лишь в 1896 г. Франция вступила с США в острую борьбу за концессию на строительство железной дороги Пекин-Ханькоу.

Необходимо отметить, что В. П. Коряков выдвинул новую точку зрения о том, что французские интересы в Китае не ограничивались только южными провинциями Китая, где Франция постоянно сталкивалась с Англией, но проявлялись и в других районах Китая. Историк полагал, что к концу 1896 г. Франция начала проникновение в другие

① Зарина Л. Л., Лившиц С. Г. Британский империализм в Китае 1896-1901 гг. М., 1970. С. 217.

② Там же. С. 218.

③ Там же. С. 219.

провинции Китая. В дальнейшем с целью получения концессии на строительство железных дорог и разработку рудников Франция начала проникновение в провинции Шаньси и Чжили, где соперничество развернулась за право на строительство железнодорожной ветки Чжэндин-Тайюань, и в провинции Хэнань за строительство железнодорожной ветки Кайфын-Лоян.

Таким образом, по мнению В. П. Корякова, к середине 1897 г. ближайшие цели французской политики в Китае были достигнуты. Колониальные круги Франции обсудили дальнейшие перспективы французской политики в Китае и пришли к выводу о необходимости активизировать ее по всем направлениям. Поэтому с точки зрения историка, французская политика в Китае была не менее активной, чем политика других держав. "... Ее даже можно характеризовать как значительно более активную, чем до сих пор это принято считать в советской и зарубежной исторической литературе"①. Это то новое, что выдвинул историк применительно к политике Фарнции в Китае.

Представляется важным мнение В. П. Корякова о том, что "... было бы неверно изображать Китай только жертвой французской колониальной экспансии"②. Это в связи с тем, что в 70-80-х гг. XIX в. Китай вел с Францией борьбу за господство во Вьетнаме. Но по мере ослабления его экономической и военной мощи, углубления кризиса цинской власти внутри страны и соответственно усиления экономических, политических и военно-стратегических позиций Франции на Дальнем Востоке сопротивляемость Китая французской экспансии падала.

Таким образом, монография В. П. Корякова дала возможность рассматривать экспансию Франции в Китае в конце XIX в. в целом. Как отметил историк, если до японо-китайской войны китайские власти откупались предоставлением торговых преимуществ французским

---

① Зарина Л. Л., Лившиц С. Г. Британский империализм в Китае 1896-1901 гг. М., 1970. С. 220.

② Там же. С. 217.

предпринимателям и торговцам, привилегий католическим миссионерам, то в последнем пятилетии XIX в. уступки цинского правительства Франции наносили ущерб суверенитету, независимости и территориальной целостности Китая. Так что автор пришел к выводу: политика Франции в Китае носила комплексный характер, охватывала экономическую, финансовую, политическую и военно-стратегическую области. Территориально она не ограничивалась Южным Китаем, а распространялась на Юго-Западный, Центральный и Северный Китай, охватывала почти весь бассейн реки Янцзы и среднее течение реки Хуанхэ, а также значительную часть морского побережья. Несомненно, что такое исследование представляется ценным для современных ученых.

Что касается американской экспансии в Китае, в 1970-х-первой половине 1980-х гг. советские исследователи занимались этой темой в контексте культурного сегмента. Например, А. А. Мурадян в своей монографии《Американские миссионеры в странах Дальнего Востока》[①] уделил внимание роли американских миссионеров в реализации внешнеполитического курса США и торговой деятельности на Дальнем Востоке, в том числе в Китае. Ученый, фактически первым из исследователей, изложил историю американского миссионерского движения на Дальнем Востоке, в Юго-Восточной Азии и в Океании в XIX в., ибо до него о миссионерстве были лишь отдельные статьи или фрагменты в монографиях[②]. Как отметил сам ученый, "... главным объектом деятельности американских миссионерских организаций был Китай"[③]. Автор также показывал сущность роли миссионеров: они являлись "идеологическим авангардом американских экспансионистов на Востоке"[④].

Необходимо отметить, что исследование истории американского

---

① Мурадян А. А. Американские миссионеры в странах Дальнего Востока, Юго-восточной Азии и Океании в XIX в. М., 1971.

② См. напр: Попов А. Л. Очерки истории Китая. М., 1925. С 16.

③ Там же. С. 26.

④ Там же. С. 82.

миссионерства в Китае проведено ученым весьма обстоятельно, А. А. Мурадян сначала обратил внимание на зарождение миссионерского движения в США и первых американских миссионеров на Дальнем Востоке. Далее ученый указал на международно-правовой статус американских миссионеров в странах Дальнего Востока. Вместе с тем, историк отметил сотрудничество и взаимопомощь миссионеров и торговцев, с одной стороны; а также сделал акцент на политической роли миссионеров в Китае, с другой.

Говоря о методах и средствах деятельности миссионеров, историк показал некоторые формы работы американских миссионеров: они были переводчиками у купцов-резидентов и дипломатических представи-телей, воспитывали нужных помощников американским предприни-мателям и правительству из местного населения, пропагандировали внешнюю политику США и их политические институты и т. п. А. А. Мурадян подчеркивал, что руководство религиозными организациями США обращало особое внимание на Китай.

Обращают на себя внимание выводы А. А. Мурадяна о состоянии американской историографии миссионерского движения. По мнению ученого, первые попытки осветить деятельности миссионеров в трудах американских историков носили описательный, поверхностный и предвзятый характер. Научное же исследование деятельности америка-нских миссионеров на Дальнем Востоке началось лишь в 20-30-х гг. XX в. В этот период американские историки, оценивая роль миссио-неров, исходили из концепции положительного влияния христианства на социальное и политическое развитие стран Дальнего Востока.

Далее в период между двумя мировыми войнами и после Второй мировой войны, американские историки, занимавшиеся исследо-ванием изучения политики США на Дальнем Востоке, выражали свое отношение к деятельности миссионеров более сдержанно и стремились обойти роль миссионеров в экономической экспансии США. Они пытались изобразить миссионеров искренними друзьями народов Китая и скрыть настоящую мотивацию миссионерской деятельности США в

Китае в экономическом плане.

Следует также отметить, что советский историк А. А. Мурадян давал положительную оценку некоторым сторонам деятельности миссонеров. Он считал, что "Бессмысленно отрицать вклад миссонеров в просвещение и здравоохранение стран Востока и востоковедение США, что получило детальное освещение в американской исторической литературе"①, "... сами миссионеры могли быть людьми субъективно честными, бескорыстными и мужественными"②. На наш взгляд, такая точка зрения историка А. А. Мурадяна совпадала с мнением китайских ученых 1970-х-первой половины 1980-х гг. Например, китайский историк Гу Чаншэн в монографии《Миссионеры и Китай в новое время》③ также отметил, что миссионеры сыграли важную роль в экспансии западных держав в Китае, историк особенно остановился на деятельности известных миссионеров, считая, что они принесли положительные результаты в развитии дел образования, здравоохранения Китая.

Таким образом, монография А. А. Мурадяна об истории американских миссионеров и их деятельности на Дальнем Востоке, в частности, в Китае, представляет собой ценное исследование об экспансии западных держав в Китае в сфере культуры. Важно отметить, что А. А. Мурадян подчеркивал важность американского миссионерского движения в обслуживании интересов внешнеполитической и экономической экспансии США в Китае. "Именно поэтому оно получало поддержку государства и торгово-промышленных кругов"④. К сожалению, из-за отсутствия источников, не все поднятые в монографии вопросы получили равноценное освещение, например, не была исследована на должном уровне деятельность миссионеров в

---

① См. напр: Попов А. Л. Очерки истории Китая. М., 1925. С. 4

② Там же. С. 83.

③ 顾长声:《传教士与近代中国》, 上海人民出版社 1981 年版。(Гу Чаншэн. Миссионеры и Китай в новое время. Шанхай, 1981.)

④ Там же. С. 24.

последней трети XIX в.

А. С. Ерусалимский в 1970-е гг. продолжал работать над темой экспансии Германии в Китае в конце XIX в. В его монографии 《Колониальная экспансия капиталистических держав и освободительное движение народов Южной Африки и Китая в XVII-XIX вв.》① автор подробно изложил ход германской экспансии в Китае в конце XIX в. в экономической области и соперничество Германии с Англией. Как отмечал в своей работе А. С. Ерусалимский: "... главным соперником германского империализма в осуществлении его расчетов в Китае на рубеже XIX и XX вв., безусловно, была Англия"②, и таким образом, Германия становилась "... потенциальным конкурентом и соперником английского капитала в бассейне реки Янцзы"③.

А. С. Ерусалимский проанализировал и основные направления, по которым Германия конкурировала с Англией в ходе колониальной экспансии. Например, историк показал, как германские капиталисты соперничали с англичанами в области судоходства и торговли оружием. И Немецко-Азиатский банк также рассматривался как "... одно из орудий внешней политики Германии"④.

Кроме того, в данной монографии А. С. Ерусалимский серьезное внимание уделил национальному антиимпериалистическому боксерскому движению в Китае и международной интервенции империалистических держав с целью его подавления. Историк А. С. Ерусалимский особо остановился на изложении антиимпериалистического движения китайск-ого народа в провинции Шаньдун, именно здесь, писал ученый, "... население испытало все тяжелые последствия вторжения сначала японских, а затем германских войск в Цзяочжоу и английских-в

---

① Ерусалимский А. С. Колониальная экспансия капиталистических держав и освободительное движение народов Южной Африки и Китая в XVII-XIX вв. М., 1974.

② Там же. С. 120.

③ Там же. С. 122.

④ Там же. С. 131.

Вэйхайвэй"[①].

Итак, в монографии А. С. Ерусалимского автор не только пытался нарисовать общую картину экспансии Германии в Китае в конце XIX в., ее соперничества с Англией в разных областях и районах Китая, но и изложил историю антиимпериалистического боксерского движения в стране и выяснил причины появления данного движения, а также роль германской экспансии в возникновении этого движения. Как отмечал автор, китайский народ испытал растущий гнет со стороны цинского правительства и одновременно значительное и многообразное разрушительное воздействие со стороны иностранного капитала.

Одной из наиболее сильных сторон монографии А. С. Ерусалимского было стремление раскрыть связи внешней политики Германии с внутриполитическими процессами. Сравнивая труд А. С. Ерусалимского в послевоенные годы[②] с монографией 1970-х гг., необходимо отметить, что ученый в обеих книгах пытался исчерп-ывающе показать влияние экономических интересов юнкерско-буржуазного блока на внешнюю политику.

Что касается разницы между двумя монографиями, опубликованными в разные периоды, мы заметим, что в первые послевоенные годы (после 1945 г.) ученый обращался к изучению внешней политики и дипломатии германского империализма в конце XIX-начале XX в., а в труде 1974 г. историк уделил больше внимания англо-германскому соперничеству в борьбе за раздел Китая на сферы влияния, быстрому развитию германского капитализма в конце XIX в. и неизбежности антиимпериалистического движения в Китае.

Таким образом, мы полагаем, что опираясь на конкретно-исторические материалы и предыдущие наработки в изучении экспансии Германии в Китае в конце XIX в. А. С. Ерусалимский в 1970-е гг.

---

① Ерусалимский А. С. Колониальная экспансия капиталистических держав и освободительное движение народов Южной Африки и Китая в XVII-XIX вв. М., 1974. С. 137.

② Ерусалимский А. С. Внешняя политика и дипломатия германского империализма в конце XIX века. М., 1951.

продолжая плодотворно развивать данную тему, получил новые результаты. Как уже отмечалось, историк в 1970-х гг. сделал акцент на анализе взяимоотношений английской и германской экспансии в Китае в конце XIX в., но, главным образом, он уделил внимание боксерскому движению и вооруженной интервенции западных держав в его подавлении. Так что эта монография приобрела известную ценность для изучения экспансии германского империализма в Китае, а также отношений Германии с другими державами в конце XIX в.

Китай как объект исследования в 1970-1980-х гг. также не был обойден вниманием советских авторов, получивших новые научные результаты. В 1976 г. была опубликована монография С. И. Зарецкой 《Внешняя политика Китая в 1856-1860 гг.: отношения с Англией и Францией》①. Эта работа была посвящена истории более раннего периода-середине XIX в. Однако, мы считаем, что позиция автора важна для понимания дальнейшей политики Англии и Франции в Китае. Автор указал на главные причины неспособности Китая оказать противод-ействие западным колонизаторам в защите суверенитета и интересов страны в 1850-х гг., т. е. на начальном этапе экспансии Англии и Франции в Китае. Как отметила С. И. Зарецкая, экономическая, политическая и военная отсталость, феодальные отношения в стране являлись существенными причинами слабости маньчжурского правител-ьства. По мнению автора, в рассматриваемый период правящие круги Англии и Франции добились от цинского правительства новых прав и привилегий, которые обеспечили им прочные позиции для дальнейшего закабаления Китая. Реакционная, антинародная внешняя политика правительства Китая облегчила иностранным колонизаторам превращение его в полуколонию западных капиталистических держав.

Таким образом, если сравнивать труды в 1970-х-первой половине

---

① Зарецкая С. И. Внешняя политика Китая в 1856-1860 гг.: отношения с Англией и Францией. М., 1976.

1980-х гг. с трудами, выходившими в 1950-1960-х гг., можно отметить, что исследования стали более разнообразными по тематике, с привлечением более широкой источниковой базы. Например, если в 1950-1960-е годы историки обращали внимание, в основном, на экономическую и политическую составляющую экспансии капиталистических держав в Китае, то в 1970-х-первой половине 1980-х гг. историки стали уделять внимание и идеологи-ческому аспекту. Труд А. А. Мурадяна представлял собой первое оригинальное монографическое исследование проблемы американского миссионерства в Китае.

Состояние исследований политики отдельных западных стран в Китае также изменилось. В 1950-1960-х гг. внимание авторов, разрабатывавших тему экспансии, было сосредоточено главным образом на изучении экспансии США в Китае в конце XIX в. В 1970-х - первой половине 1980-х гг. такие историки, как В. П. Коряков, Л. Л. Зарина, С. Г. Лившиц, обратили пристальное внимание на изучение истории экспансии Франции и Англии в Китае в конце XIX в.

Кроме того, ученые стали уделять серьезное внимание национально-освободительному движению. Например, значительная часть монографии А. С. Ерусалимского 《Колониальная экспансия капиталистических держав и освободительное движение народов Южной Африки и Китая в XVII-XIX вв.》 была специально посвящена национально-освободительному боксерскому движению в Китае. На наш взгляд, это стало продолжением исследований данной проблематики, начатой советскими историками в 1920-1930-х гг. Как мы уже писали в первой главе настоящей диссертации, советские ученые, такие, как А. П. Попов① и Г. В. Ефимов②, в довоенные годы уже начали обращать внимание на национально-освободительное движение в Китае.

Таким образом, в 1970-х - первой половине 1980-х гг. советские

---

① Попов А. П. Боксерское восстание. // Красный архив. М., 1926. №. 1 (14). С. 1-49.

② Ефимов Г. В. Германский империализм и антиимпериалистическое восстание в Китае 1899-1901 гг. // Научная сессия, посвященная 125-летию ЛГУ. Л., 1944. №. 39. С. 56-58.

ученые, опираясь на труды своих предшественников, продолжили изучение экспансии западных держав в Китае, особое внимание обратив на конец XIX-начало XX в. Этот период вырисовы-вается как совершенно новый этап в действиях западных дрежав в отношении Китая, знаменовавшийся новыми элементами в их политике.

В конце XIX в. по мере развития монополистического капитализма, западные державы вступили в новый этап их развития-империалистическую эпоху. На этой основе между западными державами обострилась борьба за передел мира в разных направлениях, в частности, усилились противоречия между империалистическими странами в Китае. На основе исследования советских ученых в 1970-х-первой половины 1980-х гг., с одной стороны, можно отметить, что в этот период экспансия западных держав в Китае была разнообразной: Англия продолжала лидировать среди таких держав, однако, из-за появле-ния сильных конкурентов в ходе экспансии в Китае, она не могла продолжать политику "блестящей изоляции" и стремилась найти союзников среди стран-конкурентов, активно действовавших в Китае. Франция в конце XIX в., как отметил В. П. Коряков, уже не довольствовалась экспансией на Юге Китая, она начала проникновение в другие районы Китая. Германия, как новый участник в борьбе за Китай, проявляла активность в территориальном захвате и экономической экспансии.

Необходимо отметить, что хотя у каждой державы были свои характерные особенности в осуществлении экспансии в Китае, однако, как отмечали ученые, формы и методы, которые они использовали в XIX в., были схожими. В этот период западные державы стремились получить новые привилегии от цинского правительства. Они активно участвовали в борьбе за предоставление займов, строительстве железных дорог, получении горнорудных концессий и т. д.

Таким образом, можно отметить, что изучение экспансии западных держав Китае в конце XIX в. получило достаточное освещение в советской историографии 1970-х-первой половины 1980-х гг. и дало возможность будущим историкам продолжать развитие темы.

III. 2 Особенности экспансии отдельных западных держав в Китае в 1860-1900-х гг. в трудах советских историков 1970-х - первой половины 1980-х гг.

На наш взгляд, на основе анализа трудов советских историков 1970-х - первой половины 1980-х гг. в первом параграфе третьей главы, можно отметить следующие особенности экспансии западных держав в Китае во второй половине XIX в., выделенные советскими учеными.

Во-первых, в целом советские историки этого периода продо-лжали изучать тему экспансии западных держав в Китае в 1860-1900-е гг., особое внимание уделив концу XIX в. Следует отметить, что они сделали акцент на экспансии держав в Китае в международном плане. Позиция советских историков в рассматриваемый период были более объективной. Дело в том, что в предыдуший период, изучая экспансию западных держав в Китае, советские историки, как в 1920-1940-е гг., так и в 1950-1960-е гг., стремились проследить эту тему в контексте российской внешней политики. Так что у них, с одной стороны, была очевидная склонность к анализу внешней политики России, с другой, они много писали о взаимовлиянии колониальной политики России и западных держав. В 1970-х-первой половине 1980-х гг. данная тенденция также прослеживается, однако в меньшей степени, нежели в 1920-1940-е гг. и 1950-1960-е гг. Историки предпочитали обращать внимание на особенности в развитии между-народных отношений в рамках экспансии западных держав в Китае. Необходимо отметить следующие особенности в развитии историографии 1970-х-первой половины 1980-х гг.:

1) Корректировка периодизации истории экспансии западных держав в Китае изменилась в советской историографии 1970-х - первой половины 1980-х гг.

Например, в монографии《Международные отношения на Дальнем

Востоке》[①] испано-американская война (1898 г.) заменила место японо-китайской войны (1894-1895 гг.) в качестве рубежа в борьбе за Китай между западными державами. В предыдущих изданиях《Международных отношений на Дальнем Востоке...》[②] было принято, что японо-китайская война играет важную роль в ходе экспансии западных стран в Китае, после этой войны суть экспансии изменилась, а именно наступил империалистический период.

Как известно, что испано-американская война рассматривается как начало передела уже поделенного мира между империалистическими державами, а результаты японо-китайской войны сыграли особую роль в истории Дальнего Востока. Безусловно, результаты испано-американской войны имели более важное значение для мира в целом, нежели результаты японо-китайской войны. Так что, на наш взгляд, объективность историков 1970-х - первой половины 1980-х гг. и их стремление разобраться в особенностях экспансии западных держав в Китае не изолированно, а учитывая меняющуюся международную обстановку, проявилась в предложенной учеными 1970-х-первой половины 1980-х гг. новой периодизации.

2) В 1970-х - первой половине 1980-х гг. историки в изучении темы экспансии делали акцент на взаимоотношениях и противоречиях западных государств в Китае.

Это можно заметить в монографии А. С. Ерусалимского《Колониальная экспансия капиталистических держав и освободительное движение народов Южной Африки и Китая в XVII-XIX вв.》[③]. Известный историк-германист А. С. Ерусалимский в 1970-е гг. продолжал исследование внешней политики Германии в Китае в конце

---

① Международные отношения на Дальнем Востоке. Под ред. Жукова Е. М. М., 1973.

② Международные отношения на Дальнем Востоке 1870-1945. Под ред. Жукова Е. М. М., 1951; Между-народные отношения на Дальнем Востоке 1840-1949. Под ред. Жукова Е. М. М., 1956.

③ Ерусалимский А. С. Колониальная экспансия капиталистических держав и освободительное движение народов Южной Африки и Китая в XVII-XIX в. М., 1974.

XIX в. Можно отметить, что в труде, опубликованном в 1950-е гг.[1], ученый делал акцент на планировании и реализации Германией захвата Цзяочжоу в Китае, а также подробно изложил реакцию других западных стран на этот экспансионистский акт Германии в провинции Шаньдун. Из исследования А. С. Ерусалимского в 1950-е гг. о германской экспансии в Китае можно четко видеть осторожность каждого шага Германии в ходе экспансии, а также первоначальные результаты колониального плана Германии на Дальнем Востоке.

Однако, необходимо отметить, что историк А. С. Ерусалимский в этот период не успел исследовать конкретные отношения между Германией и другими западными странами в Китае и особенности этих взаимоотношений, а в 1970-е гг. А. С. Ерусалимский сделал серьезные дополнения к этой теме. Он обратил больше внимания на противоречия между империалистическими державами в Китае. Речь идет о том, что Германия использовала сложные отношения между западными державами в свою пользу. С одной стороны, Германия осторожно учитывала интересы старых капиталистических держав, таких, как Англия, Франция и Россия, с другой стороны, она также одновременно хотела задержать экспансию США в Китае. А. С. Ерусалимский особое внимание уделил экономической экспансии Германии в Китае и ее противоречиям с Англией в этой области[2].

3) Занимаясь экспансией западных держав в Китае во второй половине XIX в., историки одновременно сравнивали внешнюю политику этих стран в других регионах мира, а также учитывали взяимоотношения между положением в Китае и этих регионах, таких, как Южная Африка.

Например, историк А. С. Ерусалимский впервые сравнил германскую экспансионистскую политику в Китае с политикой Англии в

① Ерусалимский А. С. Внешняя политика и дипломатия германского империализма в конце XIX в. М. - Л., 1951.

② Там же. С. 120-136.

Южной Африке и политикой США на Филиппинах. В ходе экспансии в Китае Германия планировала воспользоваться благоприятными обстоятельствами, сложившимися в связи с тем, что "... Англия занята тяжелой войной в Южной Африке, а США-подавлением народных восстаний на Филиппинах"[①], и усилить наступление на Китай. Отсюда можно отметить, что А. С. Ерусалимский учитывал особенности политики западных держав в Африке и политики США на Филиппинах, и их влияние на "проект" Германии в Китае.

Во-вторых, советские ученые в 1970-х-первой половине 1980-х гг. пытались как можно шире и глубже показать сущность экспансии и обобщить особенности каждого периода в экспансии западных держав в Китае.

Например, в труде《Международные отношения...》, изданном в 1951 г.[②], историки просто изложили конкретные события в ходе экспансии западных держав в Китае. В издании 1956 г. они уже начали делать анализ каждого периода, определив, например, что особенностью периода 1871-1894 гг. является обострение борьбы за раздел мира между капиталистическими странами именно на Дальнем Востоке. В 1970-х гг., кроме того, что историки откорректировали периодизацию истории международных отношений на Дальнем Востоке, они также уточнили сущность экспансии западных держав в Китае, сделав акцент на понятии "империализм".

В-третьих, горизонт и область исследований экспансии западных держав в Китае в рассматриваемый период расширились, а именно:

1) Экспансия США в Китае была изучена не только с политической и экономической стороны, но и со стороны идеологической, культурной. В частности, имеется в виду деятельность миссионеров в Китае.

---

① Ерусалимский А. С. Внешняя политика и дипломатия германского империализма в конце XIX в. М. - Л., 1951. С. 119.

② Международные отношения на Дальнем Востоке 1870-1945. Под ред. Жукова Е. М. М., 1951.

Например, А. А. Мурадян[1] остановился на деятельности американских миссионеров на Дальнем Востоке, в частности, в Китае в XIX в. Необходимо отметить, что А. А. Мурадян указал на взаимоотношения между внешнеполитическими акциями американского государства, коммерческой деятельностью крупной монополистической буржуазии США и миссионерским движением. Он полагал, что внешнеполитические акции облегчали экономическую экспансию крупной монополистической буржуазии США. В свою очередь прочные экономические позиции торговой буржуазии США способствовали выполнению внешнеполитических задач американского государства. А американское миссионерское движение объективно служило интересам внешнеполитической и экономической экспансии США[2]. Так что, на наш взгляд, А. А. Мурадян справедливо связал внешнеполитические задачи американского правительства с экономической экспансией, объяс-нил сущность отношений между этими тремя сторонами и показал, что в сущности миссионерская деятельность была в определенной мере прикрытием этого многоаспектного американского проникновения в Китай.

2) Историки в 1970-х-первой половине 1980-х гг. сделали акцент на экспансии отдельных западных стран, в первую очередь, Англии и Франции в Китае в конце XIX в.

Как отмечалось в предыдущей главе, советские историки 1950-1960-х гг., такие, как А. Л. Нарочницкий, Ю. П. Дементьев, в значительной степени уже достаточно подробно проанализировали экспансию Англии и Франции в Китае во второй половине XIX в. Однако, в 1950-1960 гг. историки изучали экспансию этих двух стран в Китае либо в контексте общей внешней политики западных держав в Китае, либо делая анализ колониальной политики Англии и Франции в

---

① Мурадян А. А. Американские миссионеры в странах Дальнего Востока, Юго-восточной Азии и Океании в XIX в. М., 1971.

② Там же. С. 24.

сравнении с другими державами. Поэтому, можно отметить, что в советской историографии 1950-1960-х гг. исследование колониальной политики западных держав в большинстве случаев просто переплеталось вместе. Так что историки 1950-1960-х гг. еще не успели отдельно проанализировать и обобщить особенности экспансии отдельных западных стран в Китае в конце XIX в.

Таким образом, необходимо отметить, что в 1970-х - первой половине 1980-х гг. советские ученые начали изучать отдельные аспекты экспансии Англии и Франции в Китае в конце XIX в. Это, на наш взгляд, было важным шагом в советской историографии в исследовании экспансии западных держав в Китае. Вместе с изучением трудов историков предыдущего периода (1950-1960 гг.), это дает нам возможность в целом нарисовать особенности внешней политики этих двух стран в ходе экспансии в Китае во второй половине XIX в., особенно в конце XIX в. Так что здесь имеет смысл сравнить отдельные особенности экспансии Англии и Франции в Китае в освещении советской историографии 1970-х - первой половины 1980-х гг. с исследованиями предыдущего периода (1950-1960 гг.) и проанализировать эти новые особенности.

Сначала следует отметить, что историки разных периодов делали акцент на экспансии Англии в Китае в разное время. Советские ученые 1950-1960-х гг.[①] разделили английскую экспансию в Китае на две периода: 1860-1870-е гг. и 1880-1890-е гг.

Первый период определяется ими как закрепление системы неравноправных договоров, пересмотр некоторых из них через заключение новых договоров, усиление колониальной экспансии в Китае и переход к империалистическому этапу. Этот был период, когда Англия занимала господствующее положение среди других держав и держала в

① Нарочницкий А. Л. Колониальная политика капиталистических держав на Дальнем Востоке 1860-1895. М., 1956. С. 107; Международные отношения на Дальнем Востоке. Под ред. Жукова Е. М. М., 1973. С. 124.

своих руках торговую монополию в Китае.

Характерной чертой второго периода экспансии Англии в Китае является регулирование ею своей колониальной политики, противоречия ее с другими державами в этот время усиливаются, Англия расширяет свою территориальную экспансию в Китае, появляются новые формы экспансии, а именно-вывоз капитала. В конце концов Англия шла на пути империалистического развития.

Подробно анализируя экспансию Англии в первый период (1860-1870-е годы), можно отметить, что в значительной степени масштаб и темпы экспансии усилились и расширились.

Например, советские историки 1950-1960-х гг. обращали внимание на экономическую составляющую экспансии. По степени экспансии Англии в Китае историк А. Л. Нарочницкий в 1950-е гг. уже отметил, что "... в 1864 г. в руках англичан сосредоточивалось 85% всего ввоза в Китай и 74% китайского вывоза. Около 80% всей внешней торговли Китая приходилось на Англию с ее колониями..., до 50% английской торговли с Китаем приходилось на Шанхай, а остальное главным образом, на порты, расположенные к югу от р. Янцзы. Основным предметом английского экспорта в Китай был опиум, на втором месте стояли текстильные изделия. Главным предметом ввоза из Китая в Англию оставались чай и шелк".① Так что английская буржуазия и без того фактически держала в своих руках львиную долю внешней торговли Китая, и в конце 1860-х гг. ее торговая монополия на Дальнем Востоке достигла своего апогея.

Говоря о масштабах экспансии Англии в Китае ученые Л. Л. Зарина и С. Г. Лившиц отметили, что "английские товары имели наиболее широкий сбыт в провинциях, расположенных по нижнему и среднему течению Янцзы (Центральный Китай), и в Южном Китае. Крупнейшими центрами английской торговли стали Шанхай и Кантон.

① Нарочницкий А. Л. Колониальная политика капиталистических держав на Дальнем Востоке 1860-1895. М., 1956. С. 85.

Со временем Англия начала торговлю и в северных провинциях: в портах Ньючжуан, Тяньцзинь, Чифу и Цзяочжоу Англия имела свои сеттльменты, торговые склады и фирмы... основными предметами английского ввоза в Китай были опиум, текстильные товары (ткани, пряжа) и керосин".①

Историки 1970-х-первой половины 1980-х гг. остановились на экспансии Англии в конце XIX в. Например, историки Л. Л. Зарина и С. Г. Лившиц обращали внимание на особенности экспансии Англии в Китае в 1890-е гг., ибо они полагали, что в 1890-е гг. Англия не может более следовать своей традиционной политике "блестящей изоляции" в связи с обстановкой в Китае②, т. к. конкуренция других держав, таких, как Франция, Россия, США и Германия, угрожала господствующему месту Англии в Китае. Следует отметить, что такая позиция этих двух историков совпадала с точкой зрения известного американиста А. А. Фурсенко. Историк считал, что конец "... 1897 г. - начало 1898 г. знаменуют собой новый этап в британской политике-этап активных поисков союзника"③.

Англия уже была вынуждена считаться с новыми игроками, Л. Л. Зарина и С. Г. Лившиц отмечали, что "... к концу XIX в. торгово-промышленное господство Англии в мире было уже подорвано, если до середины 80-х годов XIX в. ввоз из Англии в Китай составлял 85% всего импорта, в 90-е годы в связи с конкуренцией Германии и Японии импорт из Англии сократился до 70%."④ Таким образом, господствующему месту Англии в Китае в конце XIX в. угрожало соперничество других держав.

---

① Нарочницкий А. Л. Колониальная политика капиталистических держав на Дальнем Востоке 1860-1895. М., 1956. С. 7.

② Зарина Л. Л., Лившиц С. Г. Британский империализм в Китае (1896-1901 гг.). М., 1970. С. 63.

③ Фурсенко А. А. Борьба за раздел Китая и американская доктрина "открытых дверей" 1895-1900 гг. М., 1958. С. 66.

④ Зарина Л. Л., Лившиц С. Г. Британский империализм в Китае (1896-1901 гг.). М., 1970. С. 8.

Несомненным достоинством монографии Л. Л. Зариной и С. Г. Лившица было то, что они обобщили формы и методы экспансии Англии в Китае. В процессе экспансии в Китае английское правительство использовало разные формы и методы. Таким образом, Англия в течение многих десятилетий создавала в Китае мощный аппарат своего влияния. Он складывался из системы китайских морских таможен, сети многочисленных дипломатических и консульских агентов и миссионеров[①].

Необходимо отметить, что Л. Л. Зарина и С. Г. Лившиц, анализируя экспансию Англии в Китае в конце XIX в., предложили хронологически разделить ее на три этапа, а именно:

— 1896-1897 гг. -первый этап, в ходе которого Великобритания использовала, несмотря на соперничество других держав, свое торговое преимущество в Китае;

— 1898 г. -второй этап, особенностью которого является обострение противоречий между империалистическими державами из-за сфер влияния и размещения займов, захват Вэйхайвэя и Цзюлуна и новые железнодорожные концессии в Китае;

— 1899-1900 гг. -третий этап, в ходе которого, по мнению Л. Л. Зариной и С. Г. Лившица, Англии удалось добиться огромного влияния в южных провинциях Китая и бассейне реки Янцзы. С другой стороны, английские колонизаторы продолжали претворять свои планы объединения центральных и южных районов Китая с Бирмой и Индией.

Таким образом, можно отметить, что историки 1950-1960-х гг. и ученые 1970-х-первой половины 1980-х гг. делали свои акценты на экспансии Англии в Китае. Исследователи 1970-1985-х гг. продолжали

① Зарина Л. Л., Лившиц С. Г. Британский империализм в Китае (1896-1901 гг.). М., 1970. С. 10.

изучение экспансии Англии в Китае и дополнили новым содержанием эту тему.

Что касается экспансии Франции в Китае в освещении советской историографии 1970-х - первой половины 1980-х гг., также можно отметить определенные особенности в политике Франции в отношении Китая, сравнивая разные периоды.

Как мы отмечали во второй главе, советские историки 1950-1960-х гг. в основном обращали внимание на экспансию Франции в Китае применительно к середине XIX в., делая акцент на военных действиях и деятельности миссионеров. Например, историки А. Л. Нарочницкий и Ю. П. Дементьев обращали внимание на деятельность французских миссионеров в Китае.

Первый-А. Л. Нарочницкий, в своей монографии остановился на отношении французского правительства к деятельности своих миссионеров в Китае, отметил, что " ... особое внимание французское правительство уделяло обеспечению широких возможностей для деятельности в Китае католических миссионеров, еще в XVII в. служивших целям проникновения в Китай французского влияния и доставлявших ценные сведения о странах Восточной Азии"①.

Второй ученый-Ю. П. Дементьев, остановился на конкретных действиях французских миссионеров②. Ю. П. Дементьев также делал акцент на военных действиях французского правительства в Китае в более ранний период, а именно в середине XIX в.③

Историки в 1950-1960-е гг. уделили значительное внимание франко-китайской войне (1884-1885 гг.). А. Л. Нарочницкий остановился на военных действиях Франции во время франко-китайской войны (1884-1885 гг.)④.

---

① Нарочницкий А. Л. Колониальная политика капиталистических держав на Дальнем Востоке 1860-1895. М., 1956. С. 64.

② Дементьев Ю. П. Колониальная политика Франции в Китае и Индокитае 1844-1862 гг. М., 1958. С. 37.

③ Там же. С. 18.

④ Нарочницкий А. Л. Колониальная политика капиталистических держав на Дальнем Востоке 1860-1895. М., 1956. С. 311-327.

Что касается экспансии Франции в Китае в конце XIX в., можно отметить, что В. П. Коряков всесторонно проанализировал ее в монографии 《Политика Франции в Китае в конце XIX в.》[1]. Например, историк обратил внимание на роль и место в общей колониальной политике Франции таких экономических форм проникновения в Китай, как займы, железнодорожные и горнорудные концессии, деятельность дипломатических представителей Франции в Китае и их деятельность на международной арене по китайским вопросам.

Он также остановился на роли французских вооруженных сил в борьбе Франции за проникновение в Китай, целью которых было укрепление ее экономических и политических позиций в Китае, захват арендных территорий в оказании давления на китайское правительство при решении различных вопросов франко-китайских отношений. Вместе с тем, ученый осветил борьбу китайского народа против французских колонизаторов, особенно в южном Китае, проследил ее влияние на франко-китайские отношения. Уделяется также внимание отношениям Франции с другими державами, в частности, франко-английским противоречиям в Южном Китае, в юго-западных провинциях, в центральном Китае, в бассейнах Янцзы и Хуанхэ, борьбе двух держав за займы, железнодорожные и горнорудные концессии, за сферы влияния, за арендные территории и т. п.

Необходимо отметить, что занимаясь экспансией Франции в Китае во второй половине XIX в., историки 1950-1960-х гг. еще остановились на начальном периоде экспансии, обращали внимание на отдельные события в ходе экспансии Франции в Китае и отдельные формы экспансии, такие, как вооруженные действия и миссионерская деятельность. А историки 1970-1985-х гг. смогли в целом проанализировать экспансию Франции в Китае и обобщить особенности и влияние этой экспансии. Так что, на наш взгляд, историки 1970-1985-х гг. на основе трудов предшественников и своих собственных

---

① Коряков В. П. Политика Франции в Китае в конце XIX в. М., 1985.

продолжили исследование экспансии Франции в Китае в конце XIX в. Их позиция стала более взвешенной, чем концепция ученых предыдущего периода.

3) Исследование экспансии Германии в Китае получило новое развитие в 1970-х-первой половине 1980-х гг. в сравнении с 1950-ми гг.

Видный советский ученый А. С. Ерусалимский в конце 1940-х и начале 1950-х гг. начал заниматься внешней политикой и дипломатией Германии в конце XIX в. В предыдущий период (1950-е гг.), когда он изучал экспанию Германии в Китае, он делал акцент на захвате Германией Цзяочжоу и проанализировал возникновение и претворение этой политики. А. С. Ерусалимский подробно остановился на отношениях Германии и других держав в Китае, показал, как Германия использовала противоречия между ними, чтобы реализовать свои экспансионистские планы. Поскольку историк всесторонне проследил процесс экспансии Германии в Цзяочжоу, в 1970-е гг. он развивал эту тему на основе своих бывших трудов с привлечением новых документов, а именно исследователь остановился как на отношениях между Германией и Англией в Китае в экономическом плане, так и на антиимпериалистическом освободительном движении в Китае.

В монографии《Колониальная экспансия капиталистических держав и освободительное движение народов Южной Африки и Китая в XVII-XIX вв.》① А. С. Ерусалимский сначала проанализировал англо-германскую борьбу за экономическое преобладание в Китае применительно к торговле, промышленности, финансовому капиталу. Он отметил, что в конце 1890-х гг. Германия стала “... потенциальным конкурентом и соперником английского капитала в бассейне реки Янцзы”②. Историк также обратил внимание на экспансию Германии в других провинциях Китая. Как он отметил, англо-германское торговое

① Ерусалимский А. С. Колониальная экспансия капиталистических держав и освободительное движение народов Южной Африки и Китая в XVII-XIX вв. М., 1974.

② Там же. С. 122.

соперничество развернулось в обширной территории Китая, не только в провинции Шаньдун, но и в Шанхае, Гуанчжоу, Сватоу, Ханькоу, т. е география экспансии расширялась.① А. С. Ерусалимский уделял внимание не только соперничеству между Германией и Англией в экономическом плане, но и сотрудничеству двух стран в политическом отношении в пользу экономики. По его мнению, хотя Германия достигнула больших успехов в борьбе с Англией за экономическое преобладание в Китае, однако, в финансовой сфере Англия безусловно сохраняла свое превосходство. Гонконг-Шанхайский банк представлял собой самый влиятельный английский банк в Китае. Когда Немецко-Азиатский банк получил возможность участвовать в китайских государственных займах, руководители банка понимали, что они будут "... в состоянии осуществить это только при условии партнерства с английским конкурентом-《Конгонг энд Шанхай Банк Корпорация》"②.

На наш взгляд, именно анализ англо-германских отношений в Китае, соперничество и партнерство Великобритании и Германии являются тем новым, что внес в развитие темы экспансии этот видный ученый.

Кроме того, А. С. Ерусалимский подробно изучил освободительное движение "Ихэтуань" (боксерское движение) в Китае, ибо экспансионистская деятельность Германии в провинции Шаньдун серьезно способствовала возникновению этого народного антиимпериалистического движения.

Таким образом, мы считаем, хотя количество исследований стало меньшим, нежели в 1950-1960-х гг., однако, появилась новая тенденция в исследовании экспансии западынх держав в Китае во второй половине XIX в. Это проявлялось в том, что помимо экспансии западных держав в Китае в контексте международных отношений на

① Ерусалимский А. С. Колониальная экспансия капиталистических держав и освободительное движение народов Южной Африки и Китая в XVII-XIX вв. М., 1974. С. 124.

② Там же. С. 132.

Дальнем Востоке, историки обратили особое внимание на экспансию отдельных западных держав в Китае, таких, как Англия и Франция. Кроме того, спектр изучения экспансии США в Китае стало шире, историки начали останавливаться на идеологическом аспекте экспансии. Что касается экспансии Германии в Китае, как мы уже отметили в первом параграфе, влияние внутреннего положения на внешнюю политику привлекало внимание исследователей. Это то новое, которое принесли советские ученые 1970-х-первой половины 1980-х гг.

III. 3 Экспансия западных держав в Китае в 1860-1900-х гг. и понимание проблемы советской и китайской исторической наукой 1970-х - первой половины 1980-х гг.: сравнительный анализ

В 1970-х - первой половине 1980-х гг. исследование отношений между Китаем и западными странами в XIX и XX в., в частности, изучение экспансии западных держав в Китае во второй половине XIX в., переживало поворотный период. Во время "Культурной революции (1966-1976 гг.)", научная работа во всех областях, в том числе и в исторической науке, получила большой удар, большинство исследований почти остановилось. За исключением того, что из-за ухудшения китайско-советских отношений (1972 г.), в Китае восстановилось и развивалось исследование китайско-русских отношений в виде дискуссии. Затем, после "Культурной революции (1966-1976 гг.)", исследование экспансии западных держав в Китае продолжилось.

В этот период внимание китайских историков было сосредоточено на экономической и культурной экспансии западных держав в Китае. Это, можно сказать, является одной из особенностей в исследовании темы экспансии в 1970-х-первой половине 1980-х гг. в китайской исторической науке.

Еще в 1950-1960 гг. некоторые китайские историки уже начали заниматься экономической экспансией западных держав в Китае, и в 1970-х-первой половине 1980-х гг. историческая наука в Китае достигла определенных результатов.

В 1980 г. был опубликован труд известного историка Ми Жучэна《Империализм и железная дорога в Китае》[①], автор которого еще в 1950-е гг. начал изучать историю строительства железной дороги в Китае и связь этого строительства с империализмом. На основе насыщенных статистических данных в труде рассматривается построение железной дороги в Китае под контролем и влиянием империалистических держав, историк также обращал внимание на особенности сооружения железных дорог в Китае, получение других важных выгод империа-листических держав в Китае с помощью строительства железной дороги. Автор монографии подробно остановился на оформлении колониальной системы в тех районах, где проходила железная дорога. Он выяснил влияние империализма над железными дорогами, и изменение экономического положения в целом на территории Китая также вызвало особое внимание Ми Жучэна.

Применительно к второй половине XIX в., Ми Жучэн предложил разделить период строительства железных дорог в Китае на три этапа:

— 1860-1873 гг. -период активизации действий империалистических держав по строительству железной дороги в Китае;

— 1874-1894 гг. -первоначальное развертывание строите-льства железной дороги цинского правительства и начало борьбы империалистических держав за концессии по строительству железной дороги;

— 1895-1900 гг. -период обострения борьбы империалистических держав за концессии строительства железной дороги в Китае.

① 宓汝成:《帝国主义与中国铁路 1847-1949》，上海人民出版社 1980 年版。（Ми Жучэн. Империализм и железная дорога Китая. Шанхай, 1980.）

По мнению Ми Жучэна, контролируя строительство железной дороги в Китае, империалитические державы одновременно достигли своих экспансионистских целей, а именно: сбыта товаров, получение природных ресурсов и др. Этот процесс в значительной степени помогал империализму совершенствовать подготовку необходимых условий для дальнейшей экспансии и объективно служил фактором ускорения развала натурального хозяйства китайского общества. Строительство железной дороги в Китае под контролем империалистических стран оказывало большое влияние на то, что Китай постепенно превратился в экономическое дополнение капиталистического мира и зависимую страну[①].

Автор также отметил, что экономическая ситуация внутри ряда империалистических держав была тесно связана с их интересами в Китае, особенно в области строительства железной дороги. Например, отметил ученый, экспансия западных держав в Китае особенно усилив-алась во время мировых экономических кризисов[②].

Следует отметить, что Ми Жучэн указал на соперничество империалистических держав в ходе борьбы за строительство железной дороги, также на их совместные агрессивные действия в отношении китайского народа. Как и историки 1950-1960-х гг., Ми Жучэн продолжал и развивал так называемую концепцию существования треугольных отношений империалистических стран, цинского правительства и китайского народа[③].

Таким образом, на наш взгляд, монография Ми Жучэна является одним из важнейших исследований в области экономической экспансии западных держав в Китае.

Другим трудом, посвященным экономической экспансии западных держав в Китае является опубликованный в 1981 г. 《Антиимпе-

---

① 宓汝成:《帝国主义与中国铁路 1847-1949》, 上海人民出版社 1980 年版。(Ми Жучэн. Империализм и железная дорога Китая. Шанхай, 1980.) С. 1-2.

② Там же. С. 7-8.

③ Там же. С. 8-18.

риалистический сборник》[①]. Автор Сунь Юйтан в этой монографии подробно проанализировал экономическую экспансию западных держав в Китае в форме открытия промышленных предприятий, банков, инвестиции в строительство железных дорог и займов. Автор отметил, что японо-китайская война (1894-1895 гг.) рассматривается как разграничительная линия в экспансии западных держав в Китае. До японо-китайской войны (1894-1895 гг.) основная форма экспансии-это вывоз товаров, которую после войны заменили вывозом капитала[②].

Историк Сунь Юйтан занимался анализом банковской деятельности капиталистических стран в Китае. Он отметил, что иностранные банки на начальном этапе экспансии являлись коммерческими организациями, которые обслуживали торговлю своих стран. Однако, после 1889 г. наступил новый этап: западные державы открыли свои банки в Китае, чтобы участвовать в борьбе за раздел Китая. Банк превратился в настоящий инструмент для их экономической экспансии в Китае[③].

Что касается займов, как считал Сунь Юйтан, до японо-китайской войны (1894-1895 гг.) предоставление займов Китаю носило чисто экономический характер, ибо цель владельцев банков в этот период заключалась только в том, чтобы получить наибольшие прибы-ли с помощью предоставления займов цинскому правительству. А после японо-китайской войны (1894-1895 гг.), по мнению ученого, в силу того, что обескровленное цинское правительство было вынуждено заплатить большую контрибуцию из-за поражения в войне, империалистические державы выразили желание предоставить Китаю займы. Таким образом, делал вывод ученый, действия империалистических стран уже носили политический характер[④].

Как и Ми Жучэн, Сунь Юйтан также более подробно изложил

---

① 孙毓棠：《抗戈集》，中华书局 1981 年版。Сунь Юйтан. Антиимпериалистический сборник. Пекин, 1981.

② Там же. С. 62-63.

③ Там же. С. 148-151.

④ Там же. С. 152-154.

действия западных держав, особенно США, в Китае в ходе борьбы за строительство железной дороги в Китае в 1895-1898 гг[①]. И это не было случайностью, ибо борьба за строительство железной дороги-необходимая часть в ходе экономической экспансии империалистических держав в Китае.

Все вышесказанное позволяет говорить о том, что монография Сунь Юйтана является серьезным научным исследованием по вопросу об экономической экспансии западных держав в Китае.

Монография Ван Цзинъюя 《Экономическая экспансия западного капитализма в Китае в XIX в.》[②] также представляет собой исследование, посвященное экономической экспансии западных капиталистических стран в Китае от Первой опиумной войны (1840-1842 гг.) до японо-китайской войны (1894-1895 гг.). Автор делал акцент на конкретной экономической деятельности западных держав в Китае, таких, как торговля, финансирование, промышленность, судоходство и др.

Следует отметить, что, с одной стороны, историк Ван Цзинъюй был согласен с позицией Сунь Юйтана о роли японо-китайской войны (1894-1895 гг.), т. е. эта война может считаться своего рода разграничительной линией в экспансии западных держав в Китае, но с другой стороны, Ван Цзинъюй отметил, что изменение формы экспансии, а именно - от вывоза товаров к вывозу капитала являлось весьма сложным процессом. Поэтому, писал он, нельзя точно определить то, что до японо-китайской войны (1894-1895 гг.) экспансия проводилась только в форме вывоза товаров, а после нее только в форме вывоза капитала. Они, скорее всего, одновременно существовали[③].

Что касается культурной экспансии западных держав в Китае во

---

① 孙毓棠:《抗戈集》, 中华书局 1981 年版。Сунь Юйтан. Антиимпериалистический сборник. Пекин, 1981. С. 172-189.

② 汪敬虞:《十九世纪西方资本主义对中国的经济侵略》, 人民出版社 1984 年版。(Ван Цзинъюй. Экономическая экспансия западного капитализма в Китае в XIX в. Пекин, 1984.)

③ Там же. С. 5-6.

второй половине XIX в., то в рассматриваемый период к этой проблеме также обращались китайские историки. Например, были опубликованы монографии Гу Чаншэна《Миссионеры и Китай в новое время》[①], Ян Цзяньсиня, Ма Маньли《Иностранная экспедиция в северо-западном Китае》[②], Чжун Шухэ《Идти в мир-история изучения Запада китайскими интеллигентами в новое время》[③]. В сравнении с исследованием экономической экспансии западных держав в Китае, с нашей точки зрения, изучение историками культурной экспансии западных держав в Китае было почти новой темой. До "Культурной революции (1966-1976 гг.)" китайские историки редко занимались культурной экспансией западных держав в Китае, под которой, прежде всего, понимали миссионерскую деятельность. После революции появились новые труды о культурной экспансии западных держав в Китае. Основная идея историков состояла в том, что западные державы в XIX и начале XX в. проводили культурную экспансию в Китае для того, чтобы пропагандировать западную цивилизацию в Китае с империалистическим оттенком.

Например, в 1981 г. была опубликована монография Гу Чаншэна《Миссионеры и Китай в новое время》[④], которая стала первым трудом, посвященным истории миссионерской деятельности западных держав в Китае в период от Первой опиумной войны (1839-1842 гг.) до 1949 г. По мнению автора, миссионеры сыграли важную роль в экспансии западных держав в Китае, как практические исполнители задач внешней политики империалистических держав, они фактически участвовали во

---

① 顾长声:《传教士与近代中国》,上海人民出版社 1981 年版。(Гу Чаншэн. Миссионеры и Китай в новое время. Шанхай, 1981.)

② 杨建新、马曼丽:《外国考察家在我国西北》,河南人民出版社 1983 年版。(Ян Цзяньсинь, Ма Маньли. Иностранная экспедиция в северо-западном Китае. Чжэнчжоу, 1983.)

③ 钟叔河:《走向世界——近代知识分子考察西方的历史》,中华书局 1985 年版。(Чжун Шухэ. Идти в мир-история изучения Запада китайскими интеллигентами в новое время. Пекин, 1985.)

④ Гу Чаншэн. Миссионеры и Китай в новое время. Шанхай, 1981.

всех экспансионистских действиях, таких, как коммер-ческие, военно-политические, дипломатические, культурные, образовательные и благотворительные[①]; историк особенно делал акцент на деятельности известных миссионеров и их представительских организациях. Исследование базируется на серьезной источниковой базе-воспоминаниях, дневниках, мемуарах самих миссионеров, которые действовали в Китае во время экспансии. Так что Гу Чаншэн получил совпадение о позициях западных миссионеров и выводах историков в китайской историографии.

Что касается экспансии отдельных держав в Китае в рассматриваемый период, можно отметить, что китайско-американские отношения, как и в 1950-1960-х гг., стояли в центре внимания китайских историков 1970-х - первой половины 1980-х гг.

В 1950-1960-х гг. историки уделили значительное внимание исследованию экспансии США в Китае и китайско-американских отношений. После "Культурной революции (1966-1976 гг.)" изучение экспансии США было продолжено, а учитывая, что в Китае всегда придавали особое внимание китайско-американским отношениям, в 1970-х-первой половине 1980-х гг. в Китае появилось значительное количество исследований, посвященных в том числе и проблеме экспансии США в Китае.

Следует отметить, что лишь в 1979 г. (после того, как вскоре после Второй мировой войны, США "потеряли Китай") между Китаем и США установились официальные дипломатические отношения, улучшение отношений между двумя странами непосредственно повлияло на подход китайских историков к истории китайско-американских отношений и внешней политике США в Китае в ходе экспансии. В среде историков в эти годы началась дискуссия о сущности китайско-американских отношений, участниками которой стали виднейшие китайские историки.

---

① Гу Чаншэн. Миссионеры и Китай в новое время. Шанхай, 1981. С. 2.

Здесь необходимо отметить статью историка Ван Си《О некоторых вопросах в истории китайско-американских отношений》[①] и совместный труд Дин Миннаня, Чжан Чжэнькуня 《Исследование китайско-американских отношений: вперед или назад》[②]. В первой историк считал, что "… отношения между двумя странами переживали много изгибов и поворотов, были как историческая боль, так и хорошее впечатление", "… нельзя игнорировать дружественные моменты в истории китайско-американских отношений"[③]. Историки Дин Миннань и Чжан Чжэнькунь высказали возражения против такой позиции. В их статье[④] они указали, что сущность внешней политики США в Китае была агрессивной, история китайско-американских отношений по сути не существует без агрессивной экспансии со стороны США и движения против этой экспансии со стороны китайского народа.

Другой историк Ло Жунцюй в статье《Несколько вопросов в исследовании истории китайско-американских отношений и истории США》[⑤] высказал свое мнение об отношениях между Китаем и США. Он отметил, что в период 1950-1970-х гг. китайские ученые обращали внимание главным образом на агрессивную политику США в Китае и империалистическую сущность США. Такая точка зрения появилась из-

---

① 汪熙:《略论中美关系史上的几个问题》,《世界历史》1979 年第 3 期,第 12—19 页。(Ван Си. О некоторых вопросах в истории китайско-американских отношений. // Мировая история. Пекин, 1979. №. 3. С. 12-19.)

② 丁名楠、张振鹍:《中美关系史研究:向前推进,还是向后倒退》,《近代史研究》1979 年第 2 期,第 89—113 页。(Дин Миннань, Чжан Чжэнькунь. Исследование китайско-американских отношений: впереди или назад. // Исследование истории нового времени. Пекин, 1979. №. 2. С. 89-113.)

③ Ван Си. О некоторых вопросах в истории китайско-американских отношений. // Мировая история. Пекин, 1979. №. 3. С. 19.

④ Дин Миннань, Чжан Чжэнькунь. Исследование китайско-американских отношений: впереди или назад. // Исследование истории нового времени. Пекин, 1979. №. 2. С. 89-113.

⑤ 罗荣渠:《关于中美关系史和美国史研究的一些问题》,《中美关系史论文集》(第一辑),重庆出版社 1985 年版,第 40—62 页。(Ло Жунцюй. Несколько вопросов в исследовании истории китайско-американских отношений и истории США. // Сборник китайско-американских отношений. Ч. I. Чунцин, 1985. С. 40-62.)

за того, что историки указанного периода с момента образования КНР в 1949 г. предпочитали рассматривать экспансию западных держав в Китае с китайской стороны. По его мнению, важно рассматривать экспансию западных держав в Китае не только с китайской стороны, но и с западной.

Затем дискуссия о сущности китайско-американских отношений вызвала новые дебаты о доктрине "открытых дверей" (т. е. доктрине Хэя, 1899 г.). В 1950-1960 гг. главной мыслью китайских историков было то, что доктрина Хэя являлась важным шагом в проведении и укреплении экспансии США в Китае, поставила перед собой цель реализовать гегемонистскую политику США в Китае.

После "Культурной революции" появились новые точки зрения об этой доктрине, она стала трактоваться не столь односторонне. Например, Ван Си в статье《О некоторых вопросах в истории китайско-американских отношений》① отметил, что доктрина "открытых дверей" включала те параграфы, которые указывали на уважение суверенитета и территориальной целостности Китая. Эти пункты в определенной степени способствовали обеспечению Китая от разделения западными державами в конце XIX в., а также помогли Китаю выйти из трудностей национальных кризисов 1915 г., 1931 г. и 1937 г.

В совместной работе《Исследование китайско-американских отношений: вперед или назад》② Дин Миннань и Чжан Чжэнькунь выступили с критикой точки зрения Ван Си. Они считали, что американская доктрина "открытых дверей" представляет собой абсолютно империалистическую доктрину США в Китае. Если эта доктрина и предотвратила разделение Китая западными странами, это не потому, что США уважают суверенитет Китая, а потому, что США

---

① Ван Си. О некоторых вопросах в истории китайско-американских отношений. // Мировая история. Пекин, 1979. №. 3. С. 12-19.

② Дин Миннань, Чжан Чжэнькунь. Исследование китайско-американских отношений: впереди или назад. // Исследование истории нового времени. Пекин, 1979. №. 2. С. 89-113.

хотели участвовать в борьбе за Китай наравне с европейскими державами. Впоследствии Дин Миннань в статье 《Историческое изучение американской доктрины “открытых дверей”》[①] еще раз уточнил позицию. Он обратил внимание на империалистическую сущность доктрины “открытых дверей”, хотя эта доктрина в той или иной степени играла важную роль в удержании Китая от раздела западными державами, но ее цель по сути заключалась в том, чтобы защищать интересы США на Дальнем Востоке, в частности, в Китае. США, как империалистическая страна, не намеревалась учитывать суверенитет и территориальную целостность Китая и жертвовать собой ради интересов этой страны.

Ло Жунцюй в статье《Несколько вопросов об исследовании истории китайско-американских отношений и истории США》[②] также выразил свое мнение о доктрине “открытых дверей”. По мнению Ло Жунцюя, эта доктрина соответствовала исключительно интересам США. Анализируя американские документы, историк отметил, что в этой доктрине не было тех пунктов, которых защищают суверенитет и территориальную целостность Китая. Вместе с тем, он полагал, что нельзя слишком просто оценивать роль доктрины “открытых дверей” во время экспансии западных держав в Китае. С одной стороны, она ослабляла конфликты держав в борьбе за Китай; с другой стороны, из-за того, что западные державы обусловили друг друга в ходе экспансии в Китае, эта доктрина также в какой-то степени “помогала” Китаю избежать потери своего суверенитета.

Другой историк У Цзяцзин также остановился на политике “открытых дверей”. В статье 《Политика “открытых дверей”-одна

---

① 丁名楠：《关于美国对华门户开放政策的若干历史考察》，《中美关系史论文集》（第二辑），重庆出版社 1988 年版，第 126—127 页。（Дин Миннань. Историческое обследование о американской доктрине “открытых дверей”. // Сборник китайско-американских отношений. Ч. II. Чунцин, 1988. С. 126-127.）

② Ло Жунцюй. Несколько вопросов в исследовании истории китайско-американских отношений и истории США. // Историческое исследование. Пекин, 1980. №. 3. С. 40-62.

страница внешней политики США в Китае》[①] полагал, что возникновение политики “открытых дверей” не зависит от субъективного желания власти США. Причины провозглашения этой политики в большей степени определялись политическим и экономическим положением США. По мнению У Цзяцзина, за политикой “открытых дверей” кроется экспансия в Китае, составляющей которой являются вывоз товаров и капитала в эту страну. Сян Жун в статье《О политике “открытых дверей”》[②] изучал эту политику со стороны китайско-американского договора “Вандя”. Историк, бросая ретроспективный взгляд на прошлое, отметил, что доктрина “открытых дверей” представляла собой фактически повторение параграфа, содержавшегося в договоре “Вандя” между Китаем и США о режиме наибольшего благоприятствования. Так что политика “открытых дверей” по сути дела также являлась агрессивной внешней экспансионистской политикой США в Китае. Что касается дополнительного пункта о “Уважении к суверенитету и территориальной целостности Китая”, автор полагал, это только для того, чтобы иметь возможность продолжить экспансию США в Китае.

Таким образом, дискуссия о сущности китайско-американских отношений и политике “открытых дверей” в китайской исторической науке подтвердила тезис об агрессивной сущности политики США в Китае. Необходимо отметить, что китайские историки рассматриваемого периода обращали особое внимание на деятельность китайских эмигрантов в США, на их вклад в дело этой страны.

Что касается китайско-английских отношений, они также не были обойдены вниманием китайских ученых. Здесь необходимо отметить

① 吴嘉静:《“门户开放”—美国对华政策史一页》,《复旦学报》1980 年第5 期, 第38—47 页。(У Цзяцзин. Политика “открытых дверей” -одна страница внешней политики США в Китае. // Вестник университета “Фудань”. Шанхай, 1980. №. 5. С. 38-47.)

② 向荣:《论“门户开放”政策》,《世界历史》1980 年第 5 期, 第 77—80 页。(Сян Жун. О политике “открытых дверей”. // Всемирная история. Пекин, 1980. №. 5. С. 77-80.)

монографию Ван Шэнцзу 《Сборник по истории китайско-английских отношений》[1], который является одним из самых главных трудов об английской экспансии в Китае в XIX в. в китайской историографии 1970-х-первой половины 1980-х гг. Историк Ван Шэнцзу полагал, что период 1860-1890-х гг. сыграл важную роль в ходе экспансии Англии в Китае. В этот период капиталистические державы одновременно наступали на Китай, совершая экспансионистские действия не только в приморских районах Китая, но и во внутренних районах страны. Кроме того, экспансия распространялась и на территории зависимых от Китая стран. Возник так называемый пограничный кризис По мнению автора, в такой сложной исторической ситуации Англия сохранила свое место как главный колонизатор среди западных стран. Исследуя расширение экспансии Англии вглубь Китая, историк Ван Шэнцзу делал акцент как на торговых и дипломатических отношениях между Англией и Китаем, так и на "Чифуской конвенции". Вместе с тем, он писал и о захвате Японией Тайваня в 1874 г. и участии Англии в этом деле, о дипломатии Англии в Китае во время франко-китайской войны (1884-1885 гг.) с акцентом на том, что Англия хотела именно дипломатическими методами достигнуть своих экспансионистских целей. Что касается экспансии Англии в пограничных районах Китая, автор остановился на борьбе в Синьцзяне между Англией и Россией в 1860-1870 гг. и экспансии Англии в Тибете в 1880-1890 гг.

Необходимо отметить, что историк Ван Шэнцзу в целом обращал внимание на внешнюю политику Англии в Китае, ее отношения с цинским правительством и другими западными державами. Он полагал, что Англия поддерживала феодальную власть цинской династии, чтобы она смогла удержать свою власть и подавить восстание народа[2]. Историк также отметил, что английское правительство контролировало

---

① 王绳祖:《中英关系史论丛》, 人民出版社 1981 年版。(Ван Шэнцзу. Сборник по истории китайско-английских отношений. Пекин, 1981.)

② Там же. С. 4.

центральную китайскую власть и избегало прямых конфликтов с местными властями и народом. Отношению Англии к другим державам также уделялось внимание ученым, по мнению Ван Шэнцзу, Англия поддерживала предоставленную американцем Берлингемом "политику сотрудничества".

Китайские историки в 1970-х - первой половине 1980-х гг. также обратили особое внимание на экспансию Англии в Тибете. В монографии 《Агрессивный акт империализма в Тибете》[①] Чжу Цзыжун продолжал и развивал исследование историка Шэ Су[②] (см. вторая глава диссертации) и дополнил ее новыми материалами об экспансионистской деятельности России в Тибете в конце XIX и начале XX вв. Как он отметил, история агрессии империализма в Тибете в самом деле является историей конфликта и сотрудничества в борьбе за Тибет между Англией и Россией.

Чжоу Вэйчжоу также обратил внимание на экспансию империалистических стран в Тибете в конце XIX в. В своей монографии 《Очерк истории агрессии Англии и России в Тибете》[③] он делал акцент на экспансии Англии в Тибете и англо-русских отношениях в этом районе Китая.

Надо отметить, что Чжоу Вэйчжоу выделил пять периодов в ходе экспансии Англии в Тибете:

— 1773-1840 гг.: захват зависимых от Китая стран в районах Гималайских гор;

— 1840-1887 гг.: попытка открытия Тибета для путешествий, коммерской деятельности и др;

— 1888-1902 гг.: первая война в Тибете 1888 г., заключение

---

① 朱梓荣:《帝国主义在西藏的侵略活动》，西藏人民出版社 1980 年版。(Чжу Цзыжун. Агрессивный акт империализма в Тибете. Лхаса, 1980.)

② 佘素:《清季英国侵略西藏史》，世界知识出版社 1959 年版。(Шэ Су. История экспансии Англии в Тибете во время цинской династии. Пекин, 1959.)

③ 周伟洲:《英俄侵略我国西藏史略》，陕西人民出版社 1984 年版。 (Чжоу Вэйчжоу. Очерк истории агрессии Англии и России в Тибете. Сиань, 1984.)

договоров, экономическая экспансия в Тибете;

— 1903-1910 гг.: вторая война в Тибете 1903 г., заключение дополнительного договора, углубление полуколонизации Тибета;

— 1911-1919 гг.: ведение ряда раскольнической деятельности в Тибете.

Необходимо отметить, что в 1982 г. китайское правительство выразило свою позицию, заявив о возвращении суверенитета Гонконга (Сянгана). Китайские историки с тех пор обратили многое внимание на историю захвата Англией территории Гонконга (Сянгана) и саму историю этого района①.

В 1970-х-первой половине 1980-х гг. китайские историки продолжали заниматься и китайско-французскими отношениями, в частности, экспансией Франции в Китае во второй половине XIX в. Можно отметить, что ученые в основном делали акцент на франко-китайской войне (1884-1885 гг.). Они обычно останавливались на следующих проблемах: сущности франко-китайской войны (1884-1885 гг.), мероприятиях цинского правительства в этой войне, отношениях западных держав во время войны и влиянии войны на международные отношения.

Историки Юй Юйлян и Дин Миннань обсудили сущность франко-китайской войны (1884-1885 гг.). В статье《Сущность франко-китайской

① 丁名楠:《英国侵占香港地区的经过》,《近代史研究》1983 年第 1 期, 第 149—162 页; 余绳武、杨诗浩:《中英有关香港的三个条约问题》,《人民日报》1983 年 10 月 10 日; 陈胜粦:《香港地区被迫“割让”和“租借”的历史真相》,《学术研究》1983 年第 2 期, 第 89—94 页; 1983 年第 3 期, 第 85—95 页。(Дин Миннань. Процесс захвата Англией Гонконга. // Исследование истории новейшего времени. Пекин, 1983. №. 1. С. 149-162.; Юй Шэнъу, Ян Шихао. Три договорной проблемы о Гонконге между Китаем и Англией. // Газета “Жэньминь”. Пекин, 10, 10, 1983.; Чэнь Шэнлинь. Историческая правда о вынужденной аренде Гонконга. // Научное исследование. Гуанчжоу, 1983. №. 2. С. 89-94, Гуанчжоу, 1983. №. 3. С. 85-95.)

войны и причины поражения》① Юй Юйлян первый выразил свое мнение о позиции некоторых вьетнамских историков, писавших о том, что цель отправления войск цинского правительства во Вьетнам заключалась в том, чтобы оказать помощь Вьетнаму, а не для того, как вьетнамские историки считали, чтобы участвовать в колониальной борьбе с Францией за Вьетнам. В статье《Первоначальные заметки о некоторых вопросах франко-китайской войны》② Дин Миннань также указал на сущность этой войны: она является агрессивной войной за колонию, инициатором которой является французское правительство, представляющее интересы финансовых монополий. Цинское феодальное правительство являлось антиагрессивной стороной. Оно участвовала в этой войне, чтобы защищать и укрепить свое господство в собственной стране.

Историки Сюн Чжиюн③, Ма Хунлинь④ также обращали внимание на франко-китайскую войну (1884-1885 гг.), акцентировав внимание на политике цинского правительства. В статье《Подход цинского правительства к франко-китайской войне》⑤ Сюн Чжиюн отметил, что одной из причин поражения цинского правительства в этой войне являлось то, что оно проводило политику капитуляции во время войны. Ма Хунлинь полагал, что китайское правительство во главе с Ли

---

① 庾裕良:《论中法战争的性质和失败原因》,《学术论坛》1982 年第 4 期,第 84—87 页。(Юй Юйлян. Сущность франко-китайской войны и причины поражения. // Форум научного исследования. Наньнин, 1982. №. 4. С. 84-87.)

② 丁名楠:《关于中法战争几个问题的初步探索》,《历史研究》1984 年第 2 期,第 83—94 页。(Дин Миннань. Первоначальное прослеживание о нескольких вопросах о франко-китайской войне. // Историческое исследование. Пекин, 1984. №. 2. С. 83-94.)

③ 熊志勇:《论中法战争中清政府的态度》,《学术论坛》1983 年第 4 期,第 67—71 页。(Сюн Чжиюн. О подходе цинского правительства к франко-китайской войне. // Форум научного исследования. Наньнин, 1983. №. 4. С. 67-71.)

④ 马洪林:《略论中法战争前夜清政府对西南边疆危机的态度》,《上海师范大学学报》1983 年第 4 期,第 78—84 页。(Ма Хунлинь. О подходе цинского правительства к пограничному крузису на Юго-западе Китая накануне франко-китайской войны. // Вестник шанхайского педагогического университета. Шанхай, 1983. №. 4. С. 78-84.)

⑤ Сюн Чжиюн. О подходе цинского правительства к франко-китайской войне. // Форум научного исследования. Наньнин, 1983. №. 4. С. 67-71.

Хунчжаном не учитывало те обстоятельства, что судьба Вьетнама была тесно связана с безопасностью Китая, а также не осознавало военную слабость Франции. Это привело к поражению Китая в войне.

Что касается отношения других западных держав к франко-китайской войне, китайские ученые также обратили на это внимание. В статье《Дипломатия колониализма во франко-китайской войне》① Цю Цзинь остановился на подходе Англии, США и Германии к франко-китайской войне. По его мнению, западные державы стремились достигнуть своих экспансионистских целей посредством вмешательства в войну. Англия являлась настоящим пособником Франции, она играла большую роль в примирении в пользу Франции. Германия сохраняла нейтралитет, чтобы отвлечь внимание Франции от европейских дел, и одновременно продавала оружие китайской стороне.

Надо отметить, что китайские историки обращали внимание и на последствия франко-китайской войны (1884-1885 гг.). Хуан Гоань② полагал, что после этой войны Франция получила новые привилегии в Китае, такие, как открытие предприятий, банков, строительство железной дороги и др., которые ускорили полуколонизацию района “Лянгуан” (т. е. провинции Гуандун и Гуанси в настоящее время). В статье《Агрессия французского финансового капитала в Китае после франко-китайской войны》③ Чжэн Цзяду делал акцент на экономической экспансии Франции в Китае после франко-китайской войны (1884-1885 гг.). Дин Миннань также обращал внимание на влияние этой войны, в своей статье《Первоначальные заметки о некоторых вопросах франко-

① 丘进:《中法战争中的殖民主义强权外交》,《暨南学报》1985 年第 1 期, 第 52—60 页。(Цю Цзинь. Дипломатия колониализма во франко-китайской войне. // Вестник цзинаньскго университета. Гуанчжоу, 1985. №. 1. С. 52-60.)

② 黄国安:《中法战争的结局与两广地区半殖民化》,《学术论坛》1983 年第 3 期, 第 71—74 页。(Хуан Гоань. Результат франко-китайской войны и полуколонизация района “Лянгуан”. // Форум научного исследования. Наньнин. 1983. №. 3. С. 71-74.)

③ 郑家度:《中法战争后法国金融资本对我国的侵略》,《学术论坛》1983 年第 3 期, 第 75—77 页。(Чжэн Цзяду. Агрессия французского финансового капитала в Китае после франко-китайской войны. // Форум научного исследования. Наньнин, 1983. №. 3. С. 75-77.)

китайской войны》[①] он отметил, что посредством войны с Китаем Франция стала обладать важным плацдармом для дальнейшей экспансии в Азии, а для китайской стороны эта война углубила степень зависимости цинского правительства от западных держав.

Кроме франко-китайской войны (1884-1885 гг.), внимание историков также было сосредоточено на культурной стороне китайско-французских отношений. Например, Чжан Чжилянь[②] обратил внимание на культурное влияние двух стран. По его мнению, просветительское движение оказало большое влияние на китайских революционеров.

В 1970-х-первой половине 1980-х гг. в китайской историографии исследование экспансии Германии в Китае еще не получило серьезного развития. Историки, как и раньше, в основном обращали внимание на экспансию Германии в провинции Шаньдун и захват Германией Цзяочжоу, об этом был опубликован ряд статей[③].

Надо отметить, что Чэнь Цзияо проследил китайско-германские торговые отношения в XIX в. Он полагал, что со второй половины XIX в. Германия начала самостоятельно заниматься торговлей с Китаем, а не через Англию. Торговый курс германского правительства в Китае заключался в том, чтобы доминировать над китайским рынком и избежать экономического кризиса в своей стране. Вместе с тем, Германия хорошо знала место Англии в торговле с Азией, так что она очень осторожно расширяла свое влияние в Китае, используя конфликты между западными державами. С 1870 до 1900 гг. Германия

---

① Дин Миннань. Первоначальное прослеживание о нескольких вопросах о франко-китайской войне. // Историческое исследование. Пекин, 1984. №. 2. С. 83-94.

② 张芝联:《历史上的中法关系》,《历史教学》1980 年第 3 期,第 14—19 页。(Чжан Чжилянь. История китайско-французских отношений. // преподавание истории. Тяньцзинь, 1980. №. 3. С. 14-19.)

③ 胡汶本:《试论德国帝国主义在山东势力的形成(1897—1914)》,《文史哲》1982 年第 1 期,第 44—54 页;陈纪遥:《十九世纪中德贸易往来》,《中国社会经济史研究》1985 年第 2 期,第 85—89 页。(Ху Вэньбэнь. Оформление влиянии Германии в Шаньдуне. // Литература, история и философия. Цзинань, 1982. №. 1. С. 44-54; Чэнь Цзияо. Торговые отношения между Китаем и Германией в XIX в. // Исследование истории экономики в китайском обществе. Пекин, 1985. №. 2. С. 85-89.)

наращивала темпы экономического развития и увеличила свое торговое представительство среди западных держав: к 1900 г. она уже занимала второе место в торговле с Китаем после Англии.

На основании сравнительного анализа трудов советских и китайских историков 1970-х-первой половине 1980-х гг. по теме экспансии, можно прийти к следующим выводам:

Во-первых, в советской исторической науке рассматриваемого периода количество исследований по экспансии западных держав в Китае во второй половине XIX в. уменьшалось, а в китайской историографии, наоборот, увеличилось. Это, на наш взгляд, связано с внутриполитическим положением двух стран.

Тема экспансии западных держав в Китае во второй половине XIX в. является одной из самых актуальных тем для китайских историков, а для советских исследователей она представляет собой второстепенную тему. Необходимо отметить, что количество исследований не имеет отношения к их качеству.

Как в советской историографии, так и в китайской историографии 1970-х-первой половине 1980-х гг. ученые продолжали изучать тему экспансии. Появилось новое и важное направление в изучении этой темы. Например, в обеих историографиях продолжено, а фактически начато серьезное изучение экспансии западных держав в Китае в культурном плане. На наш взгляд, можно сказать, что конкретное содержание в исследовании этого периода стало более емким и широким, нежели в предыдущем.

Во-вторых, в советской историографии внимание историков в этот период было сосредоточено на роли экспансии западных держав в Китае в международном плане, а в китайской историографии 1970-х - первой половины 1980-х гг. историки обличали агрессивность экспансии западных держав в Китае в 1860-1900 гг. В целом период 1970-х - первой половины 1980-х гг. в китайской историографии является поворотным периодом. Взгляды китайских ученых с этого времени перешли от обличения агрессивной экспансии западных держав в Китае к развитию

Китая под влиянием западной экспансии в новейшее время. По мнению большинства китайских историков, цель изучения истории экспансии западных держав в Китае заключилась именно в том, чтобы помочь Китаю выйти из трудностей и отсталости, ибо эмоционально критиковать экспансию западных держав в Китае и обличать реакционную деятельность этих стран было недостаточно. Так что позиция китайских ученых об экспансии стала более объективной и повлияла на точку зрения современных китайских исследователей. Современные китайские историки полагают, что экспансия западных держав в Китае в XIX в. в значительной степени способствовала модернизации современного Китая.

В-третьих, в 1950-1960-е гг. в советской и китайской историографии тема экспансии имела больше политическое и эконом-ическое значение, а в 1970-х - первой половине 1980-х гг. историки двух стран занимались этой темой не только в политическом и экономическом отношении, но и в культурном и общественном. В самом деле, политическая, экономическая и культурная экспансия в большой степени сосуществовали и взаимодействовали друг с другом.

Таким образом, как в советской, так и в китайской историографии тема экспансии западных держав в Китае в 1860-1900-х гг. получила новое развитие в 1970-х - первой половине 1980-х гг.

Глава IV. Экспансия западных держав в Китае в 1860-1900-х гг. и трактовка проблемы современной российской исторической наукой

IV. 1 Экспансия западных держав в Китае в 1860-1900-х гг. и разработка проблемы современными российскими исследователями

После 1985 г. советские и российские историки продолжали уделять внимание теме экспансии западных держав в Китае во второй половине XIX в. Однако, они обратили внимание на этот вопрос в контексте внешней политики и дипломатии западных стран в целом, в том числе на дальневосточном направлении.

В первую очередь, нам представляется важным, что в этот период ученые обратили особое внимание на историю США и сделали акцент на внешней политике и дипломатии этой страны. Были опубликованы следующие труды: 《История США》 в 4-х томах[①], монографии 《История внешней политики и дипломатии США 1775-1877》[②], 《Дипломатическая история США 1877-1919》[③] и 《История внешней

---

① История США в 4-х томах. Севостьянов Г. Н. (гл. ред.). Т. II. 1877-1918. Куропятник Г. П. (отв. ред.). М., 1985.

② История внешней политики и дипломатии США 1775-1877. Болховитинов Н. Н. (отв. ред.). М., 1994.

③ Кравченко И. Н. Дипломатическая история США 1877-1919. М., 2002.

политики и дипломатии США 1867-1918》[1], а также сборник трудов 《Внешняя политика США в последней трети XIX в.》[2]. Можно отметить, что в этих исследованиях тема экспансии США в Китае во второй половине XIX в. в той или иной степени была затронута, она стала необходимой составляющей в освещении как истории США, так и внешней политики этой державы.

Среди трудов о внешней политике США коллективная работа 《История США》 в 4-х томах занимала важнейшее место в советской и российской историографии рассматриваемого периода, второй том которой был посвящен истории США в 1877-1918гг, т. е. от Гражданской войны (1861-1865 гг.) в США и Реконструкции Юга до окончания Первой мировой войны. В центре внимания историков находились проблемы перерастания капитализма свободной конкуренции в монополистический, влияние этого процесса на рост рабочего, фермерского и демократического движения, связь между империализмом и внешнеполитической экспансией.

Используя достижения советских историков предыдущего периода (1950-1970 гг.), например, А. Л. Нарочницкого, А. А. Губера и других, авторский коллектив изучал документы в архивах, рукописных фондах и библиотеках США и других стран, а также привлек новые материалы для исследования: протоколы заседаний конгресса США, опубликованные дневники, переписку и мемуары государственных и общественных деятелей, статистические данные, периодические издания и прессу.

Необходимо отметить, что в отличие от концепции историков предыдущего периода авторы второго тома 《Истории США》 под редакцией Г. Н. Севостьянова смогли проанализировать внешнюю

---

① История внешней политики и дипломатии США 1867-1918. Под ред. Куропятника Г. П. М., 1997.

② Ганелин Р. Ш. Миссия Бэрлинхема и американо-китайский договор 1867 г. // Внешняя политика США в последней трети XIX в. Межвузовский сборник научных трудов. Л., 1991. С. 36-49.

политику США 1877-1918-х гг. и ее основные направления в целом. По их мнению, в первые 15-20 лет после Гражданской войны (1861-1865 гг.) правительство США было занято решением политических проблем Реконструкции Юга, освоением западных земель и бурным хозяйственным строительством. Однако США не обладали достаточной военной силой для экспансии во всех направлениях, хотя уже тогда стали проявляться экспансионистские планы этой страны, особенно в отношении американского континента и АТР (Азиатско-Тихоокеанского региона). Как показали авторы, морские порты и базы на Тихом океане должны были сыграть роль трамплина для дальнейших захватов на подступах к Азии, прежде всего к Китаю①. Так что Китай в экспансионистских планах США занимал особое место.

Историки указали на мотивы будущей экспансии США, изложили главные события, конкретные шаги американских правительств в этом направлении, а также указали на особенности внешней политики США применительно к Китаю. В целом, с точки зрения авторского коллектива, хотя расширение внутреннего рынка в США в определенной степени замедлило внешнюю экспансию американской буржуазии, оно отнюдь не исключило ее. Под давлением крупных промышленников и торговцев правительство поощряло экспансию. Кроме того, монополистические круги США видели удобный способ отвлечь массы от обостряющихся внутренних социальных и классовых проблем②.

Следует отметить, что авторы анализируемого труда, говоря об экспансии США на Дальнем Востоке, прежде всего имели в виду отношения США с тремя главными странами этого региона, а именно: Китаем, Японией и Кореей. Причем, американо-японские отноше-ния и американо-корейские отношения были тесно связаны с политикой США и в отношении Китая, а именно "... американо-японские

---

① История США в 4-х томах. Севостьянов Г. Н. (гл. ред.). Т. II. 1877-1918. Куропятник Г. П. (отв. ред.). М., 1985. С. 9.

② Там же. С. 139.

отношения конца XIX в. характеризовались стремлением использовать японскую агрессию против Китая..."①, а экспансия в Корее "... в немалой степени объяснялась ее выгодным стратегическим положением как плацдарма экспансии - на юг и на север - против Китая и России на Дальнем Востоке"②. Таким образом, можно отметить, что Китай играл важнейшую роль в дальневосточной политике США, и советские ученые 1980-х гг. делали на этом акцент, отмечая, что США стремились к экспансии, и строили свою политику на противоре-чиях между дальневосточными странами.

Авторы также обобщили характерные черты политики США в Китае: двойственность и противоречивость③. Первая заключалась в том, что, с одной стороны, США вступили в отношения с Китаем позже других империалистических держав, поэтому их политика во многом определялась влиянием европейских держав; а с другой стороны, США все время пытались теснить европейских конкурентов из китайского рынка.

Вместе с тем, политика США в Китае была противоречивой. Играя роль《защитника》интересов Китая, правительство США во многих областях на самом деле действовало противоположным образом. Об этом свидетельствует роль США в урегулировании японо-китайских противоречий. Историки 1980-х гг. сосредоточились не только на американо-китайских отношениях, но и на тех проблемах, которые из них вытекали, а именно: иммиграция из Китая в США, статус американских торговых фирм в Китае, политика "добрых услуг", чтобы доказать, что внешнее дружелюбие сменилось существенными трениями в американо-китайских отношениях.

Представляется важным, что историки 1980-х гг. отметили роль миссионерства в ходе экспансии США в Китае, показав, что "... миссионеры различными путями поставляли информацию предпринима-

---

① История США в 4-х томах. Севостьянов Г. Н. (гл. ред.). Т. II. 1877-1918. Куропятник Г. П. (отв. ред.). М., 1985. С. 140.

② Там же. С. 141.

③ Там же. С. 141.

тельским и внешнеполитическим учреждениям, выполняли роль переводчиков..."[①], т. е. они фактически содействовали проводимой США политике. В целом стоимость собственности американских миссий в Китае увеличилась с 1 млн. долл. в 1875 г. до 5 млн. в 1900 г., что составило пятую часть всех капиталовложений США в Китае. Позиция авторского коллектива совпадала с концепцией А. А. Мурадяна[②] о роли миссионеров в экспансионистской деятельности.

Таким образом, по мнению авторского коллектива под редакцией Г. Н. Севостьянова, экспансия США в Китае в 1877-1898-х гг. является одной частью дальневосточного направления экспансионистской политики США в целом. На наш взгляд, характер труда не позволил авторскому коллективу достаточно подробно остановиться на всех проблемах, связанных с экспансией США в Китае, однако, он стал серьезной основой для дальнейших исследований советских историков, свидетельством этого является опубликованная в 1985 г. монография, которая была связана с темой экономической экспансии. Это монография А. А. Фурсенко《Нефтяные войны (конец XIX - начало XX в.)》[③]. Как отметил автор, нефтяные войны стали органической частью мирового империалистического конфликта в борьбе за источники сырья, рынки сбыта, монопольные прибыли и сферы влияния. Они представляли собой неотъемлемый компонент международных отношений.

Необходимо отметить, что А. А. Фурсенко указал на два фактора, связанные с нефтяными войнами капиталистических держав. Первый состоял в том, что характер нефтяных войн эволюционировал по мере того, как менялось значение нефти, например, первоначально продукт для осветительных целей-керосин - стал главной причиной экономической экспансии на Дальнем Востоке. Вторым фактором являются нефтяные

---

① История США в 4-х томах. Севостьянов Г. Н. (гл. ред). Т. II. 1877-1918. Куропятник Г. П. (отв. ред.). М., 1985. С. 145.

② Мурядян А. А. Американские миссионеры в странах Дальнего Востока, юго-восточной Азии и Океании в XIX в. М., 1971.

③ Фурсенко А. А. Нефтяные войны (конец XIX-начало XX в.). М., 1985.

монополии капиталистических держав. В конце XIX в. главными производителями нефти и ее поставщиками на мировой рынок являлись Россия и США. В Соединенных Штатах Америки появился нефтяной трест Рокфеллера《Стандард ойл К°》, а в России нефтяные корпорации Нобеля и Ротшильдов. По мнению автора, столкновение между нефтяным трестом Рокфеллера и хозяевами русской нефти положило начало первым нефтяным войнам на международной арене[1].

Впоследствии А. А. Фурсенко подробно проанализировал керосиновые войны на Дальнем Востоке. Как отметил историк, сбыт керосина на Дальнем Востоке был делом прибыльным и перспективным. Автор показал как соперничество, так и партнерство между нефтяными корпорациями США, России, Нидерландов и других стран на Дальнем Востоке в конце XIX в. Дело в том, что несмотря на всю остроту русско-американского конфликта, во взаимоотношениях владельцев американской и российской нефти была выработана некая форма сосуществования, достигнуто некое равновесие на рынке керосина Китая. Но появление нового конкурента, а именно Королевской Нидерландской компании, на рынке Дальнего Востоке снова нарушило относительно равномерное положение. Как отмечалось в монографии, к концу 1890-х гг. Королевская Нидерландская компания развивалась быстрыми темпами. Ввоз керосина из Нидерландской Индии в Китай был начат в 1893 г. А в 1898 г. импорт керосина в Китай через Королевскую Нидерландскую компанию по объему уже примерно равнялся русскому и менее, чем вдвое уступал американскому[2]. Таким образом, на Дальнем Востоке, в частности, в Китае, развернулась острая конкуренция за сбыт керосина между США, Россией и европейскими державами.

А. А. Фурсенко также изложил историю русско-американского сотрудничества в области банковской деятельности в Китае. Это

---

① Фурсенко А. А. Нефтяные войны (конец XIX-начало XX в.). М., 1985. С. 5.

② Там же. С. 75-76.

объяснилось тем, как отметил историк: "... к вопросу об участии в нефтяном деле России американский капитал подошел с другой стороны"①. В поисках денежных займов, к которым Министерство финансов России прибегало регулярно, в конце 1898 г. С. Ю. Витте (министр финансов России 1892-1903 гг.) зондировал возможность получения кредитов в США. Как раз в этот момент американские банки предложили России займ. За соглашением о займе 1899 г. последовали переговоры между《Нейшенл сити бэнк》и Петербургским Международным банком в целях расширения русско-американских экономических связей по разным линиям. В результате была достигнута договоренность о расширении деловых отношений между《Нейшенл сити бэнк》, с одной стороны, и Русско-китайским и международным банком, с другой.

По мнению А. А. Фурсенко, тот факт, что на переговорах США также представлял Русско-китайский банк, не был случайностью. Дело в том, что среди обсуждавшихся вопросов между российскими и американскими банками важное место занимала проблема американской торговли на Дальнем Востоке, особенно в Китае②. С одной стороны, во главе с нефтяной корпорацией《Стандард ойл К°》американские предприниматели проявляли большую заинтерессванность в торговле в Китае, с другой стороны, они стремились освободить свою дальневосточную торговлю от английской зависимости. Дело в том, что вплоть до начала XX в. финансирование американского экспорта на Восток осуществлялось английскими банками, а сбыт американских товаров в самом Китае осуществлялся через агентства британских фирм. Даже крупнейшая американская корпорация《Стандард ойл К°》вынуждена была постоянно пользоваться услугами британского капитала.

Таким образом, создавалось русско-американское банковское объединение для операций на Дальнем Востоке. С одной стороны, это

---

① Фурсенко А. А. Нефтяные войны (конец XIX-начало XX в.). М., 1985. С. 88.
② Там же. С. 89-90.

Шанхайское отделение Русско-китайского банка, с другой, 《Нэйшенл сити бэнк》. Это одновременно содействовало успеху 《Стандард ойл К°》, ибо около половины торговых сделок, связанных с продажей керосина, проходило через Шанхайское отделение Русско-китайского банка. А так как за спиной банков стояла компания 《Стандард ойл К°》, можно сделать вывод о ее роли в экономической экспансии США в Китае.

Таким образом, заслугой А. А. Фурсенко является то, что он исследовал тему экспансии с экономической стороны, показав сложные отношения между нефтяными трестами. С одной стороны, как показал историк, была острая конкуренция между этими корпорациями, с другой стороны, они также сотрудничали и уступали друг другу в определенных условиях. Применительно к Китаю автор монографии показал роль американских монополий, в частности, 《Стандард ойл К°》, в закабалении Китая. На наш взгляд, историк сделал акцент на банковском сотрудничестве между российской и американской банками, что позволило нам в новом ракурсе понимать экономическую экспансию США в Китае.

Что касается внешней политики и дипломатии США, в рассматриваемый период историки также уделили этому внимание. В монографии 《История внешней политики и дипломатии США 1867-1918》 под редакцией Г. П. Куропятника[①], изданной в 1997 г., была показана внешняя политика США на Дальнем Востоке во второй половине XIX в. -начале XX в. во всей ее многоаспектности.

Эта монография носит обобщающий характер. Ученые стремились дать действительно объективную историю внешней политики и дипломатии США во всем мире, в частности, в Китае. Следует отметить, что авторы монографии опирались на выводы таких советских ученых, как Г. В. Ефимов, А. Л. Нарочницкий, А. А. Губер и другие, с

① История внешней политики и дипломатии США 1867-1918. Под ред. Куропятника Г. П. М., 1997.

одновременным привлечением новых документальных материалов не только из архивов России, но и США, Англии и других стран, что позволило им объективно выяснить суть внешней политики и дипломатии США.

Говоря о внешней политике США в Китае, Г. П. Куропятник, будучи автором второй главы монографии и одновременно редактором, обратил внимание на следующие тенденции в политике США в отношении Китая в 1870-1890-х гг.: такие, как поощрение США японской агрессии в Китае, преследование китайских иммигрантов в США, неудовлетворенность американских бизнесменов условиями, в которых находились в Китае американские торговые компании. Следует отметить, что автор полагал, что в отношении Китая правительство США проводило двойственную и противоречивую политику[①], такая позиция в полной мере совпадала с концепцией авторского коллектива, 《История США》 в 4-х томах, в частности, И. П. Кравченко.

Авторы седьмой главы монографии А. А. Фурсенко и В. В. Носков сделали акцент на доктрине "открытых дверей". Представляется важным отметить, что они сумели под иным углом зрения рассмотреть эту американскую политику. По их мнению, изменение характера внешней политики США было тесно связано с завершением территориального раздела мира и поставленными перед дипломатией новыми задачами обеспечения благоприятных условий для более интенсивного проникновения на рынки сбыта и расширения сферы приложения капитала. В этих условиях, отметили ученые, в конце XIX в. наметилась тенденция отхода от политического патернализма и привлечения на дипломатическую службу прямых ставленников крупного бизнеса в ущерб настоящим дипломатам, и это особенно ярко проявилось во внешнеполитической практике госдепартамента при проведении США в жизнь доктрины

① История внешней политики и дипломатии США 1867-1918. Под ред. Куропятника Г. П. М., 1997. С. 65.

"открытых дверей"[1].

Ученые также уделили внимание происхождению доктрины "открытых дверей" и дали ей своеобразную оценку. По их мнению, доктрина "открытых дверей" появилась на пути американской экспансии в Китае, однако, она имела принципиальное значение для всей внешней политики США. Ибо эта доктрина считается одним из важнейших инструментов политики США на международной арене[2]. Говоря о происхождении политики "открытых дверей", историки отметили, что решающую роль в ее появлении на свет сыграли заинтересованные деловые круги США во главе с《Америкен Чайна дивелопмент компани》. Такая точка зрения совпадала с мнением А. А. Фурсенко, высказанным еще в 1950-х гг.[3]

Необходимо отметить рецензию Н. В. Николаева на данную монографию[4], в которой автор отметил, что монография《История внешней политики и дипломатии США 1867-1918》под редакцией Г. П. Куропятника представляет высококвалифицированный анализ ключе-вых проблем истории внешней политики и дипломатии США за 50 лет. Она имеет высокую научную ценность. С этой точкой зрения можно согласиться.

Таким образом, в данной монографии изложена экспансия США в Китае с точки зрения внешней политики этой страны. Авторский коллектив не только исследовал конкретные внешние действия США в Китае, но и проанализировал и дал оценку политике "открытых дверей", применительно к дальневосточному направлению. На наш взгляд, эта монография является серьезным дополнением коллективного труда《История США》под редакцией Г. Н. Севостьянова.

---

① История внешней политики и дипломатии США 1867-1918. Под ред. Куропятника Г. П. М., 1997. С. 8.

② Там же. С. 194-195.

③ Фурсенко А. А. Борьба за раздел Китая и американская доктрина《открытых дверей》1895-1900. М., 1956.

④ Николаев Н. В. История внешней политики и дипломатии США 1867-1918. // Новая и новейшая история. 2000. №. 1. С. 232-233.

Кроме того, необходимо отметить, что в 1991 г. появился сборник 《Внешняя политика США в последней трети XIX в.》[①], в котором была опубликована статья Р. Ш. Ганелина, посвященная истории миссии Э. Бэрлинхема и характеристике международной обстановки, в которой была предпринята эта миссия, служившая целям осуществления американской политики в Китае. Р. Ш. Ганелин отметил заслуги исследователей, таких, как А. Я. Канторович, который уже дал объективную оценку американо-китайского договора 1868 г.[②] Р. Ш. Ганелин был согласен, что этот договор имел превентивный характер, направленный формально на поддержку международного престижа центрального китайского правительства, предпринятую, однако, во имя сохранения собственных интересов и собственного будущего[③].

Что касается экспансии Англии в Китае в 1860-1900 гг., в рассматриваемый период не было издано специальных трудов по этой теме. Однако, говоря об экспансии Англии в целом, следует отметить монографическую работу И. Д. Парфенова 《Колониальная экспансия Великобритании в последней трети XIX в.》[④], опубликованную в 1991 г. В этой монографии колониальная экспансия Англии в последней трети XIX в. исследуется как целостное явление, как процесс складывания системы определенных отношений-экономических и политических-между Великобританией и странами Азии и Африки, капиталисти-ческим предпринимательством и социально-экономической структурой колоний. Необходимо отметить, что до публикации этой монографии не было издано других исследований, которые, как отметил автор, рассматривали бы экспансию в целом[⑤]. Так что И. П. Парфенов,

---

① Ганелин Р. Ш. Миссия Бэрлинхема и американо-китайский договор 1867 г. // Внешняя политика США в последней трети XIX в. Межвузовский сборник научных трудов. Л., 1991. С. 36-49.

② Канторович А. Я. Америка в борьбе за Китай. М., 1935.

③ Там же. С. 37.

④ Парфенов И. Д. Колониальная экспансия Великобритании в последней трети XIX в. М., 1991.

⑤ Там же. С. 4.

исследуя экспансию Великобритании во всех направлениях, пытался раскрыть сущность экспансионистской деятельности этой империи в мире.

В целом, говоря о колониальной экспансии, И. Д. Парфенов полагал, что она должна рассматриваться не только как процесс захватов, но и как совокупность политических, экономических, военных, идеологических форм и методов подчинения отставших в своем социально-экономическом развитии народов. Цель экспансии заключается в том, чтобы эксплуатировать и создавать благоприятные условия для предпринимательской деятельности представителей метрополии.

Хронологические рамки монографии охватывают 1870-1900 гг. Это период перехода ведущих капиталистических держав от капитализма свободной конкуренции к монополистическому капитализму. По мнению автора, колониальная экспансия рассматриваемого периода носила переходный характер. Она сохраняла многие черты и движущие силы середины века, т. е. периода господства промышленного капитализма, но в то же время появились новые движущие силы и мотивы колониальной политики-борьба за источники сырья, вывоз капитала, сферы влияния, концессии.

Надо отметить, что среди источников И. Д. Парфенов в основном использовал публикации документов из архива МИД России. Кроме того, он также использовал новые материалы, такие, как документы из архивов министерства иностранных дел и министерства колоний Великобритании.

Представляется важным отметить, что И. Д. Парфенов пытался проследить экспансию с четырех сторон:

Во-первых, государственные деятели играли важнейшую роль в проведении экспансионистской политики. Как отметил И. П. Парфенов, "Именно они, а не люди на местах определили масштабы, темпы и направление экспансии"①.

Во-вторых, правительство действовалс вместе с английскими предпринимателями. Автор взял экспансию Англии в Китае в 1880-х гг. в качестве примера. Он полагал, что именно тогда Англия начала "... открыто проводить политику поддержки английского предпринимательсва в условиях потери монопольного положения в китайской торговле и растущей конкуренции", в результате "... такая политика вела к росту торговли с Китаем"②.

В-третьих, установление прямой политической зависимости, пишет автор, занимает важное место в создании нужного таможенного и налогового режима, ориентировании экономики колоний в выгодном для колонизаторов направлении, сохранении монополий, не пустив конкурентов③.

В-четвертых, автор подчеркнул агрессивный характер экспансии Англии, полагая, что она привела к отрицательным последствиям для народов колоний и полуколоний. Речь идет о гибели людей, разрушении традиционного образа жизни, широком распространении принудительного труда, непосильном налоговом гнете, расовой дискриминации④.

И. Д. Парфенов отдельно остановился на экспансии Англии в сопредельных с Индией районах и на Дальнем Востоке. Что касается конкретно Китая, автор сделал акцент на следующих направлениях английской экспансии:

4) Кашгария

По мнению историка, целью Англии было создание плацдарма в Кашгарии с тем, чтобы противодействовать России и Китаю. Из-за того, что временный правитель Кашгарии Якуб-бек в 1877 г.

---

① Парфенов И. Д. Колониальная экспансия Великобритании в последней трети XIX в. М., 1991. С. 172.

② Там же. С. 105.

③ Там же. С. 173.

④ Там же. С. 173.

неожиданно умер, английский план не увенчался успехом①.

5) Тибет

И. Д. Парфенов кратко показал стремление Англии открыть Тибет для английской торговли через Непал, Бутан и Сикким. Как отметил историк, усилилось влияние Великобритании в Непале, Бутане и Сиккиме - трех княжествах, через которые лежал путь в Тибет②. По мнению историка, хотя Англия во всяком случае пыталась реализовать свою экспансионистскую политику в Тибете, но она потерпела неудачу. К сожалению, автор не проанализировал причину этого.

6) Бирма (Мьянма)

И. Д. Парфенов полагал, что одним из интересов Англии в Бирме было то, чтобы использовать ее как плацдарм для проникновения в Южный Китай. В середине 1880-х гг. активизируются попытки англичан проложить путь в Китай через территорию Верхней Бирмы.

7) Сам Китай

И. Д. Парфенов характеризовал экспансию Англии в Китае на разных этапах. Например, в 1870-х гг. экспансия характеризовалась проникновением в глубинные районы Китая, стремлением открыть новые порты для свободной торговли. С 1880-х гг., учитывая конкурецию со стороны других держав, таких, как Франция, США, Германия, английское правительство стало открыто проводить политику поддержки своего предпринимательства в условиях потери монопольного положения в китайской торговле. Затем, 1890-е гг., по мнению автора, были качественно новым этапом экспансии Великобритании в Китае.

На наш взгляд, следует отметить, что точка зрения историка в основном совпадала с концепцией таких исследователей, как А. Л. Нарочницкий③, который также исследовал ситуацию в Кашгарии,

---

① Парфенов И. Д. Колониальная экспансия Великобритании в последней трети XIX в. М., 1991. С. 86.

② Там же. С. 90.

③ Нарочницкий А. Л. Колониальная политика капиталистических держав на Дальнем Востоке 1860-1895 гг. М., 1956.

Бирме, и В. П. Леонтьев[1], занимавшийся экспансией Англии в Тибете.

И. Д. Парфенов пришел к выводу о том, что "Связь потребностей капитала и политики правительства выступает вполне отчетливо, особенно в последние годы XIX столетия"[2]. Взаимосвязь капитала и политики-вот особенность концепции автора в исследовании экспансии Англии в Китае во второй половине XIX в.

Таким образом, И. Д. Парфенов в ином ракурсе рассматривает экспансию Англии в последней трети XIX в. С нашей точки зрения, вместо подробного изложения процесса событий в ходе экспансии в предыдущий период, исследователь этой монографии обобщил формы и методы экспансии Англии в целом, а также предложил характери-стики экспансии Англии в Китае, в частности.

В рассматриваемый период не появились специальных трудов об экспансии Германии в Китае. Однако, в трудах общего характера эта тема прослеживается. Например, в монографии А. Г. Матвеевой 《Германская империя 1871-1914》[3] в целом изложена история Германской империи, в частности, предпосылки для создания единого германского государства, внутренняя политика разных периодов, внешняя политика этих периодов. Говоря конкретно о внешней и колониальной политике Германии в Китае в 1890-1914 гг., А. Г. Матвеева затронула эту проблему в двух аспектах.

Первый аспект, это роль германского флота и лично А. Тирпица в захвате Цзяочжоу. А. Г. Матвеева отметила, что хотя главной задачей строящегося А. Тирпицом флота должна была стать охрана собственной морской границы и побережья, но действительные стратегические планы Тирпица простирались значительно дальше, а именно, речь шла об "... участии Германии в конфликте в Китае, обострившемся после того, как

---

① Леонтьев В. П. Иностранная экспансия в Тибете в 1888-1919. М., 1956.

② Парфенов И. Д. Колониальная экспансия Великобритании в последней трети XIX в. М., 1991. С. 107.

③ Матвеева А. Г. Германская империя 1871-1914. М., 2002.

в ноябре 1897 г. кайзеровский флот вошел в бухту Цзяочжоу и высадил десант…"[①]. Это ухудшило внешнеполитическую ситуацию для Китая в целом и отношения Германии с основными державами, такими, как Великобритания, Россия и Япония. Более того, этот германский демарш натолкнулся на сопротивление китайс-кого народа.

Второй аспект, как заметил автор, это собственно занятие китайского порта Цзяочжоу, что являлось одним из шагов германской "мировой политики" и осложнило отношения между западными державами. А. Г. Матвеева отметила, что на такие действия Германии первой прореагировала Россия, которая заняла Порт-Артур. Затем маневр России спровоцировал аналогичные действия со стороны Англии и Франции. Так начался процесс раздела Китая.

Нам представляется важным отметить, что автор выдвинул концепцию о том, что особенностью раздела Китая между западными державами было то, что все державы стремились не только расширить здесь сферы своего влияния, но и решить более глобальные внешнеполитические задачи. Как отметила А. Г. Матвеева, "… в 1897-1898 гг. шли постоянные переговоры по вопросу Восточной Азии между Германией, Россией, Англией и Японией…"[②].

Таким образом, несмотря на то, что эта монография в целом была посвящена истории Германской империи, но ее автор, А. Г. Матвеева, остановилась на внешней политике Германии в конце XIX в. и ее отношениях с другими державами в отношении Китая.

Необходимо отметить монографию Е. Ю. Сергеева-《Политика Великобритании и Германии на Дальнем Востоке 1897-1903 гг.》[③], опубликованную в 1998 г. Основное внимание в этой монографии уделено политике двух стран-Великобритании и Германии в сравнении. Противоречия между ними, несмотря на традиционный для XIX в.

---

① Матвеева А. Г. Германская империя 1871-1914. М., 2002. С. 130.

② Там же. С. 134.

③ Сергеев Е. Ю. Политика Великобритании и Германии на Дальнем Востоке 1897-1903 гг. М., 1998.

англо-русский антагонизм, в конечном итоге привели к мировой войне, считает автор. Анализ дипломатической практики других участников 《битвы за Китай》 представлен только в той степени, которая позволяет глубже раскрыть характер маневров Лондона и Берлина на региональном и глобальном уровнях.

В монографии исследуется, с одной стороны, специфика взаимоотношений двух стран на Дальнем Востоке, а с другой-дана оценка англо-германского соперничества на Тихом Океане как фактора, оказавшего значительное влияние на ситуацию в Европе. Хронологические рамки исследования охватывают промежуток с конца 1897 г. до середины 1903 г. Характеризуя дипломатическое маневрирование Англии и Германии на Дальнем Востоке в конце XIX в. в связи с возраставшей нестабильностью в Европе, автор выделял четыре основных фазы этого периода:

— с осени 1897 до лета 1898 г. -период появления Германии в качестве самостоятельного фактора в экспансии в Восточной Азии, в частности в Китае;

— с середины 1898 г. примерно до весны 1900 г. -проведение мер экономического плана обеими державами во время “битвы за концессии”;

— с лета 1900 до весны 1901 г. -колониальная политика западных держав во время подавления боксерского восстания;

— с лета 1901 по весне 1903 г. -центральным событием этого периода явилось подписание 30 января 1902 г. союзного договора между Лондоном и Токио.

Итак, эта монография, в основном, была посвящена истории англо-германского соперничества в конце XIX в. на международной арене, в частности на Дальнем Востоке. Автор особенно подчеркивал роль Дальнего Востока в качестве геополитического фактора международных отношений.

Следует отметить, что в настоящее время российские историки-китаеведы не потеряли интереса к истории собственно Китая в целом и к теме экспансии западных держав в Китае, в частности. Например, в 2000 г. была опубликована статья А. Л. Анисимова《Россия и США во время Второй опиумной войны 1856-1860 гг.》①, в которой была изложена история отношений между четырьмя державами (Англия, Франция, США и Россия) во время Второй опиумной войны. Автор подробно проанализировал основные положения западных держав в Китае во время Второй опиумной войны. По его мнению, тогда на Дальнем Востоке действовало фактически два союза западных держав: Англия и Франция, которые вели войну с Китаем, и Россия и США, проводившие политику нейтралитета. С одной стороны, у этих держав были общие цели, а именно ослабить Цинскую империю, в дальнейшем открыть ее; с другой стороны, между ними существовали серьезные противоречия: Франция, США и Россия не желали усиление позиции Англии в Китае.

Таким образом, А. Л. Анисимов пришел к выводу, что во время Второй опиумной войны совместные действия России и США в определенной степени сковывали свободу рук Англии, сотрудничество между ними способствовало укреплению их союзнических отношений.

В 2005 г. вышла в свет монография О. Е. Непомнина《История Китая. Эпоха Цин XVII-начало XX в.》②. Во второй части монографии автор изложил историю Китая с 70-х гг. XIX в., "политику самоусиления" правящих кругов, ход японо-китайской войны, движение за реформы 1895-1898 гг., боксерское восстание и др. В этот период произошло ускорение вовлечения Китая в мировой рынок, ускорилось формирование компрадорской и национальной буржуазии.

Необходимо отметить, что автор сделал акцент на франко-китайской войне, японо-китайской войне и разделе Китая на сферы

---

① Анисимов А. Л. Россия и США во время второй опиумной войны 1856-1860 гг. // Новая и новейшая история. 2000. №. 4. С. 29-37.

② Непомнин О. Е. История Китая. Эпоха Цин XVII-начало XX в. Ч. II. М., 2005.

влияния в конце XIX в. На наш взгляд, эти события сыграли решающую роль в развитии Китая①.

Необходимо отметить рецензию академика С. Л. Тихвинского на монографию О. Е. Непомнина②. По мнению С. Л. Тихвинского, вторая часть монографии не только вдвое меньше по объему, но и уступает первой в полноте изложения③. В ней уделено недостаточно места трансформации китайской экономики под влиянием проникновения иностранного капитала, формированию компрадорской и национальной буржуазии и т. п. С. Л. Тихвинский также высказал свое мнение об объединении в 10-й главе монографии О. Е. Непомнина крестьянских и "торговых" войн 40-50-х гг. XIX в.④ Кроме того, С. Л. Тихвинский полагал, что необходимо заметно расширить текст главы "Цинская империя в 70-90-х гг. XIX в. Японо-китайская война и движение ихэтуаней (боксерское движение)"⑤.

На наш взгляд, монография О. Е. Непомнина в целом, несмотря на указанные С. Л. Тихвинским недочеты, является серьезным исследованием истории Китая. Как отмечалось в рецензии академика С. Л. Тихвинского на монографию О. Е. Непомнина, и с ним необходимо согласиться, "... книга О. Е. Непомнина может стать хорошей основой для подготовки VI тома 10-томника《Китай с древнейших времен до наших дней》"⑥.

Необходимо отметить, после 1985 г. история Китая привлекала

---

① Непомнин О. Е. История Китая. Эпоха Цин XVII-начало XX в. Ч. II. М., 2005. С. 466-468.

② Тихвинский С. Л. Некоторые соображения по освещению маньчжурского правления в Китае (в связи с книгой О. Е. Непомнина). // Новая и новейшая история. М., 2009. №. 4. С. 99-103.

③ Непомнин О. Е. История Китая. Эпоха Цин XVII-начало XX в. Ч. I. 439 с. Ч. II. 199 с. М., 2005.

④ Там же. С. 389-416.

⑤ Там же. С. 468-490.

⑥ Тихвинский С. Л. Некоторые соображения по освещению маньчжурского правления в Китае (в связи с книгой О. Е. Непомнина). // Новая и новейшая история. М., 2009. №. 4. С. 103.

пристальное внимание историков-китаеведов. Например, в институте Дальнего Востока РАН состоялась международная научная конференция "Китай, китайская цивилизация и мир. История, современность, перспективы" с 1980-х гг. Можно отметить, что современные историки-китаеведы обратили большее внимания на российско-китайские отношения как в истории, так и в современности. В этой области работает историк-китаевед Н. А. Самойлов. В статье 《Подходы к изучению геокультурных пространств России и Китая и их взаимодействия в XVIII-начале XX вв.》[①] Н. А. Самойлов полагает, что Россия и Китай на протяжении своей истории обладали чрезвычайно обширными геокультурными полями, образы которых основывались на собственных представлениях об окружающем мире. Их взаимодействие в XVIII-начале XX вв. сыграло важную роль в формировании новых геокультурных пространств. Таким образом, на наш взгляд, исследования историков-китаеведов после 1985 г. охватывали более обширный спектр. Они обратили внимание как на экспансию западных держав в Китае, так и на развитие современного Китая и отношения между Россий и Китаем.

Таким образом, исследование экспансии западных держав в Китае во второй половине XIX в. получило новое развитие в советской и российской историографии после 1985 г. Можно подвести следующие итоги:

Экспансия США в Китае во второй половине XIX в. исследовалась в рамках внешней политики США на Дальнем Востоке. Анализ, сделанный историками в рассматриваемый период, был более концептуальным и логичным. Например, все они[②] полагали, что США проводили двойственную и противоречивую политику в отношении

---

① Самойлов Н. А. Подходы к изучениею геокультурных пространств России и Китая и их взаимодействия в XVIII-начале XX вв. // Вестник СПбГУ. Серия 13. Выпуск 3. СПб., 2009.

② История США в 4-х томах. Севостьянов Г. Н. (гл. ред.). Т. II. 1877-1918. Куропятник Г. П. (отв. ред.). М., 1985; История внешней политики и дипломатии США 1867-1918. Под ред. Куропятника Г. П. М., 1997; Кравченко И. Н. Дипломатическая история США 1877-1919. М., 2002.

Китая в конце XIX в. Занимаясь этой темой, они обратили внимание на общие проблемы, такие, как поддержание США Японии против Китая, торговую деятельность американских фирм в Китае, экспансионистские планы США за концессии в Китае и др.

Исследование историков об экспансии США в Китае также проявилось в том, что они исследовали отдельные проблемы экспансии. Например, А. А. Фурсенко① изучил нефтяные войны и остановился на экспансии в Китае с акцентом на русско-американских отношениях в Китае. Р. Ш. Ганелин② в своей статье сделал акцент на деятельности миссии китайского посланника американца Бэрлинхема и американо-китайском договоре 1867 г.

Историки продолжали изучать экспансию Англии в Китае во второй половине XIX в. на основе достижений предшественников. Например, И. Д. Парфенов③, развивая результаты своих предшественников, в своей монографии говорил об особенностях английской экспансии в Китае во второй половине XIX в. Он считал, что к началу 70-х гг. XIX в. утверждилась торговая монополия Англии в Китае, затем в 1870-х гг. Англия пыталась расширить свою экспансию вглубь Китая, в середине 1880-х гг. начался новый этап в экспансии Англии в Китае. Его позиция совпадала с точкой зрения А. Л. Нарочницкого④, которая была высказана еще в 50-х гг. XX в.

В рассматриваемый период историки не уделили особого внимания экспансии Германии и Франции в Китае. Но колониальная деятельность этих двух держав в Китае прослеживается в трудах общего характера. С нашей точки зрения, причина заключалась в том, что в

---

① Фурсенко А. А. Нефтяные войны (конец XIX-начало XX в.). М., 1985.

② Ганелин Р. Ш. Миссия Бэрлинхема и американо-китайский договор 1867 г. // Внешняя политика США в последней трети XIX в. Межвузовский сборник научных трудов. Л., 1991. С. 36-49.

③ Парфенов И. Д. Колониальная экспансия Великобритании в последней трети XIX в. М., 1991.

④ Нарочницкий А. Л. Колониальная политика капиталистических держав на Дальнем Востоке 1860-1895 гг. М., 1956.

рассматриваемый период история собственно Германской империи и история французской экспансии в Индокитае привлекали больше внимания ученых. Исследование экспансии Германии и Франции в Китае, ее особенностей должно быть продолжено с привлечением ранее закрытых архивных материалов.

Таким образом, исследование об экспансии западных держав в Китае после 1985 г. продолжалось и ученые добились новых серьезных успехов.

Ⅳ. 2 Особенности экспансии отдельных западных держав в Китае в 1860-1900-х в исследованиях современных российских ученых

На основании трудов советских и российских историков можно выделить особенности в их исследованиях: а именно: ученые после 1985 г. рассматривали экспансию западных держав в Китае под новым углом зрения.

1) Если в 1950-1980-е гг. историки обычно исследовали экспансию западных держав в Китае с точки зрения международных отношений, то в рассматриваемый период они обратили внимание на эту проблему в контексте внешней политики и дипломатии западных держав во всем мире, в том числе в Китае. В 1950-х гг. были изданы коллективные труды《Международные отношения на Дальнем Востоке 1870-1945 гг.》под редакцией Е. М. Жукова①, 《Международные отношения на Дальнем Востоке 1840-1949 гг.》под редакцией Е. М. Жукова②, монография А. Л. Нарочницкого《Колониальная политика капиталистических держав

① Международные отношения на Дальнем Востоке 1870-1945 гг. Под ред. Жукова Е. М. М., 1951.

② Международные отношения на Дальнем Востоке 1840-1949 гг. Под ред. Жукова Е. М. М., 1956.

на Дальнем Востоке 1860-1895 гг.》[1]. Можно отметить, что все эти работы были посвящены экспансии западных держаз в Китае во второй половине XIX в. в рамках международных отношений на Дальнем Востоке. Изучение экспансии западных держав в Китае в контексте международных отношений в 1950-е гг. занимало первое место.

В 1960-х гг. был опубликован второй том коллективного труда 《История дипломатии》 под редакцией А. А. Громыко[2], который также был посвящен истории экспансии западных держав в Китае в период с 1871 по 1914-х гг. Впоследствии в 1970-х гг. был издан труд 《Международные отношения на Дальнем Востоке》 под редакцией Е. М. Жукова[3], который хронологически охватывал более ранний период. Отсюда можно отметить, что до 1980-х гг. экспансия западных держав в Китае в контексте международных отношений на Дальнем Востоке являлась своего рода акцентом в исследованиях ученых.

В 1980-х гг., особенно после 1985 г., появилась новая тенденция. Необходимо отметить, что в 1980-х гг. не было издано серьезных трудов о международных отношениях на Дальнем Востоке. Однако, в этот же период исследование истории США получило значительное развитие. Коллективный труд 《История США》[4] в 4-х томах имеет серьезное научное значение для изучения внешней политики США во всем мире, в частности, в Китае.

2) В российской историографии после 1985 г. историки особенно уделили внимание взаимосвязи и взаимовлиянию внутриполитического развития западных держав и их внешней политики.

Например, Г. П. Куропятник отметил, что в конце XIX в. -начале XX в. внутри США в социально-экономическом развитии прослеживались

---

① Нарочницкий А. Л. Колониальная политика капиталистических держав на Дальнем Востоке 1860-1895 гг. М., 1956.

② История дипломатии. Под ред. Громыко А. А. Т. II. М., 1963.

③ Международные отношения на Дальнем Востоке. Под ред. Жукова Е. М. М., 1973.

④ История США в 4-х томах. Севостьянов Г. Н. (гл. ред.). Т. II. 1877-1918. Куропятник Г. П. (отв. ред.). М., 1985.

две основные тенденции, влиявшие на внешнеполити-ческий курс страны. Первая тенденция: в США бурно развивались производительные силы в земледелии и промышленности и более трех четвертей населения было заинтересовано в свободном экспорте своей продукции, появилось стремление к мировой торговле и международному сотрудничеству. Вторая тенденция состояла в том, что правящие круги, отражая интересы возникавших промышленных и финансовых монополистических корпораций, все более склонялись к приобретению и закреплению надежных рынков для вывоза товаров и капиталов. Возникновение доктрины "открытых дверей" в это время также в определенной степени было связано с этими двумя тенденциями политического развития США.

В труде《История США》в 4-х томах было показано и влияние идеологического аспекта на внешнюю экспансию США. Как отметили авторы, идеология империализма усиливала стремление к колониальным завоеваниям①. Чтобы оправдать и обосновать планы создания американской колониальной империи, экспансионисты с конца XIX в. стали реставрировать старые и разрабатывать новые теории о превосходстве англосаксонсокой расы и цивилизаторской роли США в мире.

3) Историки сделали акцент на русско-американских отношениях и русско-английских отношениях, а также американо-английских отношениях в освещении экспансии западных держав в Китае.

А. А. Фурсенко остановился на русско-американских отношениях в двух аспектах: в монографии《Нефтяные войны》② А. А. Фурсенко исследовал банковское сотрудничество между США и Россией в связи с тем, что американская нефтяная корпорация《Стандард ойл К°》хотела участвовать в русских нефтяных делах. Речь идет о создании русско-американского банковского объединения для операций в Китае, среди которых важнейшая цель-содействие успеху американского《Стандард

---

① История США в 4-х томах. Севостьянов Г. Н. (гл. ред.). Т. II. 1877-1918. Куропятник Г. П. (отв. ред.). М., 1985. С. 9.

② Фурсенко А. А. Нефтяные войны (конец XIX-начало XX в.). М., 1985. С. 87-90.

ойл К°》.

В монографии《История внешней политики и дипломатии США 1867-1918》① А. А. Фурсенко изучал русско-американские отношения в конце XIX в. в период появления доктрины "открытых дверей". Когда в США появилась доктрина "открытых дверей" в виде ноты, она была разослана правительствам Англии, Германии, Франции, России и др., чтобы получить согласие этих держав. Историк полагал, что самым трудным оказалось получить согласие России, хотя именно оно нужно было американцам более всего. Дело в том, что главной сферой притязаний США были Северный Китай и Маньчжурия, где США обладали торговым преимуществом. Когда США хотели "открыть дверь" в этом районе Китая, они в первое время сталкивались с царском правительством, которое считало этот район своей сферой влияния. По мнению А. А. Фурсенко, русский ответ на доктрину "открытых дверей" был формально положительным, как и ответы других держав, но ответ был уклончивым.

И. Д. Парфенов обратил внимание на русско-английское соперничество в Кашгарии (часть китайской провинции Синьцзян). По мнению историка, по истории экспансии английские ученые обходят стороной попытки Великобритании создать плацдарм против России и Китая в Кашгарии. На самом деле эта политика весьма показательна для характеристики политики английских колонизаторов в целом. Как историк отметил, с одной стороны, Якуб-бек (временный правитель Кашгарии) развивал контакты с англо-индийскими властями, от которых хотел получить оружие и деньги; с другой, он торговал с Россией, и в 1872 г. был заключен русско-кашгарский торговый договор.

Таким образом, появились противоречия между Англией и Россией в этом районе. Кроме того, И. Д. Парфенов отметил, что Англия использовала миф о русской угрозе в этом районе, чтобы скрыть

---

① История внешней политики и дипломатии США 1867-1918. Под ред. Куропятника Г. П. М., 1997.

истинные намерения своего правительства. Под флагом обороны от России велась настоящая экспансия, экономическая и территориальная, однако, как отметил историк, русское правительство тоже проводило в этом районе активную политику.

Что касается американо-английских отношений в ходе экспансии в Китае, А. А. Фурсенко отметил как в монографии 《Нефтяные войны》①, так и в труде 《История внешней политики и дипломатии США》②, проект совместного русско-американского банка для торговли в Китае был рассчитан на то, чтобы избавиться от британского посредничества в деловых предприятиях в Китае.

Таким образом, можно отметить, что в конце XIX в. в ходе экспансии в Китае отношения между США, Россией и Великобританией были в значительной степени переплетены вместе. Историки рассматриваемого периода явственно показали сложность в отношениях между тремя державами в Китае.

4) На некоторые проблемы, такие, как доктрина “открытых дверей”, раздел Китая на сферы влияния в конце XIX в. историки продолжали обращать внимание, а некоторым, таким, как неравноправные договоры, франко-китайская война (1884-1885 гг.), национально-освободительное движение, ученые рассматриваемого периода уделили меньше внимания.

Историки продолжали интересоваться американской политикой “открытых дверей”. В монографии 《История внешней политики и дипломатии США 1867-1918 гг.》③ А. А. Фурсенко обратил внимание на эту политическую доктрину. Он отметил, что доктрина “открытых дверей” развивала принцип “наиболее благоприятствуемой нации” применительно к новым историческим условиям. Его позиция состояла в

---

① Фурсенко А. А. Нефтяные войны (конец XIX-начало XX в.). М., 1985. С. 90-91.

② История внешней политики и дипломатии США 1867-1918. Под ред. Куропятника Г. П. М., 1997. С. 202.

③ История внешней политики и дипломатии США 1867-1918. Под ред. Куропятника Г. П. М., 1997.

том, что сам термин "открытых дверей" не был новым, с ним можно встретиться в ранних дипломатических документах, например, американо-китайском договоре 1844 г. Отметим, что точка зрения А. А. Фурсенко родственна позициям китайских историков по этому вопросу[1].

5) Изучение экспансии западных держав в Китае в 1860-1900-х гг. носило концептуальный и обобщающий характер. Историки обращали больше внимания на формы и методы экспансии и сделали акцент на анализе внешней политики западных держав во всем мире, в том числе и в Китае. В то время, как в предыдущий период ученые предпочитали останавливаться на конкретных действиях и политике западных держав в Китае и последствиях этих действий.

Например, И. Д. Парфенов[2] указал в своей монографии на специфику экспансии Англии в Китае, а именно экспансия, по его мнению, являлась сочетанием экономических и политических методов. Связь потребностей капитала и политики правительства выступает вполне отчетливо, особенно в последние годы XIX в. Как в труде《История США》под редакцией Г. Н. Севостьянова[3], так и в монографии《История внешней политики и дипломатии США》под редакцией Г. П. Куропятника[4] историки отметили, что в политике США в Китае проявлялась двойственность и противоречивость. Такая концептуальная точка зрения началась появляться именно в рассматриваемый период.

Таким образом, можно отметить, что в рассматриваемый период экспансия западных держав в Китае в XIX в. продолжала привлекать

---

① 杨天宏:《晚清"均势"外交与"门户开放"》,《社会科学研究》2008 年第 6 期,第 146—153 页。(См.: Ян Тяньхун. Дипломатия "баланса сил" в конце династии Цин и политика "открытых дверей". // Социальное научное исследование. Чэнду. 2008. №. 6. С. 146-153.)

② Парфенов И. Д. Колониальная экспансия Великобритании в последней трети XIX в. М., 1991. С. 107.

③ История США в 4-х томах. Севостьянов Г. Н. (гл. ред.). Т. II. 1877-1918. Куропятник Г. П. (отв. ред.). М., 1985. С. 141.

④ История внешней политики и дипломатии США 1867-1918. Под ред. Куропятника Г. П. М., 1997. С. 65.

внимание советских и российских историков. Историки обычно делали акцент на внешней политике и дипломатии отдельных западных держав. Необходимо отметить, что когда ученые останавливались на экспансии западных держав именно в Китае, их исследование обычно носит сравнительный характер, т. е. занимаясь экспансией определенной западной страны в Китае, появлялась тенденция связывать внутреннее положение западных держав с внешней политикой этих стран в колониях и зависимых от них регионах, а также с их экспансионистскими планами в Китае.

На наш взгляд, в рассматриваемый период историки не сделали акцент на экспансии западных стран в Китае с точки зрения международного аспекта, отдельно не занимались экспансией западных держав в Китае. Историки подчеркивали, что экспансия западных держав в Китае является одной из частей колониальной политики этих стран в целом.

IV. 3 Экспансия западных держав в Китае во второй половине XIX в. и разработка проблемы современными российскими и китайскими учеными: сравнительный анализ

С началом осуществления в Китае с 1978 г. политики “реформы и открытости” и активными контактами с европейскими странами и США, начиная с 1985 г., в китайской исторической науке спектр изучения проблемы экспансии западных держав в Китае во второй половине XIX в. стал более широким и разнообразным. Именно в этот период китайские ученые уже стали преодолевать стереотипы в изучении экспансии западных держав. Несмотря на публикацию детального исследования 《История империалистической агрессии в Китае》[①], которое было

① 丁名楠、张振鹍:《帝国主义侵华史》(第二卷), 人民出版社 1986 年版。(Дин Миннань, Чжан Чжэнькунь. История империалистической агрессии в Китае. Т. II. Пекин, 1986.)

написано на высоком академическом уровне, после 1985 г. история экспансии уже не находилась в центре внимания ученых. В рассматриваемый период в исторической науке историю экспансии западных держав в Китае в XIX в. постепенно заменила дипломатическая история Китая и история отношений Китая с иностранными государствами в этот период. Можно сказать, что такого рода исследования стали главными в китайской историографии после 1985 г.

Как мы уже отметили, после 1985 г. в китайской исторической науке трудов с акцентом на "агрессии" или "экспансии" западных держав в Китае становилось все меньше и меньше. Однако, работы, опубликованные сразу после 1985 г., в значительной степени были связаны с агрессией западных держав в Китае и неравноправными отношениями между Китаем и западными державами.

На наш взгляд, причины заключались в том, что во-первых, ученые, труды которых были изданы в начале рассматриваемого периода, в предыдущий период занимались именно экспансией западных держав в Китае. Их труды отражали преемственность китайских историков в разработке этой темы. Во-вторых, тема экспансии западных держав в Китае в XIX в. всегда имеет важное значение в изучении истории Китая. Так что можно отметить такие труды, как《История отношений Китая с западными странами в новое время[1]》Лю Пэйхуа[2],《Очерк истории дипломатии Китая в новое время》Гу Минъи[3],《История дипломатии Китая (1840-1911)》Ван Шаофана[4] и《История дипломатии в конце правления цинской динас-

---

① "Новое время" в китайской историографии: с 1840 г. до настоящего времени.

② 刘培华:《近代中外关系史》, 北京大学出版社 1986 年版。(Лю Пэйхуа. История отношений Китая с западными странами в новое время. Пекин, 1986.)

③ 顾明义:《中国近代外交史略》, 吉林文史出版社 1987 年版。(Гу Минъи. Очерк истории дипломатии Китая в новое время. Чанчунь, 1987.)

④ 王绍坊:《中国外交史 (1840—1911)》, 河南人民出版社 1988 年版。(Ван Шаофан. История дипломатии Китая (1840-1911). Чэнчжоу, 1988.)

тии》 Ян Гунсу[1].

По мнению Лю Пэйхуа, главной особенностью отношений Китая с иностранными государствами после 1840 г. являлось то, что западные страны, имея агрессивные цели в Китае, не намеревались строить с Китаем отношения на равных в области как экономики, так и культуры.[2] Историк Гу Минъи также полагал, что с 1840 г. неравенство все время проявляется в отношениях между Китаем и западными странами.[3] Ван Шаофан также рассматривал историю экспансии западных держав в Китае в области политики, экономики и культуры и считал ее основным содержанием отношений Китая с западными державами после 1840 г.[4] Ян Гунсу считал, что дипломатическая история в конце правления цинской династии является историей уступок западным державам, результатом которой стал раздел Китая на сферы влияния.[5]

Очевидно, 1840 г. играет важную роль в трудах вышеуказанных историков. Здесь необходимо отметить, что до 1840 г. Китай был замкнутой страной, кроме контактов с зависимыми от Китая странами, такими, как Корея, Бирма, Вьетнам. Цинское правительство проводило политику изоляции в отношении западных стран. В китайской исторической науке принято считать, что Первая опиумная война (1840-1842 гг.) впервые открыла дверь Китая. С тех пор цинская династия установила регулярные связи с западными державами. Таким образом, 1840 г. стал поворотным годом в истории Китая. Китайские ученые обычно считают, что после этого года Китай вступил в новое время.

---

① 杨公素:《晚清外交史》, 北京大学出版社 1991 年版。(Ян Гунсу. История дипломатии в конце правления цинской династии. Пекин, 1991.)

② Лю Пэйхуа. История отношений Китая с западными странами в новое время. Пекин, 1986. С. 15-16.

③ Гу Минъи. Очерк истории дипломатии Китая в новое время. Чанчунь, 1987. Предисловие. С. 3-5.

④ Ван Шаофан. История дипломатии Китая (1840-1911). Чэнчжоу, 1988. С. 2.

⑤ Ян Гунсу. История дипломатии в конце правления цинской династии. Пекин, 1991. С. 367.

Необходимо отметить, что историки, труды которых вышли в свет во второй половине 1980-х гг., в сущности солидаризировались с учеными предыдущих периодов, по-прежнему обращая внимание на неравноправные договоры между Китаем и западными державами, движение вестернизации, пограничный кризис, китайско-французскую войну (1884-1885 гг.), китайско-японскую войну (1894-1895 гг.), раздел Китая на сферы влияния и другие проблемы.

Важно отметить, что в труде Тан Пэйцзи① 《История отношений Китая с западными государствами в новое время》 ученый впервые определил разницу между историей отношений Китая с западными державами и историей экспансии (или агрессии) западных держав в Китае. Ученый отметил, что история колониальной агрессии западных держав в Китае являлась только одним из важных аспектов в истории отношений Китая с западными государствами.

Интеграция между Китаем и западными странами в области экономики, политики и культуры также представляет собой отдельную сферу для изучения. Автор полагал, что история отношений Китая с западными странами являлась не только историей дипломатических и политических отношений, но и включала в себя взаимообщение между народами. Так что история отношений Китая с западными государствами охватывала более широкий спектр проблем, нежели сугубо история дипломатии и история экспансии.②

Тан Пэйцзи, как и китайские историки в предыдущий период, также обратил внимание на неравенство отношений Китая с западными державами, но он одновременно изучил историю модернизации Китая в дипломатическом плане. Например, он полагал, что образование в 1861 г. “Цзунлиямэнь” (Министерства иностранных дел) и постоянное пребывание иностранных представителей в Пекине означали появление

---

① 唐培吉:《中国近现代对外关系史》, 高等教育出版社 1994 年版。(Тан Пэйцзи. История отношений Китая с западными государствами в новое время. Пекин, 1994.)

② Там же. С. 2.

нового ракурса в развитии отношений Китая с западными державами.① В 1870 г., когда и цинское правительство отправило своих официальных представителей за границу, в Китае начался переход от традиционной дипломатии " Ли-фань ", означавшей неравномерное общение с зависимыми от Китая странами, в современную дипломатию.②

В конце XIX в., как отметил ученый, раздел Китая на сферы влияния означал полное банкротство дипломатической политики цинского правительства-политики " изоляции от внешнего мира " и "ограничение варваров через других варваров".③ Таким образом, Тан Пейцзи весьма четко указал на значение важных составляющих в процессе модернизации дипломатической системы Китая.

Современные историки Юй Цзяньшэн, Лю Чуньжуй в монографии 《Элегия заката: очерк истории отношений Китая с иностранными государствами в XIX в.》④ изложили историю экспансии западных держав в Китае, обратив внимание на то, как эволюционировали отношения между Китаем и Англией, Францией, Германией и США. Ученые отметили, что в отношениях Китая с западными державами в XIX в. также наличествовало и справедливое общение между этими правительствами.

Сюн Чжиюн и Су Хао сделали акцент на истории дипломатии Китая.⑤ Они, главным образом, остановились на создании цинским правительством новой системы дипломатических отношений, решении пограничного кризиса, переговорах между цинским правительством и западными державами во время китайско-французской войны и

---

① 唐培吉:《中国近现代对外关系史》,高等教育出版社 1994 年版。(Тан Пэйцзи. История отношений Китая с западными государствами в новое время. Пекин, 1994.) С. 41.

② Там же. С. 46.

③ Там же. С. 85.

④ 于建胜、刘春蕊:《落日的挽歌:19 世纪晚清对外关系简论》,商务印书馆 2003 年版。(Юй Цзяньшэн, Лю Чуньжуй. Элегия заката: очерк истории отношений Китая с иностранными государствами в XIX в. Пекин, 2003.)

⑤ 熊志勇、苏浩:《中国近现代外交史》,世界知识出版社 2005 年版。Сюн Чжиюн, Су Хао. История дипломатии Китая в новое время. Пекин, 2005.

китайско-японской войны.

Можно отметить, что опираясь на “модернизацию”, китайские историки в рассматриваемый период обратили серьезное внимание на изучение преобразования дипломатической системы Китая, начиная с нового времени. По мнению ученых, модернизация Китая, в первую очередь, началась с реформы дипломатической службы цинской династии, т. е. цинское правительство сначала модернизировало именно дипломатическую систему.

Например, Ван Личэн в своей монографии 《История дипломатической системы Китая в новое время》[①] проследил историческую эволюцию дипломатической системы Китая с XIX в., и обратил внимание на те изменения, которые произошли в области дипломатии в целом, дипломатических институтов и кадров, в частности. Автор полагал, что современная дипломатическая система Китая развивалась во взаимном конфликте, с одной стороны, и во взаимном влиянии китайской и западной культур, с другой. Эта система имела переходный характер, означавший переход от традиционной китайской дипломатической системы к западной системе. Он также отметил, что реформа современной дипломатической системы в Китае, с одной стороны, отражала процесс превращения Китая в полуколонию западных держав. С другой стороны, реформа также явилась активным и положительным фактором в ходе модернизации политической системы Китая, который способствовал выходу Китая на международную арену.[②] Ван Личэн разделил историю дипломатической системы Китая на четыре этапа:

— 1840-1860: традиционная китайская дипломатическая система была нарушена;

— 1860-1899: образование министерства иностранных дел

① 王立诚:《中国近代外交制度史》, 甘肃人民出版社 1991 年版。Ван Личэн. История дипломатической системы Китая в новое время. Ланьчжоу, 1991.

② Там же. С. 2-3.

(Цзунлиямэнь) во время движения вестернизации;

— 1900-1911: реформа дипломатической системы в конце правления цинской династии;

— 1912-1919: дипломатическая система Республики Китай;

Чэнь Чао также обратил внимание на дипломатическую систему Китая. Он в своей монографии《Особенности дипломатической системы в период правления цинской династии в конце XIX в.》[1] полагал, что дипломатическая реформа цинского правительства, начиная с 1860-х гг., являлась первым шагом и необходимым этапом в процессе модернизации Китая. Вместе с тем, автор подчеркивал основные характеристики дипломатической системы позднего периода цинской династии, например, дипломатическая власть была сконцентрирована в "Цзунлиямэнь"[2], общение с иностранными государствами сильно зависело от местных губернаторов, таможня стала важным каналом внешних переговоров. Автор указывал, что так как реформа проводилась в рамках старой феодальной системы, она имела неизбежную ограниченность и недостатки, в результате чего Китай в XIX в. не смог стать полноправным членом международного сообщества.

Лю Вэй также проанализировал дипломатическую систему Китая в новое время в контексте модернизации Китая. В труде《Эволюция и влияние дипломатической системы в конце правления цинской династии》[3] историк отметил, что цинское правительство было вынуждено принимать западную дипломатическую систему и проводить соответствующую реформу, которая являлась лишь регулированием

① 陈潮:《19 世纪后期晚清外交体制的重要特点》,《学术月刊》2002 年第 7 期, 第 84—93 页。(Чэнь Чао. Особенности дипломатической системы в период правления цинской династии в концеXIX в. // Ежемесячник "Наука". Шанхай, 2002. №. 7. С. 84-93.)

② Цзунлиямэнь: Министерствао иностранных дел.

③ 刘伟:《晚清对外交涉体制的演变与影响》,《华中师范大学学报》2006 年第 3 期, 第 69—75 页。(Лю Вэй. Эволюция и влияние дипломатической системы в конце правления цинской династии // Вестник "педагогического университета Хуачжон". Ухань, 2006. №. 3. С. 69-75.)

старой системы и сохранила право местных правительств в общении с зависимыми от Китая странами. Это в значительной степени замедлило темпы модернизации Китая.

Ученые уделяли внимание подписанию неравноправных договоров между Китаем и западными странами как важному аспекту в отношениях Китая с этими государствами. Чжан Чжэнькунь[1] указывал на связь между неравноправными договорами, подписанными в период с середины до конца XIX в., и разными этапами экспансии западных держав в Китае. По его мнению, подписанный после Первой опиумной войны (1840-1842 гг.) Наньк инский договор, а также другие, заключенные сразу после него, привели Китай в современный мир. Именно с тех пор изменилась сущность китайского общества, Китай начал превращаться в полуколониальную страну для западных держав и будущее страны в значительной степени зависело от измененного положения. Тяньцзиньский договор и Пекинский договор в 1858-1860 гг. значительно расширили привилегии западных держав в Китае. Так была создана первоначальная система неравноправных договоров. Симоносекский договор (1895 г.) отражал стремление западных держав к вывозу капитала в Китай. Этот договор стал символом перехода экспансии из эпохи капитализма в эпоху империализма. Заключение “Боксерского протокола” (или Пекинской конвенции) в 1901 г. в целом завершило эту неравноправную договорную систему.

Ли Юймин в монографии《Договорная система Китая в эпоху нового времени》[2] в дальнейшем вскрыл сущность связи между неравнопр-авными договорами и экспансионистскими планами западных держав в Китае. Он отметил, что все договоры между цинским правительством и западными державами были вынужденно подписаны,

---

① 张振鹍:《论不平等条约——兼析〈中外旧约章汇编〉》,《近代史研究》1993年第2期,第1—20页。(Чжан Чжэнькунь. О неравноправных договорах. // Исследование истории нового времени. Пекин, 1993. №. 2. С. 1-20.)

② 李育民:《近代中国的条约制度》,湖南师范大学出版社1995年版。(Ли Юймин. Договорная система Китая нового времени. Чанша, 1995.)

и они фактически односторонне предоставили ряд привилегий державам. Поэтому сущностью неравноправных договоров, заключенных после 1840 г., является то, что западные державы через неравноправные договоры лишили Китай суверенитета и практически полностью сделали его подчиненным западным державам.

Ли Юйминь также проанализировал эволюцию договорной системы в Китае в XIX в.[①] По его мнению, после Второй опиумной войны (1856-1860 гг.) в Китае была создана основная договорная система. Это проявлялось в следующих аспектах: во-первых, привилегии, полученные через первые подписанные договоры, были утверждены и распространены в этот период; во-вторых, открытые города и порты, указанные в договорах, становились не только приморскими районами Китая, но и внутренними местами страны; в-третьих, установился новый порядок в отношении цинской династии с западными державами; в-четвертых, появилась новая тенденция: цинское правительство придерживалось всех пунктов договоров.

Автор также отметил, что после японо-китайской войны (1894-1895 гг.) заключение Симоносекского договора означало усовершенствование китайской договорной системы, так как в конце XIX в., с одной стороны, появилась арендная система, особенностью которой является обострение раздела Китая на сферы влияния между западными державами. С другой стороны, возникла инвестиционная система, появление которой соответствовало новой потребности иностранных предприятий, заинтересованных в вывозе капитала в Китай.[②] Очевидно, что по сути основная концепция Ли Юйминя совпадала с мнением Чжан Чжэнькуня, первая в значительной степени развивала позиции второй.

Ло Чжитянь в статье《Империализм в Китае: эволюция договорной

① 李育民:《近代中国的条约制度》, 湖南师范大学出版社 1995 年版。(Ли Юйминь. Догозорная система Китая нового времени. Чанша, 1995.) С. 7-8.

② Там же. С. 11-16.

системы с культурной точки зрения》① проанализировал договоры Китая с западными государствами во второй половине XIX в. Историк полагал, что внимание западных держав в Китае в ходе экспансии было в основном сосредоточено на культурном завоевании Китая. Западные державы с помощью системы неравноправных договоров укрепили неофициальный и незаконный контроль над Китаем. На его основе они проводили культурную экспансию, чтобы с ее помощью проложить путь к осуществлению своих долгосрочных экономических интересов. Автор также отметил, что иноземные захватчики в использовании системы неравноправных договоров добились своей цели: а именно с ее помощью влиять и ограничить развитие Китая во всех аспектах. В этом процессе они в действительности следовали двойному стандарту. Те западные культурные ценности, которые западные колонизаторы пропагандировали в Китае, были иными в сравнении с политикой в их собственных странах, эти "западные ценности" употреблялись вне западного мира, в колониальных и зависимых от запданых держав странах. Иными словами, "Запад", представленный в неравноправных договорах, не обозначал настоящие западные державы. Эти державы, с одной стороны, оказывали влияние на Китай, чтобы Китай принял их культуру и приспособился к Западу. С другой стороны, экспансионистские действия западных держав объективно сохраняли существующий порядок в Китае в то время.

В экономической области, интерес китайских ученых также постепенно перешел от изучения истории экспансии капиталистических держав в Китае к изучению влияния внешних экономических факторов на модернизацию Китая. Можно отметить статью Не Баочжана《Импорт пароходов и модернизация Китая》② и монографию Ван Цзинъюя

---

① 罗志田:《帝国主义在中国：文化视野下条约体系的演进》,《中国社会科学》2004 年第 5 期, 第 192—204 页。(Ло Чжитянь. Империализм в Китае: эволюция договорной системы с культурной точки зрения. // Социальные науки Китая. Пекин, 2004. №. 5. С. 192-204.)

② 聂宝璋:《轮船的引进与中国近代化》,《近代史研究》1988 年第 2 期, 第 141—161 页。(Не Баочжан. Импорт пароходов и модернизация Китая. // Исследование истории нового времени. Пекин, 1988. №. 2. С. 141-161.)

《Финансовая деятельность иностранного капитала в Китае в новое время》[1].

В первой《Импорт пароходов и модернизация Китая》[2] Не Баочжан изложил историю импорта пароходов в Китай и первоначального развития судостроительной промышленности, а также рассказал об отношении к этому внутри страны. Автор полагал, что, с одной стороны, пароходы и пароходные компании являлись эффективным инструментом в ходе экспансии западных держав в Китае; с другой, как передовой водный транспорт, пароходы и компании, занимавшиеся судоходством, а также их профессиональный менеджмент оказали глубокое влияние на экономику, политику и даже культуру Китая и способствовали развитию национального судоходства страны.

Другой историк Ван Цзинъюй проанализировал финансовую деятельность иностранного капитала в Китае. Он проследил финансовую деятельность иностранного капитала, банковскую деятельность в 1870-е гг. и их особенности, расширение иностранного влияния в Китае после 1880-х гг. и инвестиционные действия иностранных банков в конце XIX в.

На наш взгляд, следует отметить, что общей задачей исследований об экономических отношениях между Китаем и западными странами является то, чтобы проследить взяимосвязь между историей и реальностью, суммировать опыт и уроки из истории, чтобы способствовать развитию современной экономики Китая.

В сравнении с экономикой, на наш взгляд, культура имеет более тесную связь с действительностью, ибо противоречия между китайской и западной культурой до сих пор существуют. Разобраться в этих противоречиях является главной задачей китайских ученых. Со второй половины 1980-х гг. и до настоящего времени появлялись монографии и

---

① 汪敬虞:《外国资本在近代中国的金融活动》,人民出版社 1999 年版。(Ван Цзинъюй. Финансовая деятельность иностранного капитала в Китае в новое время. Пекин, 1999.)

② Не Баочжан. Импорт парохода и модернизация Китая. // Исследование истории нового времени. Пекин, 1988. №. 2. С. 141-161.

статьи, в которых эта тема является главной. Например, в 1990-е гг. были опубликованы следующие труды, авторы которых обращаются к данному вопросу: 《Введение западной культуры в Китай и общество в конце правления династии Цин》 Сюн Юечжи, 《Смешение китайской и западной культуры》 Дин Вэйчжи и Чзнь Суна, 《Миссионеры и наука Китая》 Цао Цзэнъю и др.①

На наш взгляд, исходя из указанных трудов и статей можно так обобщить позиции китайских историков: с культурной точки зрения отношения Китая с западными государствами обычно интерпретируются как конфликт и интеграция между китайской и западной культурами.

Что касается отношений Китая с отдельными западными странами, необходимо отметить, что китайские ученые и в настоящее время уделяют серьезное внимание анализу китайско-американских отношений. Они находятся в центре внимания китайских историков после 1985 г. Мы считаем, что китайские ученые в рассматриваемый период занимаются этой темой более глубоко, нежели прежде, ибо они обращают внимание на все стороны этих взаимоотношений. Вместе с тем, исследователи постепенно перешли от изучения истории экспансии США в Китае к исследованию истории дипломатии двух стран и их роли на международной арене.

В начале XXI в. был опубликован ряд представительных монографий, среди них можно отметить 《Историю китайско-американских отношений》 Сян Лилина② и 《Очерк китайско-

---

① 熊月之:《西学东渐与晚清社会》, 上海人民出版社 1994 年版。（Сюн Юечжи. Введение западной культуры в Китай и общество в конце правления династии Цин. Шанхай, 1994.）丁伟志、陈崧:《中西体用之间——晚清中西文化观述论》, 中国社会科学出版社 1995 年版。(Дин Вэйчжи, Чэнь Сун. Смешение китайской и западной культуры. Пекин, 1995.) 曹增友:《传教士与中国科学》, 宗教文化出版社 1999 年版。(Цао Цзэнъю. Миссионеры и наука Китая. Пекин, 1999.)

② 项立岭:《中美关系史全编》, 华东师范大学出版社 2002 年版。(Сян Лилин. История китайско-американских отношений. Шанхай, 2002.)

американских отношений》Ван Дуна и Янь Чжихана[①].

Необходимо отметить, что в монографии Сян Лилина[②] в целом была произведена переоценка истории китайско-американских отношений. Автор полагает, что до 1949 г. отношения между двумя стран-ами были неравноправными, главным образом, проявились в виде экспансии США в Китае. Такое положение было связано с разными политическими режимами двух стран. И сущность отношений между Китаем и США менялась вместе с изменением их международного статуса.

Историки Ван Дун, Янь Чжихан сделали акцент на истории китайско-американских отношений после 1949 г. Что касается истории китайско-американских отношений во второй половине XIX в., они в основном обращали внимание на оформление неравноправных отношений между Китаем и США, а также провозглашение доктрины "открытых дверей и равных возможностей". Рассматривая историю китайско-американских отношений в целом, авторы считали, что США в значительной степени являются сильной, активной стороной в отношении Китая, а Китай-напротив.

В политической области также были изданы монографии и статьи, такие, как《История права экстерриториальности США в Китае в течение ста лет》У Мэнсюе[③],《Дипломатическая деятельность первых китайских представителей в США》Лян Биин[④] и《Внешняя политика США в отношении Китая》Сюн Чжиюн[⑤].

---

① 王东、闫知航:《让历史昭示未来——中美关系史纲》,东方出版中心 2006 年版。(Ван Дун, Янь Чжихан. Очерк китайско-американских отношений. Шанхай, 2006.)

② Сян Лилин. История китайско-американских отношений. Шанхай, 2002.

③ 吴孟雪:《美国在华领事裁判权百年史》,社会科学文献出版社 1992 年版。(У Мэнсюе. История права экстерриториальности США в Китае в течение ста лет. Пекин, 1992.)

④ 梁碧莹:《艰难的外交:晚清中国驻美公使研究》,天津古籍出版社 2004 年版。(Лян Биин. Дипломатическая деятельность первых китайских представителей в США. Тяньцзинь, 2004.)

⑤ 熊志勇:《美国崛起过程中的对外策略——以近代美国在华活动为例》,《美国研究》2006 年第 2 期,第 106—120 页。(Сюн Чжиюн. Внешняя политика США в отношении Китая. // Исследование США. Пекин, 2006. №. 2. С. 106-120.)

У Мэнсюе исследовал происхождение права консульской юрисдикции США в Китае, ибо с подписанием неравноправного договора "Ванся" между китайским и американским правительством в 1844 г., США получили право экстерриториальности. Историк полагал, что целью американского правительства являлась защита американских опиумных торговцев в Китае. По сути дела, получение этого права являлось нарушением суверенитета Китая, а также политической защитой экономической экспансии США в Китае①. Другой историк, Лян Биин, остановился на создании и развитии диплом-атических органов и посольств, а также деятельности первых китайских посланников в США. Сюн Чжиюн остановился на особенностях внешней политики американского правительства в отношении Китая. Он провел анализ английской и американской экспансии в Китае и сделал вывод о том, что методы экспансии двух держав были разными, США в ходе экспансии в Китае стремились избежать конфликтов с другими державами, сотрудничать с ними, способствовать принципу свободной торговли и максимально расширять рынок. Более того, США стремились действовать с помощью культурной экспансии, чтобы создать положительный имидж о себе в Китае и увеличить свое влияние и присутствие в стране. По мнению историка, такая политика способствовала реализации максимальных интересов США в Китае.

Провозглашение политики "открытых дверей" продолжало оставаться в центре внимания китайских исследователей в изучении истории китайско-американских отношений в конце XIX в. Здесь можно назвать статьи Цзоу Миндэ《Происхождение американской политики "открытых дверей"》②, Сюй Гоци《Баланс сил и американская политика "открытых

---

① У Мэнсюе. Столетняя история права экстерриториальности США в Китае. Пекин, 1992. С. 66.

② 邹明德:《美国门户开放政策起源研究》,《中美关系史论文集》(第二辑), 重庆出版社1988年版, 第135—160页。(Цзоу Миндэ. Происхождение американской политики "открытых дверей". Сборник по истории китайско-американских отношений. Т. II. Чонцин, 1988. С. 135-160.)

дверей"》[①] и Ян Тяньхуна《Дипломатия "баланса сил" и политика "открытых дверей"》[②].

Надо отметить, что историки в рассматриваемый период развивали позиции ученых предыдущего периода. Например, Цзоу Миндэ сделал акцент на политике "открытых дверей" в отношении Китая. По его мнению, главной целью этой политики являлась защита интересов буржуазии США в Китае. Сюй Гоци связывал политику "открытых дверей" с дипломатией "баланса сил". Он полагал, что применение политики "открытых дверей" не ограничивалось лишь Китаем, эта политика представляла собой основной принцип экспансии США за рубежом. Кроме того, он отметил, что дипломатия цинского правительства ограничила "деятельность варваров через других варваров" в конце XIX в. также объективно способствовала появлению политики "открытых дверей".

Ученые также обращали особое внимание на экономические отношения между Китаем и США в конце XIX в. и начале XX в. Например, Дуань Сяохун[③] изучала торговлю США в Китае в конце XIX в. и начале XX в. Она отметила, что в этот период США снова начали обращать внимание на рынок Китая. Изменилась структура импортных товаров в Китай, а товары из Китая в США-нет. Дуань Сяохун полагала, что активизация китайско-американской торговли в этот период была связана с получением США ряда экономических привилегий в Китае, а также ослаблением господствующего места Великобритании в

---

① 徐国琦:《均势与美国门户开放政策》,《历史教学》1990 年第 2 期,第 8—12 页。(Сюй Гоци. Баланс сил и американская политика "открытых дверей". // Преподование истории. Тяньцзинь, 1990. №. 2. С. 8-12.)

② 杨天宏:《晚清"均势"外交与"门户开放"》,《社会科学研究》2008 年第 6 期,第 146—153 页。(Ян Тяньхун. Дипломатия "баланс сил" в конце правления цинской династии и политика "открытых дверей". // Социальное научное исследование. Чэнду, 2008. №. 6. С. 146-153.)

③ 段小红:《世纪之交的美中贸易研究(1895-1905)》,陶文钊、梁碧莹主编:《美国与近现代中国》,中国社会科学出版社 1996 年版,第 224—242 页。(Дуань Сяохун. Американо-китайская торговля в конце XIX и начале XX в. Гл. ред. Тао Вэньчжао, Лян Биин. США и Китай в новое время. Пекин, 1996. С. 224-242.)

Китае. Дуань Сяохун также отметила, что расширение неравноправной торговли между Китаем и США объективно препятствовало развитию национальной китайской буржуазии.

Монография Ван Лисиня[①] 《Американские миссионеры и модернизация в конце правления цинской династии》 является важнейшим исследованием о деятельности американских миссионеров в Китае. Важно отметить, что раньше было принято рассматривать деятельность миссионеров в Китае в качестве культурного вторжения. Ван Лисинь сделал вывод об односторонности этой точки зрения, ибо действия части миссионеров в Китае в той или иной степени способствовали ходу модернизации Китая.

Необходимо отметить, что экспансия США в Китае во второй половине XIX в. уже перестала быть в центре внимания китайских исследователей в рассматриваемый период. История китайско-американских отношений после создания Китайской народной республики в 1949 г., особенно, начиная с 1971 г., когда улучшились отношения между Китаем и США, привлекала большее внимания китайских историков, поскольку она была более тесно связана с действительностью. Так что трудов о китайско-американских отношениях гораздо больше, нежели мы указали.

Китайские историки после 1985 г. продолжали обращаться к теме китайско-британских взаимоотношений. В центре их внимания были следующие вопросы: пограничный вопрос, отношения между Россией и Великобританией применительно к Китаю, вопрос о Гонконге, отноше-ние Великобритании к политике "открытых дверей" и другие вопросы.

Гао Хунчжи всесторонне исследовал агрессивные действия Великобритании в пограничных районах Китая. В своей монографии《Великоб-

---

① 王立新:《美国传教士与晚清中国现代化》, 天津人民出版社 1997 年版。(Ван Лисинь. Американские миссионеры и модернизация в конце правления цинской династии. Тяньцзинь, 1997.)

ритания и пограничный кризис в Китае 1637-1912》[①] он обращал внимание на конкретные мероприятия Великобритании в следующих районах Китая: экономическую и военную агрессию в Тибете; экспансию в провинции Юньнань через Бирму; англо-русское соперничество в Синьцзяне; англо-французскую конкуренцию в провинции Юньнань и Гуанси, расширение экспансии Великобритании в Гонконге.

Люй Шаои[②] остановился на действиях Великобритании через Индию на юго-западной границе Китая в конце правления цинской династии. По мнению историка, политика Великобритании и британской Индии на юго-западной границе Китая состояла из трех основных компонентов: коммерческих интересов в доступе к сырью, демпинге товаров; глобальных военных и стратегических интересов в борьбе за гегемонию; региональных военно-политических интересов в сохранении колониального господства в Индии. Конкретно о второй половине XIX в., автор отметил, что до 1894 г. основной целью Великобритании на юго-западной границе Китая, в первую очередь, являлось стремление к коммерческим интересам; а после 1894 г. мероприятия английского правительства в этом регионе главным образом служили его глобальным стратегическим интересам: речь идет особенно о конкуренции с другими державами, такими, как Франция, Россия и Германия.

Сюй Цзяньин[③] остановился на экспансии Великобритании в провинции Синьцзян. По его мнению, ситуация в Синьцзяне была сложной, поскольку внешняя политика Великобритании в Синьцзяне всегда переплеталась с англо-русским соперничеством в этом районе.

---

① 高鸿志：《英国与中国边疆危机（1637—1912）》，黑龙江教育出版社 1998 年版。（Гао Хунчжи. Великобритания и пограничный кризис в Китае 1637-1912. Харбин, 1998.）

② 吕昭义：《英属印度与中国西南边境（1774—1911 年）》，中国社会科学出版社 1996 年版。（Люй Шаои. Британская индия и юго-западное пограничье Китая 1774-1911 гг. Пекин, 1996.）

③ 许建英：《近代英国和中国新疆（1840—1911）》，黑龙江教育出版社 2004 年版。（Сюй Цзяньин. Великобритания и Синьцзян Китая 1840-1911. Харбин, 2004.）

Ши Нань в статье 《Англо-русские противоречия в борьбе за Тибет》① обращал внимание на соперничество между Великобританией и Россией в Тибете. Автор отметил, что в 1870-е гг. Великобритания и Россия столкнулись в Тибете в результате непрерывного продвижения двух стран в центральной Азии. В ходе борьбы за Тибет обе державы бойкотировали друг друга под лозунгом "защиты Тибета". Историк также отметил, что в отличие от Афганистана, Памира и Персидского залива, англо-русский конфликт в Тибете не являлся главным для этих двух стран.

Историки Чжу Синьгуан②, Цзи Цзунъань и Ли Цян③ сделали акцент на экспансии Великобритании и России в районе Памире. В статье 《Русско-английское незаконное распространение в Памире и позиция цинского правительства》, автор, с одной стороны, изложил англо-русские противоречия в Памире в 1890-е гг., уделил внимание подписанию договора 1895 г., с целью разделения сфер влияния в этом районе. С другой стороны, историк также проанализировал позицию цинского правительства. По его мнению, цинское правительство пыталось использовать соперничество между Великобританией и Россией, стремилось сблизиться с Англией, чтобы Россия была вынуждена отступить. В другой статье《Русско-английское соперничество в Памире 1865-1892 гг.》④ историки сделали акцент на противоречиях между Англией и Россией в Памире до 1890-х гг.

---

① 石楠:《关于英俄争夺西藏的矛盾与冲突》,《近代史研究》1987 年第 2 期, 第 159—183 页。(Ши Нань. Англо-русские противоречия в борьбе за Тибет. // Исследование истории нового времени. Пекин, 1987. №. 2. С. 159-183.)

② 朱新光:《英俄私分帕米尔与清政府的立场》,《中国边疆史地研究》2000 年第 1 期, 第 70—82 页。(Чжу Синьгуан. Русско-английское незаконное распространение в Памире и позиция цинского правительства. // Исследование истории и геогарфии пограничных районов Китая. Пекин, 2000. №. 1. С. 70-82.)

③ 纪宗安、李强:《1865 年—1892 年间英俄在帕米尔的角逐》,《暨南学报》2004 年第 4 期, 第 108—115 页。(Цзи Цзунъань, Ли Цян. Русско-английское соперничество в Памире 1865-1892 гг. // Вестник университета "Цзинань". Гуанчжоу, 2004. №. 4. С. 108-115.)

④ Цзи Цзунь-ань, Ли Чян. Русско-английское соперничество в Памире 1865-1892 гг. // Вестник университета "Цзинань". Гуанчжоу, 2004. №. 4. С. 108-115.

Линь Минь[1] остановился на дипломатии Великобритании и России накануне японо-китайской войны. Следует отметить, что позиция историка Линь Минь совпадает с мнением советских ученых[2] применительно к проблеме посредничества Англии между Китаем и Японией.

В 1868 г. цинское правительство вынуждено было направить силы на борьбу с контрабандной опиумной торговлей в Гуанчжоу и Гонконге. С этой целью оно создало контрольно-пропускные пункты в периферийных районах Гонконга, проводило патрулирование в этих районах. Такие действия вызвали возражение английских торговцев, которые рассматривали их как "блокаду Гонконга". Статью《Исследование о блокаде Гонконга》[3] Чэнь Синьвэнь посвятил переговорам между Китаем и Великобританией вокруг вопроса о "блокаде Гонконга" в течение 20 лет. Автор полагал, что по сути дела это являлось борьбой за таможни между цинским и английским правительствами.

Цао Ин в статье《Дилемма: китайско-английское соперничество о роли Гонконга в прибрежной торговле в Китае в конце правления цинской династии》[4] изучал китайско-английские отношения вокруг вопроса о роли Гонконга в торговле в конце XIX в. После Второй опиумной войны (1856-1860 гг.) Гонконг играл более серьезную роль в качестве транзитного порта, Китай и Великобритания одновременно были заинтересованы в нем. В связи с этим между двумя странами возник конфликт. Англия настаивала на том, чтобы считать Гонконг

---

① 林敏：《试论甲午战争前夕英俄的远东外交》，《四川大学学报》2002 年第 3 期，第 92—97 页。（Линь Минь. Русско-английская дипломатия на Дальнем Востоке накануне японо-китайской войны. // Вестник сычуаньского университета. Чэнду, 2002. №. 3. С. 92-97.）

② Международные отношения на Дальнем Востоке 1840-1949. Под. ред. Жукова Е. М. М., 1956. С. 235-237.

③ 陈新文：《"封锁香港"问题研究（1868—1886）》，《近代史研究》2003 年第 1 期，第 167—185 页。（Чэнь Синьвэнь. Исследование о блокаде Гонконга. // Исследование истории нового времени. Пекин, 2003. №. 1. С. 167-185.）

④ 曹英：《两难的抉择：晚清中英关于香港在中国沿海贸易中的地位之争》，《近代史研究》2007 年第 4 期，第 109—119 页。（Цао Ин. Дилемма: китайско-английское соперничество о роли Гонконга в прибрежной торговле в Китае в конце правления цинской династии. // Исследование по истории нового времени. Пекин, 2007. №. 4. С. 109-119.）

иностранным портом, а Китай - был против. После сложных переговоров между Китаем и Великобританией за Гонконгом утвердилась роль международного порта. Автор считал, что в этом проявилась агрессивность английской экономической экспансии в Китае.

В 1990-е гг. историки Ню Даюн① и Цзэн Чжи② в своих статьях остановились на политике "открытых дверей". Необходимо отметить, что ученые полагали, что инициатором этой политики являлись не США, а Великобритания.

В китайской историографии после 1985 г. франко-китайская война продолжала стоять в центре внимания ученых в исследовании китайско-французских отношений. Было опубликовано большое количество трудов и статей. Среди них стоит отметить монографии Лю Цзымина 《История о франко-китайской войне》③, Хуан Чжэньнаня 《Исследование о боях во франко-китайской войне》④ и Ляо Цзунлиня 《История франко-китайской войны》⑤.

Применительно к рассматриваемому периоду, в китайской историографии появились новые точки зрения о результатах франко-китайской войны. Раньше было принято считать, что хотя Франция не победила в войне, в итоге она победила. Китай не потерпел неудачу, а на самом деле он проиграл. Это означало, что хотя Китай выиграл войну, но в дипломатическом плане он проиграл.

После же 1985 г. в китайской исторической науке возникли новые

---

① 牛大勇:《英国与对华门户开放政策的缘起》,《历史研究》1990 年第 4 期, 第 21—35 页。(Ню Даюн. Великобритания и происхождение политики "открытых дверей" против Китая. // Историческое исследование. Пекин, 1990. №. 4. С. 21-35.)

② 曾志:《英国与门户开放政策的提出》,(长春)《社会科学战线》1993 年第 5 期, 第 177—184 页。(Цзэн Чжи. Великобритания и провозглашение политики "открытых дверей". // Фронт социальной науки. Чанчунь, 1993. №. 5. С. 177-184.)

③ 刘子明:《中法战争始末》, 江西人民出版社 1988 年版。(Лю Цзымин. История о франко-китайской войне. Наньчан, 1988.)

④ 黄振南:《中法战争诸役考》, 广西师范大学出版社 1998 年版。(Хуан Чжэньнань. Исследование о боях во франко-китайской войне. Гуйлинь, 1998.)

⑤ 廖宗麟:《中法战争史》, 天津古籍出版社 2002 年版。(Ляо Цзунлинь. История франко-китайской войны. Тяньцзинь, 2002.)

концепции, которые можно назвать либеральными. Например, некоторые историки[1] полагали, что в переговорах с Францией после войны Китай в какой-то степени также получил некоторые результаты.

Историки обращали большое внимание на влияние этой войны, они начали рассматривать эту войну как один из примеров международных военных конфликтов и делали акцент на взаимосвязанных интересах между западными державами, а также их роли в посредничестве в этой войне. Например, ряд ученых[2] остановился на отношении Великобритании, Германии и США к франко-китайской войне.

Следует отметить, что оккупация Германией Цзяочжоу продолжала интересовать китайских историков после 1985 г. Например, в 1980-1990-е гг. были изданы монографии и статьи Ван Шоучжуна《История агрессии Германии в Шаньдуне》[3], Ци Цичжана《Захват Германией

---

① 储立新:《中法战争中李鸿章主和动机试析》, 广西中法战争史研究会编:《中法战争史论文集》(第四集), 广西人民出版社 1992 年版, 第 198—207 页; (Чу Лисинь. Мотивация Ли Хунчжана о мире во франко-китайской войне. // Сборник по истории франко-китайской войны. Т. IV. Наньнин, 1992. С. 198-207;) 李光正:《剖析清政府在中法战争中乘胜即收的策略》, 广西中法战争史研究会编:《中法战争史论文集》(第三集), 广西人民出版社 1989 年版, 第 112—117 页; (Ли Гуанчжэн. Анализ о тактике "немедленная эвакуация вслед за победой" цинского правительства во франко-китайской войне. // Сборник по истории франко-китайской войны. Т. III. Наньнин, 1989. С. 112-117;) 闻陈捷、宋严萍:《关于中法战争结局问题的再探讨》,《徐州师范大学学报》1996 年第 3 期, 第 76—82 页。(Вэнь Чэньцзе, Сун Яньпин. Пересмотр об итогах франко-китайской войны. // Вестник сюйчжоуского педагогического университета. Сюйчжоу, 1996. №. 3. С. 76-82.)

② 熊志勇:《中法战争期间美国的三次调解》, 中法战争史研究会编:《中法战争论文集》(第二集), 广西人民出版社 1986 年版, 第 174—184 页; (Сюн Чжиюн. Посредничество США во время франко-китайской войны. // Сборник по истории франко-китайской войны. Т. II. Наньнин, 1986. С. 174-184;) 覃艺:《英国与中法战争》, 中法战争史研究会编:《中法战争论文集》(第二集), 广西人民出版社 1986 年版, 第 185—204 页; (Тань И. Великобритания и франко-китайская война. // Сборник по истории франко-китайской войны. Т. II. Наньнин, 1986. С. 185-204;) 方堃:《试论列强在中法战争中的"调停"活动》,《近代史研究》1991 年第 4 期, 第 135—152 页。(Фан Кунь. Посредничество держав во франко-китайской войне. // Исследование истории нового времени. Пекин, 1991. №. 4. С. 135-152.)

③ 王守中:《德国侵略山东史》, 人民出版社 1988 年版。(Ван Шоучжун. История агрессии Германии в Шаньдуне. Пекин, 1988.)

Цзяочжоу и кризис раздела》[①] и Люй Минчжс《Двойное влияние захвата Германией Цзяочжоу на современный Китай》[②].

Внешняя политика Германии во второй половине XIX в. также привлекала большое внимание исследователей. Она дала новый ракурс глубже понимать политику Германии против Китая. На наш взгляд, стоит отметить статьи Ли Лэцзэна《Статус и роль Цзяочжоу в "мировой политике" Германии》[③] и Ван Фэйлиня《Проблемы и идеи дальневосточной политики Германии в 1890-1894 гг.》[④].

Историки также остановились на экономической и культурной экспансии Германии в Цзяочжоу. Чэнь Цзян в статье《Захват Германией Цзяочжоу: тематическое исследование в истории китайско-иностранных экономических отношений》[⑤]. Ли Вэй в статье《Сравнительный анализ о культурной политике между германским Цзяочжоу и английским Вейхайвеем》[⑥] обращал внимание на экспансии Германии с культурной точки зрения.

Таким образом, можно отметить, состояние исследований об

---

① 戚其章:《德占胶澳与瓜分危机问题》,《河北学刊》1999 年第 1 期,第 85—91 页。(Ци Цичжан. Захват Германией Цзяочжоу и кризис раздела. // Вестник Хэбей. Шицзячжуан, 1999. №. 1. С. 85-91.)

② 吕明灼:《德占胶澳对近代中国的双重影响》,《文史哲》1999 年第 1 期,第 49—51 页。(Люй Минчжо. Двойное влияние захвата Германией Цзяочжоу на современный Китай. // Литература, история и философия. Цзинань, 1999. №. 1. С. 49-51.)

③ 李乐曾:《胶州湾在德国"世界政策"中的地位和作用》,《历史教学问题》2000 年第 6 期,第 6—9 页。(Ли Лэцзэн. Статус и роль Цзяочжоу в "мировой политике" Германии. // Вопрос о преподавании истории. Шанхай, 2000. №. 6. С. 6-9.)

④ 王飞麟:《1890—1894 年间德国的远东政策的挑战与构想》,《武汉大学学报》2003 年第 5 期,第 584—588 页。(Ван Фэйлинь. Проблемы и идеи дальневосточной политики Германии в 1890-1894 гг. // Вестник Уханьского университета. №. 5. Ухань, 2003. С. 584-588.)

⑤ 陈绛:《德占胶澳:近代中外经济关系的一个实例分析》,《德国研究》1998 年第 4 期,第 16—21 页。(Чэнь Цзян. Захват Германией Цзяочжоу: тематическое исследование в истории китайско-иностранных экономических отношений. // Исследование Германии. Шанхай, 1998. №. 4. С. 16-21.)

⑥ 李伟:《德占胶澳和英占威海卫文化政策之比较》,《山东师范大学学报》2003 年第 6 期,第 79—82 页。(Ли Вэй. Сравнительный анализ о культурной политике между германским Цзяочжоу и английским Вейхайвеем. // Вестник шаньдунского педагогического университета. Цзинань, 2003. №. 6. С. 79-82.)

китайско-французских и китайско-германских отношениях, в частности, экспансии этих двух держав в Китае было схожим с изучением китайско-британских отношений во второй половине XIX в. Китайские историки, как правило, обращали внимание на отдельные проблемы. В настоящее время не хватает общего систематического исследования. На наш взгляд, это зависит от исторической реальности и ограниченности источников и материалов в Китае.

Сравнивая труды китайских ученых с исследованиями российских историков рассматриваемого периода, можно прийти к следующим выводам, отметив некоторые совпадения позиций китайских и российских ученых об экспансии западных держав в Китае во второй половине XIX в.

Ученые двух стран обратили внимание на сущность экспансии западных держав в Китае. Они полагали, что экспансия западных держав на Дальнем Востоке, в частности, в Китае, носит агрессивный характер. Например, китайские историки Лю Пейхуа①, Гу Минъи②, Ян Гонсу③ и Ван Шаофан④ изучали экспансию западных держав в Китае с точки зрения агрессивности их деятельности в Китае в XIX в. В частности, российский историк И. Д. Парфенов⑤ также отметил, что экспансия Англии в Китае имела тяжелые последствия для народов Китая.

Как китайские, так и российские исследователи остановились на таких ключевых проблемах или событиях в ходе экспансии, как роль миссионеров во внешней политике западных держав, американской доктрине "открытых дверей", экономической экспансии в качестве как неравноправной торговли в этапе свободной конкуренции капитализма,

---

① Лю Пэйхуа. История отношений Китая с западными странами в новое время. Пекин, 1986.

② Гу Минъи. Очерк истории дипломатии Китая в новое время. Чанчунь, 1987.

③ Ян Гонсу. История дипломатии в конце правления цинской династии. Пекин, 1991.

④ Ван Шаофан. История дипломатии Китая (1840-1911). Чэнчжоу, 1988.

⑤ Парфенов И. Д. Колониальная экспансия Великобритании в последней трети XIX в. М., 1991. С. 173.

так и вывозе капитала в период империализма, и других проблемах.

Однако, очевидно, что существует большая разница в исследовании экспансии западных держав в Китае во второй половине XIX в. между китайскими и российскими учеными.

В первую очередь, перед китайскими и российским историками стоят разные цель и задачи исследования. Для китайских ученых целью изучения экспансии западных держав в Китае является то, чтобы объективно проследить историческое развитие Китая во второй половине XIX в., всесторонне исследовать процесс превращения Китая в полуколониальную страну во время правления цинской династии и извлечь уроки из этого.

Российские исследователи занимаются темой экспансии для того, чтобы проследить как внешнюю политику европейских стран и США на Дальнем Востоке, так и отношения России с этими державами в ходе экспансии в Китае во второй половине XIX в.

Предпосылки исследования экспансии западных держав в Китае также были разными. Прежде всего, история экспансии западных держав в Китае является органической частью отечественной истории, китайские ученые изучают эту тему, опираясь на историю собственно Китая. Как уже отмечалось в этом параграфе, одной из особенностей китайской историографии рассматриваемого периода является то, что китайские ученые в значительной степени уделили внимание влиянию экспансии западных держав в Китае во второй половине XIX в. на модернизацию Китая. Кроме того, они как в целом, так и в отдельности изучали и исследуют тему экспансии западных держав в Китае. Речь идет о разнообразии исследований: в китайской историографии после 1985 г. появились не только новые труды общего характера, но и монографии, специально посвященные экспансии в области экономики, культуры и дипломатии.

Российские историки рассматриваемого периода обычно останавливаются на этой теме с точки зрения как внешней политики западных держав в отношении Китая, так и с точки зрения отношений России с европейскими странами и США в Китае. Об этом свидетельствует труд 《История США》 под редакцией Г. Н. Севостьянова①, 《Нефтяные войны》 А. А. Фурсенко② и др.

Конечно, существуют недостатки в китайской и российской историографии рассматриваемого периода об экспансии западных держав в Китае во второй половине XIX в. Китайские ученые обратили недостаточное внимание на взаимоотношения между внешней политикой и внутренним положением западных держав, а также на влияние внутриполитического положения западных стран на их внешнюю политику в Китае. В этом отношении российские историки, безусловно, уделили большее внимания перечисленным проблемам, нежели китайские исследователи. Как в монографиях общего характера, таких, как 《История США》③, так и в специальных трудах④. Историки рассматривали экспансию западных держав в Китае как один из аспектов внешней политики западных держав в целом, и такая экспансия в значительной степени зависела от внутриполитической ситуации в этих странах.

На наш взгляд, в трудах российских ученых об экспансии западных держав в Китае во второй половине XIX в. недостаточно уделено места трансформации китайской экономики под влиянием проникновения иностранного капитала, формированию компрадорской и национальной буржуазии. В этой связи современные китайские историки нередко излагают возникновение и развитие китайской национальной буржуазии, влияние иностранных предприятий на нее как в области менеджмента, так в сфере передовой техники.

Таким образом, изучение экспансии западных держав в Китае во

---

① История США в 4-х томах. Севостьянов Г. Н. (гл. ред.). Т. II. 1877-1918. Куропятник Г. П. (отв. ред.). М., 1985.

② Фурсенко А. А. Нефтяные войны (конец XIX-начало XX в.). М., 1985.

③ История США в 4-х томах. Севостьянов Г. Н. (гл. ред.). Т. II. 1877-1918. Куропятник Г. П. (отв. ред.). М., 1985.

④ Парфенов И. Д. Колониальная экспансия Великобритании в последней трети XIX в. М., 1991.

второй половине XIX в. как в китайской историографии, так и в российской историографии после 1985 г. получило определенное освещение. Ученые двух стран добились серьезных успехов не только в исследовании экспансии, но и в изучении истории Китая и России, отношений двух государств с европейскими странами и США, а также внешней политики западных держав.

Заключение

С середины XIX в. экспансия западных держав в Китае являлась важным фактором, который оказывал влияние на историю Китая. Экспансия западных держав в Китае во второй половине XIX в. также является одним из главных направлений внешней политики этих стран на Дальнем Востоке. Исследование темы экспансии привлекало внимание историков как в России, так и в Китае. Советские ученые начали заниматься этой темой с 1920-х гг., а китайские исследователи начали серьезное научное изучение темы экспансии позже, с 1940-х гг. Хотя ученые двух стран уделяли немало внимания этому вопросу, до сих пор пока не появилось отдельного научного труда, посвященного специально проблеме экспансии и ее разработке в историографии. Главной задачей настоящего исследования является сравнительный анализ позиций российских, и в определенной степени, китайских историков разных периодов.

Исследование в настоящей диссертации проведено в хронологическом порядке. Автор выделяет четыре этапа, которые знаменовались появлением значительных трудов российских историков по теме экспансии, а именно: 1920-е-1940-е гг.; 1950-е-1960-е гг.; 1970-е-первая половина 1980-х гг.; и четвертый-после 1985 г. Как было показано в диссертации, каждый из этапов имел свои особенности.

В настоящей диссертации были:

1) предложена периодизация советской/российской историографии;

2) обобщены основные направления в изучении темы экспансии;

3) выявлены общие тенденции в историографии, имеющиеся в

каждом периоде, а также специфика каждого периода;

4) проведен сравнительный анализ трудов советских/российских и китайских историков, т. е. показано, на что вместе обращали внимание ученые двух стран, и что отличало их исследования.

Труды советских ученых, изданные в 1920-е-1940-е гг., сыграли своего рода роль фундамента (основы) для ученых последующих этапов. Важными трудами, изданными в это время, являются 《Сборник договоров и других документов по истории международных отношений на Дальнем Востоке (1842-1925)》 Э. Д. Гримма[①], 《Европа в эпоху империализма 1871-1919 гг.》 Е. В. Тарле[②], 《Америка в борьбе за Китай》 А. Я. Канторовича[③] и др. По нашему мнению, 1920-е-1940-е гг. стали в советской историографии временем, когда сформировалась традиция изучения темы экспансии западных держав в Китае.

Период 1950-1960-х гг. характеризуется появлением серьезных трудов по теме экспансии. Хотя, как мы отметили, в 1920-1940-х гг. историки уже начали уделять внимание теме экспансии западных держав в Китае, однако, они в основном останавливались на отдельных событиях или действиях западных держав, т. е. систематического изучения темы экспансии в целом не было предпринято. В 1950-е-1960-е гг. ученые предпринимают новые попытки в исследовании темы экспансии. В эти годы появились серьезные труды о международных отношениях на Дальнем Востоке, в которых тема экспансии рассматривается в целом. Необходимо отметить, в рассматриваемый период в исследовании темы экспансии западных держав в Китае в 1860-1900-е гг. были определены главные направления, установлена основная периодизация и проведен научный анализ ключевых событий, которые оказали влияние на экспансию западных западных держав в Китае. С нашей точки зрения, труды этого периода являются очень важными для

---

① Гримм Э. Д. Сборник договоров и других документов по истории международных отношений на Дальнем Востоке (1842-1925). М., 1927.

② Тарле Е. В. Европа в эпоху империализма 1871-1919 гг. М. -Л., 1928.

③ Канторович А. Я. Америка в борьбе за Китай. М., 1935. С. 77.

дальнейшего углубления в изучении темы.

В 1970-1980-х гг. советские ученые продолжали активно заниматься данной темой, и был опубликован ряд серьезных научных трудов об экспансии западных держав в Китае в 1860-1900 гг. Особенно стоит отметить, что в этот период появились специальные труды историков, специализирующихся на истории отдельных западных стран, которые были посвящены политике отдельных западных стран в Китае. Это монография Л. Л. Зариной и С. Г. Лившица① об экспансии Англии и работа В. П. Корякова② о колониальной политике Франции в Китае.

После 1985 г. изучение экспансии западных держав в Китае не получило отдельного освещения в трудах современных российских историков. Историки-новисты обращали внимание на этот вопрос в основном в контексте внешней политики и дипломатии западных стран в целом, в частности, на дальневосточном направлении. Здесь выделяются《История США》в 4-х томах под редакцией Г. Н. Севостьянова③ и《Колониальная экспансия Великобритании в последней трети XIX в.》И. Д. Парфёнова④. В первом экспансия в Китае является важным аспектом американской внешней политики на дальневосточном направлении, а во втором экспансия исследуется как целостное явление, как процесс складывания системы определенных отношений-экономических и политических - между Великобританией и странами Азии и Африки, капиталистическим предпринимательством и социально-экономической структурой колоний.

Что касается исследований историков-китаеведов о теме экспансии западных держав в Китае, после 1985 г. историки-китаеведы не потеряли интереса к этой теме. Например, в 2005 г. вышла в свет

---

① Зарина Л. Л., Лившиц С. Г. Британский империализм в Китае (1896-1901 гг.). М., 1970.

② Коряков В. П. Политика Франции в Китае в конце XIX в. М., 1985.

③ История США в 4-х томах. Севостьянов Г. Н. (гл. ред.). Т. II. 1877-1918. Куропятник Г. П. (отв. ред.). М., 1985.

④ Парфенов И. Д. Колониальная экспансия Великобритании в последней трети XIX в. М., 1991.

монография О. Е. Непомнина《История Китая. Эпоха Цин XVII-начало XX в.》[①], которая носит обобщающий характер. Во второй части монографии автор изложил историю Китая с 70-х гг. XIX в. Однако, необходимо отметить, что отношения Китая с западными странами, а также отношения между Китаем и Россией стали привлекать пристальное внимание ученых. Например, историк-китаевед из СПбГУ Н. А. Самойлов[②] обратил внимание на геокультурные отношения России и Китая. Так что можно делать вывод о том, что спектр изучения стал более широким-в сравнении с предыдущими периодами.

Исследуя труды советских и российских ученых 1920-2000-х гг. об экспансии, можно отметить, что историки изучали эту тему в основном по трем главным направлениям, а именно:

1) экспансия западных держав в Китае в 1860-1900-е гг. в контексте международных отношений на Дальнем Востоке;

2) экспансия как часть внешней политики западных держав в отношении Китая;

3) роль экспансии в развитии истории Китая.

По первому направлению работали историки-международники разных периодов, такие как Э. Д. Гримм, А. А. Губер, А. Л. Нарочницкий, Е. М. Жуков. В 1920-х гг. Э. Д. Гримм уже начал обращать внимание на тему экспансии западных держав в Китае в рамках международных отношений. Его статья《Обзор международных отношений на Дальнем Востоке》[③] является первой попыткой изложения международных отношений на Дальнем Востоке. Э. Д. Гримм развернул свое исследование вокруг трех проблем (элементов экспансии): торговая гегемония Англии в Китае в начале второй половины XIX в.; сложные отношения между капиталистическими странами во время японско-

---

① Непомнин О. Е. История Китая. Эпоха Цин XVII-начало XX в. Ч. II. М., 2005.

② Самойлов Н. А. Подходы к изучению геокультурных пространств России и Китая и их взаимодействия в XVIII-начале XX вв. // Вестник СПбГУ. Серия 13. Выпуск. 3. 2009. С. 61-75.

③ Гримм Э. Д. Сборник договоров и других документов по истории международных отношений на Дальнем Востоке (1842-1925). М., 1927.

китайской войны; борьба держав за《сферы влияния》в конце XIX в. И эти три проблемы стали основой для исследования ученых в дальнейшем.

Следует отметить, что статья Э. Д. Гримма охватывает хронологически обширный период, от начала XIX в. до середины 1920-х гг. В то время, как другой историк, А. А. Губер①, который также активно работал в 1920-1940-х гг., изучал экспансию западных держав в Китае в контексте международных отношений на Дальнем Востоке, особое внимание уделил концу XIX в. По мнению А. А. Губера, международные отношения на Дальнем Востоке в конце XIX в. характеризовались обострением противоречий между крупнейшими капиталистическими державами в Китае и на Тихом Океане и появлением на арене новых, молодых империалистических хищников. Япония и Германия проявляли особую активность. Поэтому историк А. А. Губер отдельно остановился на двух《треугольниках》, а именно-между Англией, Германией и Россией, и между Англией, Россией и Японией.

Отсюда можно заметить, что историков-международников непосредственно интересовали отношения между державами в ходе экспансии. И такая тенденция сохранилась и в исследованиях ученых второго периода, т. е. в 1950-е-1960-е гг. Здесь, монография другого известного историка-международника, А. Л. Нарочницкого, является примером. В его монографии《Колониальная политика капиталистических держав на Дальнем Востоке 1860-1895》② были проанализированы отношения, особенно противоречия, между капиталистическими странами в ходе экспансии в Китае.

В 1950-1960 гг. на основе предшествующих исследований историки продолжали развивать тему: экспансия западных держав в Китае во второй половине XIX в. при изучении международных отношений на Дальнем Востоке. В 1950-е гг. двумя изданиями (1951 г. и 1956 г.) был

---

① Губер А. А. Международные отношения на Дальнем Востоке (1894-1904). // Ученые записки тихоокеанского института. М. -Л., 1947. Т. I. С. 3-50.

② Нарочницкий А. Л. Колониальная политика капиталистических держав на Дальнем Востоке 1860-1895 гг. М., 1956.

опубликован коллективный труд《Международные отношения на Дальнем Востоке》[1] под редакцией Е. М. Жукова. В первом издании《Международные ...》, которое было издано в 1951 г., авторы обобщили все аспекты в развитии международных отношений на Дальнем Востоке в 1870-1945 гг., в том числе экспансии западных держав в Китае. Содержание второго издания (1956 г.) во многих совпадает с первым. Кроме того, что период нового издания расширяет хронологические рамки-с 1840 г. до 1949 г. История во время двух Опиумных войн (1840-1842 гг., 1856-1860 гг.) также стала предметом исследования ученых в новом издании. Необходимо отмтеить, что история 1840-1870-х гг. также играла важную роль в ходе экспансии западных держав в Китае. Такое дополнение в новом издании《Международных ...》совпадало с мнением китайских историков. Потому что, как мы уже отметили в четвертой главе настоящей работы, Первая опиумная война (1840-1842 гг.) впервые "открыла" дверь Китая. Ибо с этого времени цинская династия установила регулярные связи с западными державами. 1840 г. является поворотным годом в истории Китая. Китайские ученые обычно считают, что после этого года Китай вступил в новое время.

В 1973 г. появилось третье издание под тем же названием《Международные отношения на Дальнем Востоке》[2] под редакцией Е. М. Жукова, которое является полезным дополнением, продолжением и развитием тех трудов, которые были изданы в 1950-е гг. В этом издании историки, с одной стороны, откорректировали периодизацию развития международных отношений на Дальнем Востоке: испано-американская война заменила японо-китайскую войну и стала разделом между двумя периодами; с другой стороны, ученые переработали структуру освещения последних событий конца XIX в. Испано-

---

① Международные отношения на Дальнем Востоке (1870-1945 гг.). Под ред. Жукова Е. М. М., 1951; Международные отношения на Дальнем Востоке (1840-1949 гг.). Под ред. Жукова Е. М. Изд. 2-е. М., 1956.

② Международные отношения на Дальнем Востоке. Под ред. Жукова Е. М. М., 1973.

американская война служила началом передела мира между империалистическими державами, она имела более значительное и международное значение для всего мира. Таким образом, в сравнении с предыдущими изданиями (1951 г. и 1956 г.) в новом издании были уточнены, дополнены и откорректированы позиции исследователей, а в некоторых случаях и смещены акценты.

После 1970-х гг. не появилось новых исследований о международных отношениях на Дальнем Востоке. Изучению экспансии западных держав в Китае со стороны международных отношений на Дальнем Востоке уделялось внимания меньше. Таким образом, необходимо сделать вывод о том, что период 1950-1970-х гг., был самым плодотворным периодом для историков-международников, которые занимались темой международных отношений на Дальнем Востоке, в том числе темой экспансии западных держав в Китае во второй половине XIX в.

После 1985 г. экспансия западных держав в Китае, главным образом, исследуется в рамках внешней политики западных держав в Китае во второй половине XIX в. в целом, в частности, на дальневосточном направлении.

Второе направление-экспансия как внешняя политика западных держав в Китае-также привлекало внимание ученых, среди них работали историки-американисты, историки-германисты, историки-китаеведы и специалисты, которые интересовались внешней политикой Англии и Франции в Китае во второй половине XIX в.

В 1920-1940-х гг. ученые отдельно остановились на внешней политике США и Германии в Китае. Историки А. Я. Канторович[①] и В. Я. Аварин[②] были специалистами по внешней политике США. В 1930-е гг. А. Я. Канторович изучал внешнюю политику США в Китае в целом.

---

① Канторович А. Я. Китай в империалистическом окружении. М., 1934; Америка в борьбе за Китай. М., 1935.

② Аварин В. Я. Империализм в Маньчжурии. Т. I. М. -Л., 1934.

Он отметил, что в период территориальной экспансии европейскими странами, США, в отличие от этих держав, ограничивались освоением своего собственного континента и не приобрели опорных пунктов в Азии. Последние три с половиной десятилетия XIX в. США были почти целиком поглощены развитием собственного внутреннего рынка, при относительно малом внимании к внешней экспансии. В результате американский империализм оказался опоздавшим к разделу колониального мира. Это обстоятельство, в числе других, предопределило своеобразие его политических установок на Дальнем Востоке, в частности, в Китае①.

В 1950-е гг. историк-американист А. А. Фурсенко② также в целом исследовал экспансионистскую политику США в Китае. В своей монографии он отметил, что политика США не имела существенного различия по сравнению с политикой других западных держав③. Можно отметить, что если историк А. Я. Канторович акцентировал внимание на своеобразии политики США, то А. А. Фурсенко как раз хотел подчеркнуть, что США и другие державы имели общие интересы. Торговая экспансия, политика "открытых дверей", японо-китайская война также привлекали внимание обоих историков. А. Я. Канторович проанализировал внутреннее экономическое развитие самих США, обратив внимание на проблему промышленного вывоза, как на одну из важнейших причин, стимулировавших внешнюю экспансию США в эпоху империализма; А. А. Фурсенко также заметил, что США к концу XIX в. обладали промышленным превосходством по сравнению с другими державами, поэтому специфика американской политики заключалась в акценте на экономическом завоевании Китая. Оба исследователя остановились на политике "открытых дверей". А. Я. Канторович считал, что доктрина "открытых дверей" являлась

---

① Канторович А. Я. Америка в борьбе за Китай. М., 1935. С. 77.

② Фурсенко А. А. Борьба за раздел Китая и американская доктрина "открытых дверей" 1895-1900. М. -Л., 1956.

③ Там же. С. 6.

специфическим орудием американской политики в определенных условиях, в частности, на Дальнем Востоке; А. А. Фурсенко отметил, что эта доктрина имела принципиальное значение для всей внешней политики США. По нашему мнению, А. А. Фурсенко, с одной стороны, дополнил и развивал позицию А. Я. Канторовича; с другой, он высказал свое возражение против позиции А. Я. Канторовича.

В 1930-е гг. историк А. Я. Аварин также обратился к изучению экспансионистской политики США в Китае: он сделал акцент на ситуации в Маньчжурии. По его мнению, хотя США не удалось осуществить экспансию под видом железнодорожного строительства в Маньчжурии, но в области торгового проникновения в Китай это имело значение, ибо в Маньчжурии американский капитал впоследствии достиг определенных успехов. В 1960-е гг. историки С. Б. Горелик① и Р. М. Бродский② также делали акцент на экспансии США в Маньчжурии в конце XIX в., как и их предшественник В. Я. Аварин. Общее в исследованиях С. Б. Горелика и Р. М. Бродского заключалось в том, что они изучили политику США в Маньчжурии со стороны русско-американских отношений. С. Б. Горелик считал, что царская Россия является главным колонизатором в Маньчжурии в конце XIX в., который сталкивался там с США; Р. М. Бродский отметил, что американский экспансионизм вызывал рост международной напряженности, вел к обострению русско-американских отношений.

В 1970-х-первой половине 1980-х гг. советские исследователи занимались темой американской экспансии в контексте культурного сегмента. Здесь, как нам представляется, наибольший интерес представляют труды А. А. Мурадяна. Он в своей монографии《Американские миссионеры в странах Дальнего Востока》③ уделил внимание роли американских миссионеров в

---

① Горелик С. Б. Политика США в Маньчжурии в 1898-1903 гг. и доктрина “открытых дверей”. М., 1960.

② Бродский Р. М. Американская экспансия в северо-восточном Китае 1898-1905. Львов. 1965.

③ Мурадян А. А. Американские миссионеры в странах Дальнего Востока, Юго-восточной Азии и Океании в XIX в. М., 1971.

реализации внешнепо-литического курса США и торговой деятельности в Китае.

После 1985 г. экспансия США в Китае во второй половине XIX в. исследовалась в рамках внешней политики США на Дальнем Востоке. Были опубликованы следующие монографии: 《История США》[①] в 4-х томах, монографии 《История внешней политики и дипломатии США 1775-1877》[②], 《Дипломатическая история США 1877-1919》[③] и сборник 《Внешняя политика США в последней трети XIX в.》[④]. Анализ, сделанный историками в рассматриваемый период, был более концептуальным и логичным. Например, все они[⑤] полагали, что США проводили двойственную и противоречивую политику в отношении Китая в конце XIX в.

В 1920-1940-е гг. историки Е. В. Ефимов[⑥], А. А. Губер[⑦] и А. С. Ерусалимский[⑧] делали акцент на агрессии Германии в Китае в конце XIX в. Ученые отметили, что Германия рассчитывала на то, что обострение

---

① История США в 4-х томах. Севостьянов Г. Н. (гл. ред.). Т. II. 1877-1918. Куропятник Г. П. (отв. ред.). М., 1985.

② История внешней политики и дипломатии США 1775-1877. Болховитинов Н. Н. (отв. ред.). М., 1994.

③ Кравченко И. Н. Дипломатическая история США 1877-1919. М., 2002.

④ Ганелин Р. Ш. Миссия Бэрлинхема и американо-китайский договор 1867 г. // Внешняя политика США в последней трети XIX в. Межвузовский сборник научных трудов. Л., 1991. С. 36-49.

⑤ История США в 4-х томах. Севостьянов Г. Н. (гл. ред.). Т. II. 1877-1918. Куропятник Г. П. (отв. ред.). М., 1985; История внешней политики и дипломатии США 1867-1918. Под ред. Куропятника Г. П. М., 1997; Кравченко И. Н. Дипломатическая история США 1877-1919. М., 2002.

⑥ Ефимов Г. В. Германский империализм и антиимпериалистическое восстание в Китае 1899-1901 гг. // Научная сессия, посвященная 125-летию ЛГУ. Л., 1944. № . 39. С. 97-98; Дальневосточная политика германского империализма в 1898 г. // Научный бюллетень Ленинградского государственного ордена Ленина университета. Л., 1946. №. 9. С. 26-27; Германский империализм в Китае 1894-1902. // Ученые записки Тихоокеанского института. М. -Л., 1947. Т. I. С. 51-84.

⑦ Губер А. А. Международные отношения на Дальнем Востоке (1894-1904). // Ученые записки тихоокеанского института. М. -Л., 1947. Т. I. С. 3-50.

⑧ Ерусалимский А. С. Внешняя политика и дипломатия германского империализма в конце XIX века. М., 1948.

русско-английского антагонизма дает ей возможность осуществлять свои экспансионистские планы как в Китае, так и в других странах. На наш взгляд, позиции трех историков в характеристике экспансионистской политики Германии в Китае совпадали. Можно прийти к следующему общему выводу, который по сути обьединяет позиции историков: германская дипломатия в Китае являлась провокационной дипломатической игрой, которая в конце концов поворачивалась против нее и привела к изоляции Германии на Дальнем Востоке.

В 1950-е гг. А. С. Ерусалимский[①] еще конкретнее проанализировал захват Германией Цзяочжоу. То есть, ученый вскрыл причины, движущие пружины и всю механику захвата Германией Цзяочжоу, показал отношение различных групп германской общественности к этому захвату, которое в 1920-1940-е гг. не было исследовано. В 1970-е гг. А. С. Ерусалимский[②] продолжал работать над темой экспансии Германии в Китае в конце XIX в. Разница с предыдущими его трудами состояла в том, что он обратился к изучению соперничества между Германией и Англией в ходе экспансии в Китае. В 1990-е гг. Е. Ю. Сергеев также уделял внимание англо-германским отношениям. В монографии 《Политика Великобритании и Германии на Дальнем Востоке 1897-1903 гг.》[③] основное внимание уделено политике этих двух стран в сравнении. Противоречия между ними в конечном итоге привели к мировой войне.

После 1985 г. колониальная политика Германии в Китае во второй половине XIX в. уже не стояла в центре внимания ученых. Только в трудах общего характера можно увидеть упоминания об экспансии Германии в Китае. Например, в монографии 《Германская империя 1871-1914》[④] историк А. Г. Матвеева затронула проблему экспансии

---

① Ерусалимский А. С. Внешняя политика и дипломатия германского империализма в конце XIX века. М., 1951.

② Ерусалимский А. С. Колониальная экспансия капиталистических держав и освободительное движение народов Южной Африки и Китая в XVII-XIX вв. М., 1974.

③ Сергеев Е. Ю. Политика Великобритании и Германии на Дальнем Востоке 1897-1903 гг. М., 1998.

④ Матвеева А. Г. Германская империя 1871-1914. М., 2002.

Германии в Китае в двух аспектах, а именно: роль германского флота (и лично А. Тирпица) в захвате Цзяочжоу и собственно занятие китайского порта Цзяочжоу.

Хотя еще в 1920-1940-е гг. ученые писали об экспансии западных держав в Китае, таких, как Англии, Франции, в своих исследованиях, но в рассматриваемый период внешняя политика этих держав в Китае еще не стала предметом отдельного изучения историков. В период 1950-х-1960-х гг. историки начали обращать особое внимание на экспансию Англии и Франции в Китае. В. П. Леонтьев① остановился на экспансии Англии в Тибете, а Ю. П. Дементьев② - на колониальной политике Франции на юге Китая и намерении Франции связывать юг Китая с Индокитаем, в частности, с Вьетнамом.

В 1970-х - первой половине 1980-х гг. появилась новая тенденция в исследовании внешней политики отдельных стран в Китае. До этого еще не было специального исследования об экспансии Англии и Франции в Китае в конце XIX в. Историки Л. Л. Зарина, С. Г. Лившиц③ и В. П. Коряков④ заполнили этот пробел.

В монографии Л. Л. Зариной и С. Г. Лившица рассматривается экспансия Англии в Китае в годы 《битвы за концессии》 (рубеж XIX и XX вв.). Авторы пытались выяснить внешние и внутренние причины, которые стимулировали британские правящие круги проводить экспансионистскую политику в Китае. Они также обратили внимание на отношения между Англией и другими капиталистическими странами. Новизной применительно к теме является то, что роль китайской национальной буржуазии в ходе экспансии получила освещение. Эта монография является целостным исследованием об экспансии Англии в

---

① Леонтьев В. П. Иностранная экспансия в Тибете в 1888-1919 гг. М., 1956.

② Дементьев Ю. П. Колониальная политика Франции в Китае и Индокитае 1844-1862 гг. М., 1958.

③ Зарина Л. Л., Лившиц С. Г. Британский империализм в Китае (1896-1901 гг.). М., 1970.

④ Коряков В. П. Политика Франции в Китае в конце XIX в. М., 1985.

Китае в конце XIX в. После 1985 г. не было издано специальных трудов об экспансии Англии в Китае. Однако, колониальная политика Англии в Китае исследуется в монографии историка И. Д. Парфенова① как целостное явление, как совокупность политических, экономических, военных, идеологических форм и методов подчинения отставших в своем социально-экономическом развитии народов. Стоит отметить, что И. Д. Парфенов развивал результаты своих предшественников, таких, как А. Л. Нарочницкий, т. е. он также проанализировал особенности английской экспансии в Китае.

Что касается внешней политики Франции в Китае, историк В. П . Коряков в 1980-е гг. впервые всесторонне изложил экспансию Франции в Китае в конце XIX в. В 1985 г. была опубликована его монография 《Политика Франции в Китае в конце XIX в.》②, которая дала возможность рассматривать экспансию Франции в Китае в целом. Как отметил В. П. Коряков, политика Франции в Китае носила комплексный характер, охватывала экономическую, финансовую, политическую и военно-стратегическую области.

Если сравнивать исследования об экспансии Англии, Франции и Германии в Китае с изучением внешней политики США в Китае, то необходимо отметить, что до 1970-х гг. США уделялось большее внимание.

Исследование историков-китаеведов об истории Китая во второй половине XIX в. - третье направление изучения экспансии западных держав в Китае. Историки-китаеведы изучали экспансию со стороны Китая. Для них внешняя политика цинского правительства, подход китайского народа к экспансии и отношения между правительствами Китая и западными державами являются главными предметами исследования. В 1920-е гг. А. Л. Попов активно занимался историей

① Парфенов И. Д. Колониальная экспансия Великобритании в последней трети XIX в. М., 1991.

② Коряков В. П. Политика Франции в Китае в конце XIX в. М., 1985.

Китая. В 1925 г. была опубликована его работа 《Очерк истории Китая》[①], которая являлась первой попыткой изложения истории Китая. В статье А. Л. Попова 《Боксерское восстание》[②], опубликованной в 1926 г., автор более конкретно проанализировал исторические предпосылки, причины, происхождение и социальный состав боксерского восстания.

В 1950-1960-х гг. исследователем, который изучал историю Китая во второй половине XIX в., является известный историк-китаевед Г. В. Ефимов. В своей работе 《Внешняя политика Китая. 1894-1899 гг.》[③] Г. В. Ефимов делал акцент на внешней политике цинского правительства и сопротивлении китайского народа колонизаторам. Он остановился не только на экономической экспансии западных держав в Китае, но и обратил внимание на идеологическое порабощение китайского народа этими странами. Работы Г. В. Ефимова играют очень важную роль для изучения истории Китая. Как отметил В. Н. Никифоров, они были "... вехами на пути создания большой работы".

Китай как объект исследования в 1970-х-первой половине 1980-х гг. также не был обойден вниманием историков-китаеведов. В 1976 г. была издана монография С. И. Зарецкой 《Внешняя политика Китая в 1856-1860 гг.: отношения с Англией и Францией》[④]. Автор показала главные причины неспособности Китая оказать противодействие западным колонизаторам и защитить суверенитет и интересы страны. В 1970-1980-х гг. количество исследований по теме экспансии в СССР сократилось. По нашему мнению, причина находилась в политической плоскости и научные связи между Китаем и СССР в той или иной степени прекратились в 1970-1980-х гг.

---

① Попов А. Л. Очерк истории Китая. М., 1925.

② Попов А. Л. Боксерское восстание. // Красный архив. № 1 (14). М., 1926. С. 1-49.

③ Ефимов Г. В. Внешняя политика Китая 1894-1899 гг. М., 1958.

④ Зарецкая С. И. Внешняя политика Китая в 1856-1860 гг.: отношения с Англией и Францией. М., 1976.

В настоящее время историки-китаеведы снова стали уделять внимание истории Китая, в том числе истории Китая во второй половине XIX в. и экспансии западных держав в Китае в это время. В 2005 г. вышла в свет монография О. Е. Непомнина《История Китая. Эпоха Цин XVII-начало XX в.》①, которая носит обобщающий характер. Надо отметить, что экспансия в этом обобщающем труде предстает достаточно фрагментарно. Во второй части монографии автор изложил историю Китая с 70-х гг. XIX в., "политику самоусиления" правящих кругов, ход японо-китайской войны, движение за реформы 1895-1898 гг., боксерское восстание и др. В этот период произошло ускорение вовлечения Китая в мировой рынок, ускорилось формирование компрадорской и национальной буржуазии. Как отмечалось в рецензии академика С. Л. Тихвинского на монографию О. Е. Непомнина, "...книга О. Е. Непомнина может стать хорошей основой для подготовки VI тома 10-томника《Китай с древнейших времен до наших дней》"②. О. Е. Непомнин продолжил традиции изучения Китая, заложенные трудами известного китаеведа Г. В. Ефимова.

Необходимо отметить, после 1985 г. история Китая привлекала пристальное внимание историков-китаеведов. Например, в институте Дальнего Востока РАН состоялась международная научная конференция "Китай, китайская цивилизация и мир. История, современность, перспективы". На XIV конференции, состоявшейся в 2003 г.③, обсуждались вопросы о месте современного Китая в мировом сообществе, его роли в международных экономических и культурных процессах. На XVIII конференции 2009 г.④ обсуждались вопросы анализа опыта и перспектив внешнеполитических связей между РФ и КНР,

---

① Непомнин О. Е. История Китая. Эпоха Цин XVII-начало XX в. Ч. II. М., 2005.

② Тихвинский С. Л. Некоторые соображения по освещению маньчжурского правления в Китае (в связи с книгой О. Е. Непомнина). // Новая и новейшая история. М., 2009. №. 4. С. 103.

③ См.: сайт - http://www.humanities.edu.ru/db/msg/40883. 06. 06. 2011

④ См.: сайт - http://www.ifes-ras.ru/index.php?option=com_content&task=view&id=111&Itemid=11. 06. 06. 2011

особенности экономического и социально-политического развития Китая, значение торгово-экономического сотрудничества между двумя странами в условиях глобализации и мирового финансового кризиса, достижения и опыт шести десятилетий истории нового Китая.

Таким образом, на наш взгляд, исследования историков-китаеведов после 1985 г. охватывали более обширный спектр. Они обратили внимание как на экспансию западных держав в Китае, так и на развитие современного Китая и отношения между Россией и Китаем.

Сравнивая исследования историков разных направлений, мы пришли к следующим выводам:

Историки-международники исследовали тему экспансии западных держав в Китае в рамках международных отношений на Дальнем Востоке. Переплетающиеся отношения и интересы западных стран в Китае-главные предметы их изучения.

Ученые, которые занимаются внешней политикой и дипломатией отдельных западных государств, исследовали экспансию с акцентом на конкретных событиях, конкретных политиках. Например, для историков-американистов политика " открытых дверей " все время является важной темой их исследований.

Историки-китаеведы исследовали экспансию западных держав в Китае как один из аспектов истории Китая, уделяя при этом особое внимание отношениям между цинским правительством, китайским народом и колонизаторами.

Труды международников в основном охватывают период второй половины XIX в. Например, можно отметить, что первое издание коллективного труда 《Международные отношения на Дальнем Востоке》[①] под редакцией Е. М. Жукова изложило историю международных отношений на Дальнем Востоке с 1870-1945 гг., второе издание, которое появилось в 1956 г., расширило период, с 1840-1949 гг., и третье издание 1973 г еще раз расширило период изложения,

① Международные отношения на Дальнем Востоке. Под ред. Жукова Е. М. М., 1951.

добавив историю более раннего времени. В монографии историка-международника А. Л. Нарочницкого была изложена история колониальной экспансии западных держав на Дальнем Востоке в период с 1860-1895 гг. А специалисты по внешней политике западных держав и историки-китаеведы обычно обращали внимание на отдельные события в ходе экспансии, происшедшие в более короткое время. Например, А. А. Фурсено остановился на внешней политике США в Китае в 1895-1900 гг.①

Ученые разных направлений относились к периодизации истории экспансии по-разному. Поворотом в трудах ученых-международников являются события, которые имели международное значение. Например, в коллективном труде《Международные отношения на Дальнем Востоке》, изданном в 1973 г., историки выбрали испано-американскую войну как рубеж между двумя периодами, потому что эта война в той или иной степени обозначает начало передела мира между империалистическими державами. А периодизация в работах специалистов по внешней политике западных держав в Китае обычно стала тем событиям, которые имеют значение только для двух или трех держав. Например, историки Л. Л. Зарина и С. Г. Лившиц в своем труде② разделили экспансию Англии в Китае в конце XIX в. на три этапа, а именно: 1896-1897 гг.; 1898 г.; 1899-1900 гг. Другой историк В. П. Коряков③ выделил три этапа экспансии Франции в Китае: от Первой опиумной войны (1840-1842 гг.) до японо-китайской войны (1894-1895 гг.); с 1895 г. до начала 1898 г.; с середины 1898 г. до начала 1900 г.

Особенностью данной диссертационной работы является то, что автор привлек китайскую историографию, чтобы провести сравнительный анализ трудов советских/российских и китайских историков по

---

① Фурсенко А. А. Борьба за раздел Китая и американская доктрина “открытых дверей” 1895-1900. М. -Л., 1956.

② Зарина Л. Л., Лившиц С. Г. Британский империализм в Китае 1896-1901 гг. М., 1970.

③ Коряков В. П. Политика Франции в Китае в конце XIX в. М., 1985.

теме экспансии.

Необходимо отметить, что в 1920-1940-х гг. не ученые, а китайские революционеры впервые обратили свое внимание на экспансию западных держав в Китае в XIX в. Это не было случайностью, ибо цель китайских революционеров заключалась в том, чтобы создать народный фронт против колонизаторов.

В 1950-1960-е гг. китайские ученые продолжили заниматься темой экспансии западных держав в Китае. В этот период появились много серьезных трудов, которые были переведены на русский язык. Имеем в виду труды Ху Шэна 《Агрессия империалистических держав в Китае》①, Цинь Бэньли 《История экономической агрессии америка-нского империализма в Китае》②, Лю Даняня 《История американской агрессии в Китае》③, Фань Вэньлань 《Новая история Китая》④, Цин Жуцзи 《История американской агрессии на Тайване》⑤ и др.

Как известно, в 1950-е годы советские и китайские ученые активно сотрудничали. Авторы вышеуказанных трудов являлись представителями марксизма, они играли важную роль в исследовании истории Китая в XIX в., в частности, в истории экспансии западных держав в Китае во второй половине XIX в. На наш взгляд, труды данных ученых были ценными для изучения темы экспансии не только для китайских историков, но и для советских.

В 1970-х-первой половине 1980-х гг. исследование отношений между Китаем и западными странами во второй половине XIX в., в частности, изучение экспансии западных держав в Китае, переживало поворотный период. Внимание китайских историков было сосредоточено на экономической и культурной экспансии западных держав в Китае.

---

① Ху Шэн. Агрессия импреиалистических держав в Китае. М., 1951.

② Цинь Бэньли. История экономической агрессии американского империализма в Китае. М., 1951.

③ Лю Данянь. История американской агрессии в Китае. М., 1953.

④ Фань Вэньлань. Новая история Китая. М., 1955.

⑤ Цин Жуцзи. История американской агрессии на Тайване. М., 1956.

Можно сказать, что ученые достигли определенных результатов в данной области. С началом осуществления в Китае в 1978 г. политики "реформы и открытости" и активными контактами с европейскими странами и США, начиная с 1985 г., в китайской историографии спектр изучения проблемы экспансии западных держав в Китае во второй половине XIX в. стал более широким и разнообразным. Например, появились новые отдельные исследования по теме экспансии со стороны экономики и культуры, а именно: 《Импорт пароходов и модернизация Китая》 Не Баочжана①, 《Финансовая деятельность иностранного капитала в Китае в новое время》 Ван Цзинъюя②, 《Введение западной культуры в Китай и общество в конце правления династии Цин》 Сюн Юечжи③, 《Смешение китайской и западной культуры》 Дин Вэйчжи и Чэнь Суна④, 《Миссионеры и наука Китая》 Цао Цзэнъю⑤ и др.

Так что сравнивая труды советских/российских и китайских ученых по теме экспансии, мы пришли к следующим выводам:

В 1920-1970-х гг. позиции советских и китайских историков о сущности экспансии западных держав в Китае совпадали друг с другом. Хотя цель исследования была разная⑥, но как советские ученые, так и китайские историки полагали, что экспансия западных держав в Китае носит агрессивный характер. Исследователи обеих стран делали акцент на агрессивности действий западных колонизаторов в ходе экспансии.

---

① 聂宝璋:《轮船的引进与中国近代化》,《近代史研究》1988 年第 2 期,第 141—161 页。(Не Баочжан. Импорт пароходов и модернизация Китая. // Исследование истории нового времени. Пекин, 1988. №. 2. С. 141-161.)

② 汪敬虞:《外国资本在近代中国的金融活动》,人民出版社 1999 年版。(Ван Цзинъюй. Финансовая деятельность иностранного капитала в Китае в новое время. Пекин, 1999.)

③ 熊月之:《西学东渐与晚清社会》,上海人民出版社 1994 年版。 (Сюн Юечжи. Введение западной культуры в Китай и общество в конце правления династии Цин. Шанхай, 1994.)

④ 丁伟志、陈崧:《中西体用之间——晚清中西文化观述论》,中国社会科学出版社 1995 年版。(Дин Вэйчжи, Чэнь Сун. Смешение китайской и западной культуры. Пекин, 1995.)

⑤ 曹增友:《传教士与中国科学》,宗教文化出版社 1999 年版。 (Цао Цзэнъю. Миссионеры и наука Китая. Пекин, 1999.)

⑥ См.: Глава 4 настоящей работы. С. 206.

Освещение непосредственно процесса экспансии историками двух стран также получило совпадение в обеих историографиях. Но при этом необходимо отметить, что в трудах 1920-х-1940-х гг. оценки ученых двух стран об американской политике "открытых дверей" не совпадали. Тогда в Китае господствовала проамериканская концепция: китайские исследователи считали, что политика "открытых дверей" отличалась от политики других западных держав, она в той или иной степени спасла Китай от потери суверенитета; в то время, как советские историки полагали, что эта политика по сути не отличалась от намерений других западных стран, ибо она была направлена на подчинение Китая.

Начиная с 1980-х гг. появилась новая тенденция как в российской историографии, так и в китайской. Количество специальных трудов, посвященных экспансии западных держав в Китае во второй половине XIX в., в российской историографии уменьшалось. Также не было опубликовано трудов с акцентом на международных отношениях. Ученые занимались этой темой больше всего, изучая дальневосточное направление внешней политики западных стран.

А в Китае как раз, наоборот, увеличилось количество трудов, которые были специально посвящены теме экспансии. Однако акценты уже были смещены. Китайские исследователи с этого времени перешли от обличения экспансии западных держав в Китае к развитию тезиса о неоднозначном влиянии экспансии на развитие Китая.

Итак, существенная разница заключалась в том, что история экспансии западных держав в Китае во второй половине XIX в. уже стала органической частью истории Китая нового времени. Китайские историки изучают историю экспансии западных держав в Китае в 1860-1900-е гг. как внутреннюю историю самого Китая. Однако, следует подчеркнуть, что в китайской историографии в настоящее время ученые уже преодолели традиционную структуру исследования темы экспансии. Сегодня китайские исследователи стремятся акцентировать внимание на неоднозначности этого сложного явления. С одной стороны, экспан-сия западных держав в Китае нанесла ущерб китайскому народу, с дру-гой, она стала полезным стимулом в модернизации Китая, считают они.

Отличительной чертой трудов российских ученых является то, что они исследуют тему экспансии западных держав в Китае во второй половине XIX в. в более широких рамках, а именно с точки зрения международных отношений на Дальнем Востоке в целом, либо со стороны внешней политики западных держав в Китае.

Для российских историков тема экспансии западных держав в Китае является многоаспектной, многосторонней проблемой, в которую включены и отношения непосредственно между западными странами, такими, как Англия, США, Германия, Франция, и влияние этих отношений на экспансию в Китае, а для китайских исследователей-проблема представляется двусторонней-с одной стороны, Китай, и западные державы, с другой.

Список источников и литературы

Источники и литература на русском языке:

Источники

1. Гримм Э. Д. Сборник договоров и других документов по истории международных отношений на Дальнем Востоке (1842-1925). М., 1927.

2. Ефимов Г. В. Историко-библиографический обзор источников и литературы по новой истории Китая. В 4-х книгах. Л., 1966-1980.

Литература

1. Аварин В. Я. Империализм и Манчжурия. Т. I. Этапы империалистической борьбы за Манчжурию. М., 1934.

2. Аварин В. Я. Борьба за Тихий Океан (Японо-американские противоречия). М., 1947.

3. Аварин В. Я. Борьба за Тихий Океан. Агрессия США и Англии, их противоречия и освободительная борьба народов. М., 1952.

4. Березный Л. А. Начало колониальной экспансии в Китае и современная американская историография. М., 1972.

5. Бродский Р. М. Американская экспансия в Северо-восточном Китая 1898-1905. Львов. 1965.

6. Бутаков А. М. Тизенгаузен А. Е. Опиумные войны. Переиздание. М., 2002.

Волохова А. А. Иностранные миссиоеры в Китае. М., 1969.

7. Губер А. А. Международные отношения на Дальнем Востоке

(1894-1904 гг.) // Учебные записки тихоокеанского института. Т. I. С. 3-50.

8. Ганелин Р. Ш. Миссия Бэрлинхема и американо-китайский договор 1867 г. // Внешняя политика США в последней трети XIX в. Межвузовский сборник научных трудов. Л., 1991. С. 36-49.

9. Горелик С. Б. Политика США в Маньчжурии в 1898-1903 гг. и доктрина "открытых дверей". М., 1960.

10. Губер А. А. 25 лет изучения истории стран востока в СССР. // ИЖ. М., 1942. №. 10. С. 91-97.

11. Деборин Г. А. Международные отношения до первой мировой империалисти-

12. Дементьев Ю. П. Колониальная политика Франции в Китае и Индокитае 1844-1862. М., 1958.

13. Дипломатический словарь. Гл. Ред. Вышинский А. Я. Т. I-II. М., 1948.

14. Ерусалимский А. С. Внешняя политика и дипломатия германского империализма в конце XIX в. М. -Л., 1951.

15. Ерусалимский А. С. Из истории империалистической политики Англии на Дальнем Востоке в конце XIX в. (Миссия Лорда Бересфорда). // Вопросы истории. М., 1951. №. 5. С. 43-54.

16. Ефимов Г. В. Внешняя политика Китая 1894-1899. М., 1958.

17. Ефимов Г. В. Внутренняя и внешняя политика правительства цинов накануне восстания Ихэтуаней. // Вестник ЛГУ. Серия истории, языка и литературы. Л., 1957. Вып. I. №. 2. С. 169-184.

18. Ефимов Г. В. Германский империализм в Китае (1894-1902). // Учебные записки тихоокеанского института. Т. I. С. 51-84.

19. Ефимов Г. В. Германский империализм и антиимпериалистическое восстание в Китае 1899-1901 гг. // Научная сессия, посвященная 125-летию ЛГУ. М., 1944. №. 39. С. 65-68.

20. Ефимов Г. В. Дальневосточная политика германского империализма в 1898 г. // Научный бюллетень. М., 1946. №. 9. С. 26-27.

21. Ефимов Г. В. Из истории сопротивления китайского народа империалистической агрессии и "режиму цинов". // Вестник ЛГУ. Серия истории языка и литературы. Л., 1957. Вып. II. №. 8. С.

22. Ефимов Г. В. Очерки по новой и новейшей истории Китая. М., 1951.

23. Ипатова А. С. Патриотическое движение на юге Китая в 40-е годы XIX века. М., 1976.

24. История внешней политики и дипломатии США 1867-1918. Под ред. Куропятника Г. П. М., 1997.

25. История дипломатии. Т. II. Под ред. Громыко А. А. М., 1963.

26. История Европы в 8 томах. Т. 6. Ред. Гутнова Е. В. М., 1992.

27. История США в 4-х томах. Севостьянов Г. Н. (гл. ред.). Т. II. 1877-1918. Куропятник Г. П. (отв. ред.). М., 1985.

28. Зарецкая С. И. Внешняя политика Китая в 1856-1860 гг.: отношения с Англией и Францией. М., 1975.

29. Зарина Л. Л., Лившиц С. Г. Британский империализм в Китае (1896-1901). М., 1970.

30. Канторович А. Я. Америка в борьбе за Китай. М., 1935.

31. Канторович А. Я. Иностранный капитал и железные дороги Китая. М., 1926.

32. Калюжная Н. М. Восстание ихэтуаней (1898-1901). М., 1978.

33. Коряков В. П. Политика Франции в Китае в конце XIX в. М., 1985.

34. Кравченко И. Н. Дипломатическая история США 1877-1919. М., 2002.

35. Кравченко И. Н. Экспансионизм США на рубеже XIX-XX вв. (Современная историография). М., 1986.

36. Кротков Н. Н. Русская мануфактура и ее конкуренты на китайском рынке (с кратким очерком современного экономического состояния собственного Китая, Маньчжурии и Синьцзяна). СПб., 1914.

37. Леонтьев В. П. Иностранная экспансия в Тибете в 1888-1919. М., 1956.

38. Манфред А. З. Внешняя политика Франции 1871-1891. М., 1952.

39. Матвеева А. Г. Германская империя 1871-1914. М., 2002.

40. Международные отношения на Дальнем Востоке 1870-1945. Под ред. Жукова Е. М. М., 1951.

41. Международные отношения на Дальнем Востоке 1840-1949. Под ред. Жукова Е. М. М., 1956.

42. Международные отношения на Дальнем Востоке. Под ред. Жукова Е. М. М., 1973.

43. Мурадян А. А. Американские миссионеры в странах Дальнего Востока, юго-восточной Азии и Океании в XIX в. М., 1971.

44. Мурадян А. А. Некоторые вопросы политики США на Дальнем Востоке в XIX в. в советской исторической литературе. // Американский ежегодник. М., 1973. С. 311-321.

45. Нарочницкйи А. Л. Британский империализм и японо-китайская война 1894-1895 гг. // Учебные записки МГПИ, кафедра истории нового времени. М., 1951. Вып. I. Т. 14. С. 89-180.

46. Нарочницкий А. Л. К вопросу о японской агрессии и причины японо-китайской войны (1894-1895 гг.). // Вопросы истории. М., 1950. №. 4. С. 51-76.

47. Нарочницкий А. Л. Колониальная политика капиталистических держав на Дальнем Востоке 1860-1895. М., 1956.

48. Нарочницкий А. Л. Соединенные Штаты Америки и Японская агрессия в Корее и Китае 1894-1895 гг. // Известия Академии Наук СССР. Серия истории и философии. М., 1950. Т. VII. №. 3. С. 222-238.

49. Нарочницкий А. Л. Экспансия США на Дальнем Востоке в 50-70-е годы XIX в. // Исторические записки. М., 1953. №. 44. С. 130-176.

50. Нарочницкий А. Л. Экспансия США на Дальнем Востоке 1886-1894 гг. // Учебные записки МГПИ, кафедра истории нового времени. М., 1953. Вып. II. Т. 25. С. 3-108.

51. Непомнин О. Е. История Китая. Эпоха Цин XVII-начало XX в.

Ч. II. М., 2005.

52. Никифоров В. Н. Советская историография Китая в первые послевоенные годы (1946-1949). // КСИНА. М., 1964. №. 85. С. 154-168.

53. Никифоров В. Н. Советские историки о проблемах Китая. М., 1970.

54. Новая история Китая. Под ред. Тихвинского С. Л. М., 1972.

55. Носков В. В. Советская историография экспансии США и европейских держав в Океании в XIX в. // Современная историография экспансионизма США XIX-начало XX в. Сборник статей. М., 1985. С. 55-101.

56. Парфенов И. Д. Колониальная экспансия Великобритании в последней трети XIX в. М., 1991.

57. Попов А. Д. Боксерское восстание. // Красный архив. М., 1926. №. 1 (14). С. 1-49.

58. Попов А. Д. Дальневосточная политика царизма в 1894-1901 годах. // Историк Марксист. М., 1935. №. 11.

59. Попов А. Д. Очерки истории Китая. М., 1925.

60. Романов Б. А. Россия в Манчжурии (1892-1906). Л., 1928.

61. Самойлов Н. А. Подходы к изучениею геокультурных пространств России и Китая и их взаимодействия в XVIII-начале XX вв. // Вестник СПбГУ. Серия 13. Выпуск 3. СПб., 2009.

62. Сергеев Е. Ю. Политика Великобритании и Германии на Дальнем Востоке 1897-1903 гг. М., 1998.

63. Слезкин Л. Ю. Испано-американская война 1898 г. М., 1956.

64. Тихвинский С. Л. Некоторые соображения по освещению маньчжурского правления в Китае (в связи с книгой О. Е. Непомнина). // Новая и новейшая история. М., 2009. №. 4. С. 99-103.

65. Фурсенко А. А. Борьба за раздел Китая и американская доктрина “открытых дверей” 1895-1900. М., 1956.

66. Фурсенко А. А. Нефтяные войны (конец XIX-начало XX в.). М., 1985.

67. Халфин Н. А. Создание и распад британской колониальной империи. М., 1961.

68. Халфин Н. А., Мурадян А. А. Янки на Востоке в XIX веке, или колониализм без империи. М., 1966.

Литература на китайском языке:

1. 鲍正鹄：《鸦片战争》，新知识出版社 1954 年版。

Бао Чжэнхао. Опиумные войны. Пекин, 1954.

2. 王东、闫知航：《让历史昭示未来 — 中美关系史纲》，东方出版中心 2006 年版。

Ван Дун, Янь Чжихан. Очерк китайско-американских отношений. Шанхай, 2006.

3. 王立新：《美国传教士与晚清中国现代化》，天津人民出版社 1997 年版。

Ван Лисинь. Американские миссионеры и модернизация в конце правления цинской династии. Тяньцзинь, 1997.

4. 王立新：《十九世纪在华基督教的两种传教政策》，《历史研究》1996 年第 3 期，第 70—81 页。

Ван Лисинь. Два типа политики христиансткого миссионерства в Китае в XIX в. // Историческое исследование. №. 3. Пекин, 1996. С. 70-81.

5. 王立诚：《中国近代外交制度史》，甘肃人民出版社 1991 年版。

Ван Личэн. История дипломатической системы Китая в новое время. Ланьчжоу, 1991.

6. 汪熙：《略论中美关系史上的几个问题》，《世界历史》1979 年第 3 期，第 12—19 页。

Ван Си. О некоторых вопросах в истории китайско-американских отношений. // Мировая история. Пекин, 1979. №. 3. С. 12-19.

7. 汪精卫：《帝国主义侵略中国的趋势和变迁概论》，太平洋书店 1925 年版。

Ван Цзинвэй. Тенденция и изменение агрессии империализма в Китае. Шанхай，1925.

8. 汪敬虞:《外国资本在近代中国的金融活动》，人民出版社 1999 年版。

Ван Цзинъюй. Финансовая деятельность иностранного капитала в Китае в новое время. Пекин，1999.

9. 汪敬虞:《十九世纪西方资本主义对中国的经济侵略》，人民出版社 1984 年版。

Ван Цзинъюй. Экономическая экспансия западного капитализма в Китае в XIX в. Пекин，1984.

10. 王飞麟:《1890—1894 年间德国的远东政策的挑战与构想》，《武汉大学学报》2003 年第 5 期，第 584—588 页。

Ван Фэйлинь. Проблемы и идеи дальневосточной политики Германии в 1890-1894 гг. // Вестник уханьского университета. №. 5. Ухань，2003. С. 584-588.

11. 王致中:《中国铁路外债研究：1887—1911》，经济科学出版社 2003 年版。

Ван Чжичжун. Исследование займов китайского железной дороги: 1887-1911. Пекин，2003.

12. 王绍坊:《中国外交史（1840-1911)》，河南人民出版社 1988 年版。

Ван Шаофан. История дипломатии Китая (1840-1911). Чэнчжоу，1988.

13. 王守中:《德国侵略山东史》，人民出版社 1988 年版。

Ван Шоучжун. История агрессии Германией в Шаньдуне. Пекин，1988.

14. 王绳祖:《中英关系史论丛》，人民出版社 1981 年版。

Ван Шэнцзу. Сборник по истории китайско-английских отношений. Пекин，1981.

15. 魏建猷:《第二次鸦片战争》，上海人民出版社 1955 年版。

Вэй Цзяньюю. Вторая опиумная война. Шанхай，1955.

16. 闻陈捷、宋严萍:《关于中法战争结局问题的再探讨》，《徐州师范大学学报》1996 年第 3 期，第 76—82 页。

Вэнь Чэньцзе, Сун Яньпин. Пересмотр об итогах франко-китайской войны. // Вестник сюйчжоуского педагогического универ-ситета. №. 3. Сюйчжоу, 1996. С. 76-82.

17. 高鸿志：《英国与中国边疆危机（1637-1912）》，黑龙江教育出版社 1998 年版。

Гао Хунчжи. Великобритания и пограничный кризис Китая 1637-1912. Харбин, 1998.

18. 顾卫民：《基督教与近代中国社会》，上海人民出版社 1996 年版。

Гу Вэйминь. Христианство и общество Китая в новое время. Шанхай, 1996.

19. 顾明义：《中国近代外交史略》，吉林文史出版社 1987 年版。

Гу Минъи. Очерк истории дипломатии Китая в новое время. Чанчунь, 1987.

20. 顾长声：《传教士与近代中国》，上海人民出版社 1981 年版。

Гу Чаншэн. Миссионеры и Китай в новое время. Шанхай, 1981.

21. 丁伟志、陈崧：《中西体用之间—晚清中西文化观述论》，中国社会科学出版社 1995 年版。

Дин Вэйчжи, Чэнь Сун. Смешение китайской и западной культуры. Пекин, 1995.

22. 丁名楠：《关于美国对华门户开放政策的若干历史考察》，《中美关系史论文集》（第二辑），重庆出版社 1988 年版，第 126—127 页。

Дин Миннань. Историческое обследование о американской доктрине "открытых дверей". // Сборник китайско-американских отношений. Чунцин, 1988. С. 126-127.

23. 丁名楠：《关于中法战争几个问题的初步探索》，《历史研究》1984 年第 2 期，第 83—94 页。

Дин Миннань. Первоначальное прослеживание о нескольких вопросах о франко-китайской войне. // Историческое исследование. Пекин, 1984. №. 2. С. 83-94.

24. 丁名楠：《英国侵占香港地区的经过》，《近代史研究》1983 年第 1 期，第 149—162 页。

Дин Миннань. Процесс захвата Англией Гонконга. // Исследование истории новейшего времени. Пекин，1983. №. 1. С. 149-162.

25. 丁名楠、张振鹍:《中美关系史研究：向前推进，还是向后倒退》,《近代史研究》1979 年第 2 期，第 89—113 页。

Дин Миннань，Чжан Чжэнькунь. Исследование китайско-американских отношений: впереди или назад. // Исследование истории нового времени. Пекин，1979. №. 2. С. 89-113.

26. 丁名楠、余绳武、张振鹍:《帝国主义侵华史》(第 1 卷)，科学出版社 1958 年版。

Дин Миннань，Ый Шэнъу，Чжан Чжэнькунь. История агрессии империалистических держав в Китае. Т. I. Пекин，1958.

27. 段小红:《世纪之交的美中贸易研究（1895—1905)》，陶文钊、梁碧莹主编:《美国与近现代中国》，中国社会科学出版社 1996 年版，第 224—242 页。

Дуань Сяохун. Американо-китайская торговля в конце XIX и начале XX в. (1895-1905). Гл. ред. Тао Вэньчжао，Лян Биин. США и Китай в новое время. Пекин，1996. С. 224-242.

28. 邹明德:《美国门户开放政策起源研究》，《中美关系史论文集》(第 2 辑)，重庆出版社 1988 年版，第 135—160 页。

Цзоу Миндэ. Происхождение американской политики “открытых дверей”. Сборник китайско-американских отношений. Т. II. Чунцин，1988. С. 135-160.

29. 左舜生:《近世中日关系史纲要》，中华书局 1935 年版。

Цзо Шуньшэн. Очерк китайско-японских отношений в новое время. Шанхай，1935.

30. 曾志:《英国与门户开放政策的提出》,《社会科学战线》1993 年第 5 期，第 177—184 页。

Цзэн Чжи. Великобритания и провозглашение политики “открытых дверей”. // Фронт социальной науки. №. 5. Чанчунь，1993. С. 177-184.

31. 列岛:《鸦片战争论文专集》，生活 · 读书 · 新知三联书店 1958 年版。

Ле Дао. Сборник статей: история опиумных войн. Пекин，1958.

32. 李抱宏:《中美外交关系》，商务印书馆 1940 年版。

Ли Баохун. Дипломатические отношения между Китаем и США. Чанша, 1940.

33. 李伟:《德占胶澳和英占威海卫文化政策之比较》，《山东师范大学学报》2003 年第 6 期，第 79—82 页。

Ли Вэй. Сравнительный анализ о культурной политике между германским Цзяочжоу и английским Вейхайвеем. // Вестник шаньдунского педагогического университета. №. 6. Цзинань, 2003. С. 79-82.

34. 李光正:《剖析清政府在中法战争中乘胜即收的策略》，广西中法战争史研究会编:《中法战争史论文集》(第三集)，广西人民出版社 1989 年版，第 112—117 页。

Ли Гуанчжэн. Анализ о тактике "немедленная эвакуация вслед за победой" цинского правительства во франко-китайской войне. // Сборник по истории франко-китайской войны. Т. Ⅲ. Наньнин, 1989. С. 112-117.

35. 李一文:《近代中美贸易与中国的国际收支》，《南开经济研究》2000 年第 2 期，第 63—68 页。

Ли Ивэнь. Китайско-американская торговля в новое время, международные доходы и расходы Китая. // Экономическое исследование "Нанькай". №. 2. Тяньцзинь, 2000. С. 63-68.

36. 李乐曾:《胶州湾在德国"世界政策"中的地位和作用》，《历史教学问题》2000 年第 6 期，第 6—9 页。

Ли Лэцзэн. Статус и роль Цзяочжоу в "мировой политике" Германии. // Вопрос о преподовании истории. №. 6. Шанхай, 2000. С. 6-9.

37. 李育民:《近代中国的条约制度》，湖南师范大学出版社 1995 年版。

Ли Юймин. Договорная система Китая нового времени. Чанша, 1995.

38. 凌大珽:《法帝侵华史》，北京新潮书店 1951 年版。

Лин Датин. Агрессия французского империализма в Китае. Пекин,

1951.

39. 林敏：《试论甲午战争前夕英俄的远东外交》，《四川大学学报》2002 年第 3 期，第 92—97 页。

Линь Минь. Русско-английская дипломатия на Дальнем Востоке накануне японо-китайской войны. // Вестник сычуаньского университета. №. 3. Чэнду，2002. С. 92-97.

40. 林树惠：《德帝侵占胶州湾以前侵略分子的阴谋》，《文史哲》1952 年第 5 期，第 44—47 页。

Линь Шухуэй. Происхождение захвата Цзяочжоу германским империализмом. // Литература，история и философия. Шаньдунскйи университет. №. 5. Цзинань，1952. С. 44-47.

41. 罗荣渠：《论美国与西方资产阶级新文化输入中国》，《近代史研究》1986 年第 2 期，第 52—78 页。

Ло Жунцю. Введение капиталистической культуры Америки и Запада в Китай. // Исследование истории нового времени. №. 2. Пекин，1986. С. 52-78.

42. 罗荣渠：《关于中美关系史和美国史研究的一些问题》，《中美关系史论文集》（第一辑），重庆出版社 1985 年版，第 40—62 页。

Ло Жунцю. Несколько вопросов в исследовании истории китайско-американских отношений и истории США. // Сборник китайско-американских отношений. Чунцин，1985. С. 40-62.

43. 罗志田：《帝国主义在中国：文化视野下条约体系的演进》，《中国社会科学》2004 年第 5 期，第 192—204 页。

Ло Чжитянь. Империализма в Китае: эволюция договорной системы с культурной точки зрения. // Социальные науки Китая. №. 5. Пекин，2004. С. 192-204.

44. 罗志田：《传教士与近代中西文化竞争》，《历史研究》1996 年第 6 期，第 77—94 页。

Ло Чжитянь. Миссионеры и конкуренция между китайской и западной культурой в новое время. // Историческое исследование. №. 6. Пекин，1996. С. 77-94.

45. 刘伟：《晚清对外交涉体制的演变与影响》，《华中师范大学学报》2006 年第 3 期，第 69—75 页。

Лю Вэй. Эволюция и влияние дипломатической системы в конце династии Цин. // Вестник “педагогический университет Хуачжон”. №. 3. Ухань, 2006. С. 69-75.

46. 刘大年：《美国侵华史》，人民出版社 1951 年版。

Лю Данянь. История американской агрессии в Китае. Пекин, 1951.

47. 刘大年：《美国侵华简史》，新华书店 1949 年版。

Лю Данянь. Краткая история американской агрессии в Китае. Пекин, 1949.

48. 刘大年：《美国侵华史》，河南新华书店 1949 年版。

Лю Данянь. Колониальная история США в Китае. Кайфэн, 1949.

49. 刘子明：《中法战争始末》，江西人民出版社 1988 年版。

Лю Цзымин. История о франко-китайской войне. Наньчан, 1988.

50. 刘培华：《近代中外关系史》，北京大学出版社 1986 年版。

Лю Пейхуа. История отношений Китая с западными странами в новое время. Пекин, 1986.

51. 刘世传：《中国近世外交史》，北陵新华书局 1921 年版。

Лю Шичуань. История дипломатии Китая нового времени. Шэньян, 1921.

52. 刘彦：《中国近时外交史》，商务印书馆 1921 年版。

Лю Янь. История дипломатии Китая нового времени. Шанхай, 1921.

53. 刘彦：《帝国主义压迫中国史》，太平洋书店 1927 年版。

Лю Янь. История агрессии империализма в Китае. Шанхай, 1927.

54. 刘彦：《最近三十年中国外交史》，太平洋书店 1931 年版。

Лю Янь. История дипломатии Китая в последние тридцать лет. Шанхай, 1931.

55. 吕明灼：《德占胶澳对近代中国的双重影响》，《文史哲》1999 年第 1 期，第 49—51 页。

Люй Минчжо. Двойное влияние захвата Германией Цзяочжоу на современный Китай. // Литература, история и философия. №. 1. Цзинань, 1999. С. 49-51.

56. 吕思勉：《国耻小史》，中华书局 1917 年版。

Люй Симянь. Краткая история национального унижения. Шанхай, 1917.

57. 吕昭义：《英属印度与中国西南边境（1774—1911）》，中国社会科学出版社 1996 年版。

Люй Чж аои. Британская индия и юго-западное пограничье Китая 1774-1911 гг. Пекин, 1996.

58. 冷伟：《晚清时期法国对华放贷中与列强的竞争和合作》，《西南师范大学学报》2004 年第 3 期，第 126—128 页。

Лэн Вэй. Конкуренция и сотрудничество между Францией и другими державами о кредитовании в Китае в конце династии Цин. // Вестник юго-западного педагогического университета. №. 3. Чунцин, 2004. С. 126-128.

59. 梁碧莹：《艰难的外交：晚清中国驻美公使研究》，天津古籍出版社 2004 年版。

Лян Биин. Дипломатическая деятельность первых китайских представителей в США. Тяньцзинь, 2004.

60. 廖宗麟：《中法战争史》，天津古籍出版社 2002 年版。

Ляо Цзунлинь. История франко-китайской войне. Тяньцзинь, 2002.

61. 马洪林：《略论中法战争前夜清政府对西南边疆危机的态度》，《上海师范大学学报》1983 年第 4 期，第 78—84 页。

Ма Хунлинь. О подходе цинского правительства к пограничному крузису на Юго-западе Китая накануне франко-китайской войны. // Вестник шанхайского педагогического университета. Шанхай, 1983. №. 4. С. 78-84.

62. 宓汝成：《帝国主义与中国铁路 1847 —1949》，上海人民出版社 1980 年版。

Ми Жучэн. Империализм и железная дорога Китая. Шанхай, 1980.

63. 牟安世：《中法战争》，上海人民出版社 1955 年版。

Моу Аньши. Китайско-французская война. Шанхай, 1955.

64. 聂宝璋：《轮船的引进与中国近代化》，《近代史研究》1988 年第

2 期，第 141—161 页。

Не Баочжан. Импорт парохода и модернизация Китая. // Исследование истории нового времени. №. 2. Пекин, 1988. С. 141-161.

65. 牛大勇：《英国与对华门户开放政策的缘起》，《历史研究》1990 年第 4 期，第 21—35 页。

Ню Даюн. Великобритания и происхождение политики "открытых дверей" против Китая. // Историческое исследование. №. 4. Пекин, 1990. С. 21-35.

66. 孙毓棠：《抗戈集》，中华书局 1981 年版。

Сунь Юйтан. Антиимпериалистический сборник. Пекин, 1981.

67. 徐国琦：《均势与美国门户开放政策》，《历史教学》1990 年第 2 期，第 8—12 页。

Сюй Гоци. Баланс сил и американская политика "открытых дверей". // Преподование истории. №. 2. Тяньцзинь, 1990. С. 8-12.

68. 许毅：《清代外债史论》，中国财政经济出版社 1996 年版。

Сюй И. История займов в династии Цин. Пекин, 1996.

69. 许建英：《近代英国和中国新疆（1840-1911）》，黑龙江教育出版社 2004 年版。

Сюй Цзяньин. Великобритания и Синьцзян Китая 1840-1911. Харбин, 2004.

70. 熊志勇：《美国崛起过程中的对外策略 —以近代美国在华活动为例》，（北京）《美国研究》2006 年第 2 期，第 106—120 页。

Сюн Чжиюн. Внешняя политика США в отношении Китая. // Исследование США. №. 2. Пекин, 2006. С. 106-120.

71. 熊志勇：《论中法战争中清政府的态度》，（南宁）《学术论坛》1983 年第 4 期，第 67—71 页。

Сюн Чжиюн. О подходе цинского правительства к франко-китайской войне. // Форум научного исследования. Наньнин, 1983. №. 4. С. 67-71.

72. 熊志勇：《对英德两国关于中法战争态度的考察》，中法战争史研究会编：《中法战争论文集》（第一集），广西人民出版社 1986 年版，第

41—54 页。

Сюн Чжиюн. О подходе Великобритании и Германии к франко-китайской войне. // Сборник истории франко-китайской войны. Т. I. Наньнин, 1986. С. 41-54.

73. 熊志勇:《中法战争期间美国的三次调解》, 中法战争史研究会编:《中法战争论文集》(第二集), 广西人民出版社 1986 年版, 第 174—184 页。

Сюн Чжиюн. Посредничество США во время франко-китайской войны. // Сборник по истории франко-китайской войны. Т. II. Наньнин, 1986. С. 174-184.

74. 熊志勇、苏浩:《中国近现代外交史》, 世界知识出版社 2005 年版。

Сюн Чжиюн, Су Хао. История дипломатии Китая в новое время. Пекин, 2005.

75. 熊月之:《西学东渐与晚清社会》, 上海人民出版社 1994 年版。

Сюн Юечжи. Введение западной культуры в Китай и общество в конце правления династии Цин. Шанхай, 1994.

76. 向荣:《论"门户开放"政策》,《世界历史》1980 年第 5 期, 第 77—80 页。

Сян Жун. О политике "открытых дверей". // Всемирная история. Пекин, 1980. №. 5. С. 77-80.

77. 项立岭:《中美关系史全编》, 华东师范大学出版社 2002 年版。

Сян Лилин. История китайско-американских отношений. Шанхай, 2002.

78. 鲜于浩、田永秀:《近代中法关系史稿》, 西南交通大学出版社 2003 年版。

Сянь Юйхао, Тянь Юнсю. Очерк истории китайско-французских отношений. Чэнду, 2003.

79. 肖楚女:《帝国主义讲授大纲》, 时中合作书社 1927 年版。

Сяо Чунюй. Конспект о империализме. Учан, 1927.

80. 唐培吉:《中国近现代对外关系史》, 高等教育出版社 1994 年版。

Тан Пэйцзи. История отношений Китая с западными государствами в новое время. Пекин, 1994.

81. 唐庆增:《中美外交史》,商务印书馆 1928 年版。

Тан Цинцзэн. Китайко-американские дипломатические отношения. Шанхай, 1928.

82. 覃艺:《英国与中法战争》,中法战争史研究会编:《中法战争论文集》(第二集),广西人民出版社 1986 年版,第 185—204 页。

Тань И. Великобритания и франко-китайская война. // Сборник по истории франко-китайской войны. Т. II. Наньнин, 1986. С. 185-204.

83. 田龄、王忠春:《德国占领青岛时期的文化政策及其实施》,《史学月刊》2007 年第 9 期,第 53—57 页。

Тянь Лин, Ван Чжунчунь. Культурная политика и ее практика во время оккупации Германией Циндао. // Ежемесячник истории. №. 9. Кайфэн, 2007. С. 53-57.

84. 吴孟雪:《美国在华领事裁判权百年史》,社会科学文献出版社 1992 年版。

У Мэнсюе. История права экстерриториальности США в Китае в течение ста лет. Пекин, 1992.

85. 吴君如:《近世中国外交史》,神州国光社 1933 年版。

У Цзюньжу. История дипломатии Китая нового времени. Шанхай, 1933.

86. 吴嘉静:《"门户开放"—美国对华政策史一页》,)《复旦学报》1980 年第 5 期,第 38—47 页。

У Цзяцзин. Политика "открытых дверей" -одна страница внешней политики США в Китае. // Вестник университета "Фудань". Шанхай, 1980. №. 5. С. 38-47.

87. 吴兆名:《日本帝国主义与中国》,商务印书馆 1934 年版。

У Чжаомин. Японский империализм и Китай. Шанхай, 1934.

88. 吴承明:《早期中国近代化过程中的内部和外部因素》,章开沅、朱英主编:《对外经济关系与中国近代化》,华中师范大学出版社 1990 年版,第 1—11 页。

У Чэнмин. Внутренние и внешние причины в начальном этапе модернизации Китая. Гл. ред. Чжан Кайюань, Чжу Ин. Экономические отношения Китая с иностранными странами и модернизация Китая. Ухань, 1990. С. 1-11.

89. 吴承明:《帝国主义在旧中国的投资》, 人民出版社 1955 年版。

У Чэнмин. Инвестиция империализма в старом Китае. Пекин, 1955.

90. 方堃:《试论列强在中法战争中的"调停"活动》,《近代史研究》1991 年第 4 期, 第 135—152 页。

Фан Кунь. Посредничество держав во франко-китайской войне. // Исследование истории нового времени. №. 4. Пекин, 1991. С. 135-152.

91. 范文澜:《中国近代史》(上), 人民出版社 1955 年版。

Фань Вэньлань. Новая история Китая. Т. I. Пекин, 1955.

92. 胡滨:《十九世纪末叶帝国主义争夺中国权益史》, 生活·读书·新知三联书店 1957 年版。

Ху Бинь. Борьба империализма за право и интересы в Китае в конце XIX в. Пекин, 1957.

93. 胡汶本:《试论德国帝国主义在山东势力的形成(1897—1914)》,《文史哲》1982 年第 1 期, 第 44—54 页。

Ху Вэньбэнь. Оформление влиянии Германии в Шаньдуне. // Литература, история и философия. Цзинань, 1982. №. 1. С. 44-54.

94. 胡华:《美帝国主义侵华史略》, 冀中新华书店 1947 年版。

Ху Хуа. Краткая история экспансии американского империализма. Жаоян, 1947.

95. 胡绳:《帝国主义与中国政治》, 人民出版社 1952 年版。

Ху Шэн. Империализм и политика Китая. Пекин, 1952.

96. 黄国安:《中法战争的结局与两广地区半殖民化》,《学术论坛》1983 年第 3 期, 第 71—74 页。

Хуан Гоань. Результат франко-китайской войны и полуколонизация района "Лянгуан". // Форум научного исследования. Наньнин, 1983. №. 3. С. 71-74.

97. 黄振南:《中法战争诸役考》, 广西师范大学出版社 1998 年版。

Хуан Чжэньнань. Исследование о боях во франко-китайской войне.

Гуйлинь, 1998.

98. 曹增友:《传教士与中国科学》,宗教文化出版社 1999 年版。

Цао Цзэнъю. Миссионеры и наука Китая. Пекин, 1999.

99. 曹英:《两难的抉择:晚清中英关于香港在中国沿海贸易中的地位之争》,《近代史研究》2007 年第 4 期,第 109—119 页。

Цао Ин. Дилемма: китайско-английское соперничество о роли Гонконга в прибрежной торговле в Китае в конце правления цинской династии. // Исследование истории нового времени. №. 4. Пекин, 2007. С. 109-119.

100. 曹均伟:《近代中国与利用外资》,上海社会科学院出版社 1991 年版。

Цао Цзюньвэй. Китай в новое время и использование иностранного капитала. Шанхай, 1991.

101. 纪宗安、李强:《1865 年-1892 年间英俄在帕米尔的角逐》,《暨南学报》2004 年第 4 期,第 108—115 页。

Цзи Цзунъань, Ли Цян. Русско-английское соперничество в Памире 1865-1892 гг. // Вестник университета “Цзинань”. №. 4. Гуанчжоу, 2004. С. 108-115.

102. 金兆梓:《现代中国外交史》,商务印书馆 1930 年版。

Цзинь Чжаоцзы. История дипломатии современного Китая. Шанхай, 1930.

103. 蒋孟引:《第二次鸦片战争》,生活・读书・新知三联书店 1965 年版。

Цзян Мэнъинь. Вторая опиумная война. Пекин, 1965.

104. 蒋坚忍:《日本帝国主义侵略中国史》,联合书店 1930 年版。

Цзян Цзяньжэнь. История агрессии японского империализма в Китае. Шанхай, 1930.

105. 钦本立:《美国经济侵华史》,上海世界知识社 1950 年版。

Цинь Бэньли. История экономической агрессии США в Китае. Шанхай, 1950.

106. 张忠绂:《中华民国外交史》(一),正中书局 1945 年版。

Чжан Чжунба. История дипломатии Китайской республики. Т. I.

Чунцин, 1945.

107. 张芝联：《历史上的中法关系》，《历史教学》1980 年第 3 期，第 14—19 页。

Чжан Чжилянь. История китайско-французских отношений. // преподавание истории. Тяньцзинь, 1980. №. 3. С. 14-19.

108. 张振鹍：《论不平等条约——兼析〈中外旧约章汇编〉》，《近代史研究》1993 年第 2 期，第 1—20 页。

Чжан Чжэнькунь. О неравноправных договорах. // Исследование истории нового времени. №. 2. Пекин, 1993. С. 1-20.

109. 钟叔河：《走向世界——近代知识分子考察西方的历史》，中华书局 1985 年版。

Чжун Шухэ. Идти в мир-история изучения Запада китайскими интеллигентами в новое время. Пекин, 1985.

110. 周伟洲：《英俄侵略我国西藏史略》，陕西人民出版社 1984 年版。

Чжоу Вэйчжоу. Очерк истории агрессии Англии и России в Тибете. Сиань, 1984.

111. 朱梓荣：《帝国主义在西藏的侵略活动》，西藏人民出版社 1980 年版。

Чжу Цзыжун. Агрессивный акт империализма в Тибете. Лхаса, 1980.

112. 朱新光：《英俄私分帕米尔与清政府的立场》，《中国边疆史地研究》2000 年第 1 期，第 70—82 页。

Чжу Синьгуан. Русско-английское незаконное распространение в Памире и позиция цинского правительства. // Исследование истории и геогарфии пограничных районов Китая. №. 1. Пекин, 2000. С. 70-82.

113. 郑鹤声：《德帝占据胶州湾的阴谋》，《山东大学报》1959 年第 4 期，第 59—68 页。

Чжэн Хэшэн. Захват Цзяочжоу германским империализмом. // Вестник Шаньдунского университета. №. 4. Цзинань, 1959. С. 59-68.

114. 郑家度：《中法战争后法国金融资本对我国的侵略》，《学术论坛》1983 年第 3 期，第 75—77 页。

Чжэн Цзяду. Агрессия французского финансового капитала в Китае после франко-китайской войны. // Форум научного исследования. Наньнин, 1983. №. 3. С. 75-77.

115. 戚其章:《德占胶澳与瓜分危机问题》,《河北学刊》1999 年第1 期,第 85—91 页。

Ци Цичжан. Захват Германией Цзяочжоу и кризис раздела. // Вестник Хэбэй. №. 1. Шицзячжуан, 1999. С. 85-91.

116. 卿汝楫:《美国侵华史》(第一卷),生活·读书·新知三联书店 1952 年版。

Чин Жуцзи. История агрессии США в Китае. Т. I. Пекин, 1952.

117. 卿汝楫:《美国侵华史》(第二卷),生活·读书·新知三联书店 1956 年版。

Цин Жуцзи. История агрессии США в Китае. Т. II. Пекин, 1956.

118. 卿汝楫:《美国侵略台湾史》,中国青年出版社 1955 年版。

Цин Жуцзи. История агрессии США на Тайване. Пекин, 1955.

119. 储立新:《中法战争中李鸿章主和动机试析》,广西中法战争史研究会编:《中法战争史论文集》(第四集),广西人民出版社 1992 年版,第 198—207 页。

Чу Лисинь. Мотивация Ли Хунчжана о мире во франко-китайской войне. // Сборник по истории франко-китайской войны. Т. IV. Наньнин, 1992. С. 198-207.

120. 陈新文:《“封锁香港”问题研究(1868-1886)》,《近代史研究》2003 年第 1 期,第 167—185 页。

Чэнь Синьвэнь. Исследование о блокаде Гонконга. // Исследование истории нового времени. №. 1. Пекин, 2003. С. 167-185.

121. 陈崎:《外患史》,时中书局 1903 年版。

Чэнь Ци. История внешней агрессии. Шанхай, 1903.

122. 陈彬和:《帝国主义侵略中国史》,世界书局 1927 年版。

Чэнь Биньхэ. История империалистической агрессии в Китае. Шанхай, 1927.

123. 陈纪遥:《十九世纪中德贸易往来》,《中国社会经济史研究》1985 年第 2 期,第 85—89 页。

Чэнь Цзияо. Торговые отношения между Китаем и Германией в XIX в. // Исследование истории экономики в китайском обществе. Пекин, 1985. №. 2. С. 85-89.

124. 陈绛：《德占胶澳：近代中外经济关系的一个实例分析》，《德国研究》1998 年第 4 期，第 16—21 页。

Чэнь Цзян. Захват Германией Цзяочжоу: тематическое исследование в истории китайско-иностранных экономических отношений. // Исследование Германии. №. 4. Шанхай, 1998. С. 16-21.

125. 陈潮：《19 世纪后期晚清外交体制的重要特点》，《学术月刊》2002 年第 7 期，第 84—93 页。

Чэнь Чао. Особенности дипломатической системы династии Цин в конце XIX в. // Ежедмесячник "Наука". №. 7. Шанхай, 2002. С. 84-93.

126. 陈胜粦：《香港地区被迫"割让"和"租借"的历史真相》，《学术研究》1983 年第 2 期，第 89—94 页；1983 年第 3 期，第 85—95 页。

Чэнь Шэнлинь. Историческая правда о вынужденной аренде Гонконга. // Научное исследование. Гуанчжоу, 1983. №. 2. С. 89-94; Гуанчжоу, 1983. №. 3. С. 85-95.

127. 丘进：《中法战争中的殖民主义强权外交》，《暨南学报》1985 年第 1 期，第 52—60 页。

Цю Цзинь. Дипломатия колониализма во франко-китайской войне. // Вестник "Цзинаньскго университета". Гуанчжоу, 1985. №. 1. С. 52-60.

128. 钱亦石：《中国外交史》，生活书店 1938 年版。

Цянь Иши. История дипломатии Китая. Ханькоу, 1938.

129. 石楠：《关于英俄争夺西藏的矛盾与冲突》，《近代史研究》1987 年第 2 期，第 159—183 页。

Ши Нань. Англо-русские противоречия в борьбе за Тибет. // Исследование истории нового времени. №. 2. Пекин, 1987. С. 159-183.

130. 佘素：《清季英国侵略西藏史》，世界知识出版社 1959 年版。

Шэ Су. История экспансии Англии в Тибете во время цинской династии. Пекин, 1959.

131. 沈文睿:《国耻小史》, 中国图书公司 1909 年版。

Шэнь Вэньжуй. Краткая история национального унижения. Шанхай, 1909.

132. 谢琏造:《关于卿著"美国侵华史"第二卷中的几个问题的商榷》,《读书月报》1956 年第 9 期, 第 6—8 页。

Се Ляньцзао. Несколько вопросов об истории агрессии США в Китае Цин Жуцзи. // Ежемесячник "Чтение". Пекин, 1956. №. 9. С. 6-8.

133. 于建胜、刘春蕊:《落日的挽歌: 19 世纪晚清对外关系简论》, 商务印书馆 2003 年版。

Юй Цзяньшэн, Лю Чуньжуй. Песня заката: очерк истории отношений Китая с западными государствами в XIX в. Пекин, 2003.

134. 庾裕良:《论中法战争的性质和失败原因》,《学术论坛》1982 年第 4 期, 第 84—87 页。

Юй Юйлян. Сущность франко-китайской войны и причины поражения. // Форум научного исследования. Наньнин, 1982. №. 4. С. 84-87.

135. 杨公素:《晚清外交史》, 北京大学出版社 1991 年版。

Ян Гунсу. История дипломатии в конце правления цинской династии. Пекин, 1991.

136. 杨天宏:《晚清"均势"外交与"门户开放"》,《社会科学研究》2008 年第 6 期, 第 146—153 页。

Ян Тяньхун. Дипломатия "баланс сил" в конце правления цинской династии и политика "открытых дверей". // Социальное научное исследование. №. 6. Чэнду, 2008. С. 146-153.

137. 杨建新、马曼丽:《外国考察家在我国西北》, 河南人民出版社 1983 年版。

Ян Цзяньсинь, Ма Маньли. Иностранная экспедиция в северо-западном Китае. Чжэнчжоу, 1983.

138. 杨元华:《中法关系史》, 上海人民出版社 2006 年版。

Ян Юаньхуа. История китайско-французских отношений. Шанхай, 2006.

139. 余绳武：《读卿汝楫“美国侵华史”第二卷》，《历史研究》1956 年第 10 期，第 83—91 页。

Юй Шэнъу. Об истории агрессии США в Китае Цин Жуцзи. // Историческое исследование. Пекин，1956. №. 10. С. 83-91.

140. 余绳武、杨诗浩：《中英有关香港的三个条约问题》，《人民日报》1983 年 10 月 10 日。

Юй Шэнъу，Ян Шихао. Три договорной проблемы о Гонконге между Китаем и Англией. // Газета “Жэньминь”. Пекин，10, 10, 1983.

Послесловие

后　　记

时光荏苒，博士毕业已八年有余，回想起在俄罗斯圣彼得堡国立大学的硕士及博士研究生阶段的学习生活，往事却如昨日历历在目。印象最深刻的，是博士论文的漫漫写作过程，从确定选题到准备开题，从收集整理资料到构思论文框架，从开始论文写作到初稿完成、再到反复修改，从预答辩到答辩的顺利完成，我获得了来自导师、同事、同学、家人和朋友的众多支持。

我要感谢我的博士导师圣彼得堡国立大学历史系近现代史教研室教授斯维特兰娜·B·舍尔施尼奥娃（Светлана Владимировна Шершнёва）女士，没有她的帮助和支持、指导和批评，我不可能完成论文。她在繁忙的工作中给予了我非常多的关注，她充分理解一个外国留学生异国求学的艰难，但仍然以严格的标准要求我，使我不论在语言能力的提升还是在专业知识的积累、学术研究的锻炼方面都获得了真正的成长。

感谢我的母校圣彼得堡国立大学历史学院（Институт истории СПбГУ）近现代史教研室的老师和同学们，他们给予我的鼓励和理解使我每每在怀疑自己时能够整理好心情，继续努力奋斗。

感谢我的中国和俄罗斯朋友们带给我的诸多快乐和陪伴，他们是我的彼得堡生活中非常珍贵的记忆。

感谢我的先生，他为本书中关于西方在中国扩张问题的中苏比较研究提出了很多中肯的建议。

感谢我的父母，他们永远信任我、支持我、无条件爱我，是我前进的动力。

最后，以此书纪念在圣彼得堡国立大学图书馆、俄罗斯科学院图书馆和俄罗斯国家图书馆写作论文的岁月。